谨以此书纪念中国近代伟大的法律改革者

薛允升（1820-1901）诞辰 200 周年

沈家本（1840-1913）诞辰 180 周年

散佚与重现

从薛允升遗稿看晚清律学

孙家红 著

社会科学文献出版社
SOCIAL SCIENCES ACADEMIC PRESS (CHINA)

Preface One

"Loss and Reappearance" (散佚與重現): in his new book bearing that title Sun Jiahong tells us about the unexpected recovery of several manuscripts originally compiled by the hero of his story, the great late-Qing jurist Xue Yunsheng 薛允升, and displaying various degrees of editing. More crucially, Mr. Sun shows us all the interesting and important information that can be extracted from those scattered and at first sight rather dry-looking bits of text (they are mostly incomplete fragments, and some are in a poor condition)— at least when one possesses the deep familiarity with the field and with the relevant sources that he has developed over years of research.

As reported by various sources, by the time Xue left Beijing in 1900 during the Eight-Nations army occupation of the capital, following the Boxer troubles, and returned to his native Xi'an, where the Qing court had found refuge, he had more or less completed, or at least worked on, several works which he apparently intended for eventual publication: *Tang Ming lü hebian* 唐明律合編, *Duli cunyi* 讀例存疑, *Hanlü jicun* 漢律輯存, *Hanlü jueshi bi* 漢律決事比, *Dingli huibian* 定例彙編, and *Fuzhi beikao* 服制備考. According to Shen Jiaben, already on the eve of the 1900 troubles four of these—*Han lü jicun*, *Tang Ming lü heke* 合刻 (*hebian*), *Duli cunyi*, and *Fuzhi beikao*—were considered as "finished" (成書) by Xue, and funds had been assembled by his colleagues at the Ministry of Justice (the Xingbu 刑部) to put them to print, but the project was stopped by the events.

When Shen Jiaben rejoined Xue Yunsheng in Xi'an after he was let go by the Western military commanders who had arrested him in Baoding, he asked Xue about his manuscripts, and Xue told him that of the above-mentioned four works, only *Hanlü jicun* had been left in Beijing, the three others were safely with him. It seems that the manuscript of *Hanlü jicun* had been entrusted by Xue Yunsheng to a colleague who refused to give it back after Xue's death; the text was retrieved only much later and it is now held by the Fu Sinian library in Taiwan (there is another manuscript copy in the library of Peking University). Of the three other works, which Xue Yunsheng had handed over to Shen Jiaben in Xi'an before they departed for Beijing with the court, only *Duli cunyi* could be published shortly after his death in Kaifeng in late 1901, on the way back to Beijing: it was edited by a team of Ministry of Justice officials headed by Shen Jiaben, then presented to the throne, and finally printed in 1906. As for the manuscripts of the two remaining works, they were taken away by a certain Fang Lianzhen 方連軫, a former Ministry of Justice official who had been close to Xue Yunsheng and was now an official in Anhui, where he planned to edit and print them—but he was never able to do it. In 1922 *Tang Ming lü hebian* could be borrowed from its then owner and published by Xu Shichang 徐世昌. Finally, after it had passed through many hands an incomplete manuscript copy of *Fuzhi beikao* ended up in the Shanghai library; it has never been printed.

Such is more or less the story that Sun Jiahong tells us in the greatest possible detail and basing himself on a large array of sources; but as we shall see there is much more in his book. In effect, today only two books by Xue Yunsheng are widely available to scholars in convenient modern editions: *Duli cunyi* and *Tang Ming lü hebian*. These are major works, massive and learned compilations which remain important sources for the history of Chinese law and which all of us are constantly referring to. In a section of the present book Sun Jiahong has endeavored to painstakingly extract from the *Duli cunyi* received text every possible bit of information on the historical development of Qing law, and to present the results in a clear, statistical form, while providing indications on its connection with social change (this last aspect would indeed deserve to be developed). But he discusses many other writings by Xue Yunsheng as well, and in particular he allows us to form an idea of the methodology adopted by Xue and the various ways he produced different sorts of texts.

There seems to be two main categories among these. The first category consists of a set of works that Xue Yunsheng edited with the view of ultimately publishing them—these are the various titles mentioned above. His aim in these works, apparently, was to produce a critical and historically-informed inventory of all the legal provisions—both statutes and substatutes—that went into the Qing penal code as it stood by his time, that is, in the Tongzhi and Guangxu periods. (The last systematic revision of *Da Qing lüli* was carried out in 1870, and according to Xue, who had participated in it, it was not a very good job.) This was not mere scholarly erudition, however. Xue Yunsheng was quite critical of many aspects of the Qing code—and openly so: Sun Jiahong debunks the myth that out of political caution Xue would criticize the Qing Code only indirectly through his considerations on the Ming Code, of which in fact the Qing Code was far from being a simple reduplication, as it is often said. (In his section on the evolution of Qing law as seen through *Duli cunyi*, Sun Jiahong shows how different from Ming statutory law the 1646 Qing Code and its successors were.) Xue Yunsheng's goal was to locate inconsistencies in the Qing Code and trace their historical origins, find about useless or obsolete articles, discuss the appropriateness of punishments in certain articles—here comparison with Tang law was important—and so on. All of this was done with the aim of improving the Qing dynastic code when it would be ultimately revised, of making it into a more coherent, more objective, and more just body of law. Xue Yunsheng did not live long enough to witness the effort launched by the Qing court in the early years of the twentieth century to not just improve the Penal Code, but drastically reform and modernize it so as to respond to foreign pressure and make Chinese law more compatible with international standards, without however sacrificing its "Chineseness"—an effort in which, as we know, Shen Jiaben 沈家本 was the leading actor. Yet it is known that all the thinking that Xue had put in his commentaries (his *anyu* 按語) to the statutes and substatutes in *Duli cunyi* considerably influenced the work of the "New Policies" (*xinzheng* 新政) reformers of Chinese law.

As far as methodology is concerned, we learn in the present book that during the several decades he spent at the Ministry of Justice Xue Yunsheng proceeded by carefully accumulating and writing down the results of his research. The outcome, it was said (and Sun Jiahong's research and systematic comparisons confirm this), was a giant but somewhat unwieldy manuscript comprising more than a hundred large fascicles (some say a hundred and several tens), a kind of database whose exact form and content we cannot know, since it has not been preserved: I would imagine—and this is suggested in an essay on Xue Yunsheng by his fellow Shaanxi native Li Yuerui 李岳瑞—that, similar to *Tang Ming lü hebian* and *Duli cunyi* (the contents of which were extracted from it), the underlying structure of the database was the succession of statutes and substatutes in *Da Qing lüli* 大清律例, to which Xue would attach all the historical and theoretical data, parallel texts, commentaries, etc. , he could find as he advanced in his research. But it may also have been arranged by topics, or better, by periods—at one point Sun Jiahong suggests the possibility of a "section on the Tang Code" (*Tanglü bufen* 唐律部分) within the manuscript: we know that Xue's concern was to study the evolution of law over the entirety of historical times in order to evaluate its present condition and make suggestions for its future. In any event, this mega-compilation was clearly not publishable in its current form, and for this reason Xue decided to prune down its contents, edit them, and, especially, reorganize them (or parts of them) into discrete treatises on particular topics, among them the four works mentioned above, which by 1900, as we saw, were in a state of sufficient completion to be considered for printing.

This was no solitary work. For example, Shen Jiaben mentions at one point that he occasionally participated in the research and editing for Xue's original database, and obviously he was not the only one. More generally, Sun Jiahong cites a number of sources showing that a lot of collective work was going on at the Ministry under the guidance and supervision of Xue Yunsheng: everything indicates that Xue's formidable erudition, intellectual authority, and hard-working habits conferred enormous prestige and influence on him and attracted the collaboration of junior colleagues who were eager to learn from him and participate in his great endeavor as research assistants, as editors, or even as mere copyists. Such collaboration is made especially apparent in the fragmentary manuscripts of *Duli cunyi* that Sun Jiahong has been lucky to discover in Beijing, Shanghai and Tokyo, which form an important part of the new evidence he adduces. The first section of his book is devoted to an exacting description and analysis of these manuscripts which cover about one fifth of the complete *Duli cunyi* text. What they are showing us is work in progress: Xue Yunsheng would entrust younger colleagues with copying sections of his work, and then insert his own edits, cross out or modify sentences, add new remarks, use the scissors-and-paste method to rewrite segments of the text, redirect certain materials to other works he was planning, and insert instructions for future printing. These corrections of his own text by Xue Yunsheng appear to be quite substantial. They show that his ideas on certain points of law were liable to change during the long process of preparing *Duli cunyi*—and, it would seem, to change in the direction of a more critical approach to the text of the Qing Code. At the same time, his collaborators, some of whom are known by name, would also insert their own edits, paste slips of paper (簽條) with new opinions and new text, and intervene in various ways. Such was the case in particular with the posthumous editing and preparation for publication of *Duli cunyi*, which was a collective endeavor by Xue's former colleagues and disciples, as attested by the score of collaborators whose names are listed in the memorial presenting the work to the throne. The new materials found by Sun Jiahong also demonstrate that during this last stretch of editing *Duli cunyi* the influence and intervention of Shen Jiaben, who was in charge of the project, was paramount—indeed, in one of his prefaces Shen does not hesitate to refer to himself as a "compiler" (*bianzuan* 編纂). As a matter of fact, it can be seen at places that his choices were different from those of Xue Yunsheng, that he added commentaries of his own, and that he left some questions open for further discussion. In general, it seems clear that Shen Jiaben's contribution to the received text of *Duli cunyi* as it was eventually published was considerable.

A whole section of Sun Jiahong's book is devoted to another treatise which was also extracted from the large database assembled by Xue Yunsheng during his decades at the Ministry of Justice, entitled *Dingli huibian*. Contrary to *Duli cunyi* and the other works that Xue had more or less completed by the end of his life, the exact circumstances of this one are somewhat elusive. The text is mentioned in the *fanli* 凡例 of *Duli cunyi*, according to which it was intended to be a sort of appendix to the main work, consisting of a compilation of the original memorials (*yuanzou* 原奏) and edicts (*yuzhi* 諭旨) discussing the creation or modification of substatutes (*li* 例). It can be seen in the *Duli cunyi* manuscripts analyzed by Sun Jiahong that at least some of these materials featured in the *Duli cunyi* original draft, but were then excised and redirected to *Dingli huibian*, still in the making. It is in fact unclear whether Xue Yunsheng was ever able to complete *Dingli huibian*. The reason why he was eager to compile these memorials was not only to offer the reader the full circumstances of the creation or modification of substatutes (i. e. , not just the dates, as in *Duli cunyi*), but also, more simply, to preserve them from being scattered and lost: in his time, he said, only those posterior to 1750 were kept at the Ministry, and much research was necessary to retrieve the contents of about half of the earlier ones.

Today we do have access to at least a part of this lost text. A manuscript which apparently bore the abbreviated title *Huibian* was acquired in 1998 by my late friend Tian Tao 田濤, who published it in 2002 under the title *Tang Ming Qing sanlü huibian* 唐明清三律彙編. (The present whereabouts of the original manuscript are not known and Sun Jiahong was not able to examine it.) The problem discussed here is that in their introduction Tian Tao and his co-author Ma Zhibing 馬志冰 misinterpreted the text as a comparison of the codes of the Tang, Ming, and Qing dynasties, seen as a sort of continuation to *Tang Ming lü hebian*—hence the title they decided to give to the published edition. But as Sun Jiahong demonstrates, its nature is completely different: about three quarters of the so-called *Tang Ming Qing sanlü huibian* consist of memorials and edicts related to the creation or modification of substatutes—in other words, *Dingli huibian* materials, some of which can be found on slips pasted in the *Duli cunyi* manuscripts in Beijing and Tokyo, but were later excised. Sun Jiahong therefore concludes that *Dingli huibian* might be a more appropriate title for the manuscript rescued and published by Tian Tao.

The second category of works by Xue Yunsheng (some of them heavily edited by others) is much more elusive. They seem to consist of texts of a more technical nature, regarding either the writing of documents—particularly Autumn Assizes documents—or Ministry regulations and other institutional matters, which Xue produced within the Ministry of Justice. While some may have been reference materials he kept for his own work, others were drafted for the sake of his colleagues, who would then use them as "revered models" (*guinie* 圭臬) in their daily activities. Xue did not regard these writings as important works deserving publication, and he allowed them to circulate in the form of copies, the accuracy of which he did not attempt to control. Such apparently was the case of the texts that Shen Jiaben intended to compile as Xue's "posthumous manuscripts" under the title *Xue da sikou yigao* 薛大司寇遗稿, a work for which Shen wrote a preface but which has not been preserved—in fact it is not even sure that the manuscript was ever completed, and Sun Jiahong concludes that he eventually dropped the idea of publishing it.

In reality, we do not know the exact list of these practical guides and anthologies of materials that Xue Yunsheng did not care to edit and publish and that circulated among his colleagues in the form of more or less faithful copies. Some have resurfaced: besides *Qiushen fenlei pici* 秋審分類批辭, a glossary of terms and phrases related to the Autumn Assizes, and *Qiushen lüeli* 秋審略例, a textbook on writing Autumn Assizes "case abstracts" (*lüejie* 略節) to which the last section of the present book is devoted, Sun Jiahong mentions several pieces, including some memorials, that he has been able to retrieve in various places and in various conditions. Indeed, some of these pieces may have been considered by Shen Jiaben for inclusion in the collection of Xue Yunsheng's posthumous manuscripts that he planned.

These "posthumous manuscripts" appear to have been mostly guidebooks aimed at officials lacking sufficient experience. As a matter of fact, the section where Sun Jiahong discusses them also deals with the question of how the officials entering the Ministry of Justice were trained in law. And more generally, one thing that particularly interested me in his book is all the information he provides along the way regarding life inside the Ministry of Justice in the late nineteenth century, the behavior and level of competence of its personnel, the existence of groups and factions, and so forth.

According to the Guangxu edition of *Da Qing huidian* 大清會典, the 17 provincial bureaus (*qinglisi* 清吏司) entrusted with legal cases had a total of 111 ranking officials (i. e., directors, *langzhong* 郎中, deputy directors 員外郎, *yuanwailang*, and secretaries, *zhushi* 主事), to which must be added an unknown and probably very high number of extra-quota (*ewai* 額外) and probationary (*shifeng* 試俸) officials, as well as petty metropolitan officials (*jing xiaoguan* 京小官). Likewise, the number of clerks (*li* 吏) attached to the Ministry, about a hundred on paper, must have been much higher than that. (Clerks do not feature in Sun's book.) In other words, it was a big bureaucracy, and one can only suppose that, like in any bureaucracy, the competence and dedication of its personnel were very uneven. One did not enter the Ministry of Justice because one had a particular competence or interest in law: a great many new officials—including Xue Yunsheng himself—had been randomly appointed to the Ministry of Justice as "apprentices" (*xuexi* 學習) through the process of drawing lots (*qianfen Xingbu* 簽分刑部). Competence, and possibly a real intellectual investment in legal matters, came only later: in theory, newcomers were entrusted to experienced officials who would teach them the basics of law and judicial procedure; but it is likely that a fair number had not learned much when the time came to leave for another appointment. In contrast, among those who became serious legal specialists, some would spend fairly long periods of time (up to two decades or even more) in the Ministry, going through successive promotions, until (for some of them) they were appointed to positions such as prefect or censor.

The present book features a number of biographical sketches of such specialists who happened to be close (and admiring) collaborators of Xue Yunsheng and whose careers followed this pattern. Now, even though all the authors who commented on Xue Yunsheng's personality (Sun Jiahong quotes a large number of them) insist on his prestige within the Ministry and on the intellectual influence he exerted on his junior colleagues through his profound knowledge of law and his experience in adjudicating cases, the group of active collaborators to his work that can be identified in the sources is no more than about 25 people—but others may have dropped out of the record (Sun Jiahong suggests a total of more than 50); in other words, these people, who presumably represented the specialized elite among the Ministry personnel, were only a small fraction of the full complement of officials, both ranking and extra-quota, at the Ministry.

But certain demanding Ministry leaders considered it an absolute necessity that all the officials serving under them be trained, tested, and evaluated. Indeed, as more than one source quoted by Sun Jiahong reminds us, the level of competence of the Ministry officials was more often than not woefully inadequate, and this was only reflecting the lack of interest for legal matters (a notoriously difficult topic) on the part of officials in general. So, it could happen that activist ministers or vice-ministers attempt to remedy this situation. Such was the case in the early Guangxu years and later with personalities like Xue Yunsheng and a few others, who strongly pushed for improving their junior colleagues' knowledge of the subtleties of the Penal Code. One text by Xue Yunsheng quoted here shows how in 1882 he ordered every bureau official (siyuan 司員) in the Ministry to submit memos (shootie 說帖) commenting on difficult points in the Code and making propositions for improvement (in this case, the topic was sending or not sending women into exile), so as to e-valuate their capacities. The results, he says, were extremely disappointing, and therefore he compiled their responses together with his own views, so as to provide a reference to his colleagues.

Another minister who made similar efforts to forcefully instruct the bu-reau officials and keep them on their toes was Zhao Shuqiao 趙舒翹, also a Shaanxi man, who succeeded Xue Yunsheng as Minister of Justice in 1898 (and whom Xue again succeeded in Xi'an in 1900): Zhao would systemati-cally meet the officials of one bureau after the other, ask them detailed ques-tions on the Code—usually few were able to answer—and encourage them to study hard. Such leadership on the part of outstanding and erudite officials in the late nineteenth century and in the first years of the twentieth century cer-tainly enhanced the quality of the personnel and spirit of intellectual collabora-tion at the Ministry of Justice—even though, obviously, many stayed indiffer-ent or ignorant, not to speak of those who did not even care to come to the office. It thus created favorable conditions for the reform of penal law that was launched under the supervision of luminaries like Shen Jiaben. In this respect, the last few decades of the Qing seem to have been an exceptional period in the history of the Ministry, and more generally in the history of Chinese law. Whether there were similar spurs of activism and creativity earlier in the Qing dynasty remains to be ascertained. As a matter of fact, I tend to think that this late-Qing "golden age", however remarkable, was not unique—except for the fact that it occurred on the eve of the first attempt to profoundly reform the Chinese way of governance.

Apparently the principal locus of these efforts at developing legal knowledge in the late nineteenth century was the Autumn Assizes, which mobilized the best talents in the Ministry year after year and appear to have developed a specific body of knowledge and procedure. We learn in this book about two "schools" of legal learning, the Shaanxi and the Henan school, which centered on the Assizes bureau and were headed by renowned legal specialists. What differentiated the two "schools" intellectually is in fact not very clear—it seems that the Shaanxi school was more rigorous in the training and selection of officials, but we know no more details. In any case, Xue Yunsheng was naturally regarded as the head of the Shaanxi school, even though the circle of his disciples and close collaborators extended far beyond this group. As a matter of fact, the two "schools" were very different from provincial cliques that would compete for political influence. Quite the contrary, the officials who belonged to them hailed from a variety of provinces: far from trying to support each other on the basis of a shared regional origin, their only aim, reportedly, was the improvement of legal knowledge. (Shen Jiaben, who was from Zhejiang, seems to have stayed neutral, but of course he was a close associate of Xue Yunsheng, if not properly speaking his "disciple".)

But there also were regional cliques in the Ministry of Justice. The most powerful, apparently, was the Zhili clique—for unclear reasons, officials hailing from Zhili were the most numerous at the Ministry of Justice. The attack that led to Xue Yunsheng's demotion and appointment to a sinecure in the Court of the Imperial Clan in 1897—a transfer which he resented as a professional disgrace—came from one of them, an official with much influence named Li Nianzi 李念兹. Li bore a grudge against Xue Yunsheng because he had been denied an assignment (*chaishi* 差使) he wanted. At his instigation Xue was accused of several grave misdeeds by two censors, including favoritism in managing ministry affairs, collecting birthday gifts, and accepting bribes to influence the outcome of cases; but he was eventually cleared from these charges by the Ministry of Personnel. On the other hand, the pretext for his demotion was that his nephew had been involved in a corruption case and that Xue had tried to protect him.

In reality, it seems that by that time Xue's position at the Ministry had already been weakened. Discontent had accumulated against him among his colleagues, at least part of them, perhaps due to his authoritarianism, to a tendency to protect his fellow Shaanxi officials, and to what must have been perceived by some as intellectual arrogance. Besides, in 1896 he had annoyed Empress Cixi by insisting on a severe punishment against a palace eunuch who had killed a Beijing police officer, even though the dowager and Emperor Guangxu had lobbied for a lesser penalty.

Whatever the case may have been, the very fact that such a prestigious minister, unanimously hailed for his professional competence, intellectual brilliance, and mastery of law, was not immune to jealousy and proved unable to protect himself against petty politics confers some humanity on him—or so it seems to me. Another aspect of the personage that adds depth to his genius as a legal scholar is what appears to have been his profound anxiety regarding the mounting problems—the so-called "contradictions"—which afflicted Chinese society in the nineteenth century. This is actually something that Sun Jiahong has been able to locate in some of Xue's commentaries in *Duli cunyi*, where Xue remarks on the "secular changes" (*shibian* 世變) that explain the multiplication of substatutes dealing with criminal offenses at the expense of the overall coherence of the Code. Xue deplored this multiplication of substatutes (usually aimed at one particular province) and the resulting lack of coherence. It certainly made penal law more and more disconnected from society. Was Xue conscious of the fact that by his time the hallowed Chinese legal institutions to which he had devoted his entire life had reached, as Sun Jiahong says, their "twilight"? It is difficult to say.

For all the glowing commentaries heaped on him by his associates, Xue Yunsheng certainly had his weaknesses. It is quite possible that the dominant position he had acquired at the Ministry once he became a full minister, even taking the lead over his colleague the Manchu Minister of Justice, eventually isolated him and made him insensitive to dissatisfaction and frustration among junior colleagues who did not belong to the small elite he favored. On the other hand, the close circle of collaborators and admirers that made up this small elite remained totally loyal to him. More than that, the materials quoted by Sun Jiahong allow us some glimpses of the affectionate relations they maintained with Xue, and also of the camaraderie which united the group, of their interactions, and even of their social life outside the Ministry. Getting a more concrete image of this professional milieu, which would deserve a study in itself, is only one of the many avenues that Sun Jiahong's immensely erudite study opens for future research.

Pierre-Étienne Will (魏丕信)

Collège de France (法蘭西學院), Paris

11 – 28 – 2020

序 二

近数十年来，中国法律史的研究，关于晚清法律改革的历史叙事具有一个不太为人注意的现象，即往往以 1901 年 2 月 1 日清廷发布变法谕旨，沈家本、伍廷芳二人被任命为修订法律大臣为其嚆矢。相较之下，对于在此之前的一段法制发展历程，则缺乏足够的研究和重视。其实，在这段法律历史过程中，薛允升和晚清律学是研究者不宜忽视的重要学术议题。

已故法史学家黄静嘉先生（1924－2017）曾将薛允升誉为中华传统律学之"殿后人"，而薛氏所撰述的宏篇巨著《读例存疑》，则被法史学界公认为清代律学的扛鼎之作。薛允升及其所开创的陕派律学，更在同光年间异军突起，与另外一支主要由河南籍刑官组成的学术派别——豫派律学，交相辉映，砥砺磋磨，在晚清变法修律正式启动前演绎了一段浪漫的学术佳话，至今仍引发学者思古之幽情。

庚子年初，家红君将新完成的书稿发来，希望能够为之写点评语，用作将来出版序言，使我有机会较早领读到他近年关于薛允升与晚清律学的系列研究成果。全书由五个部分组成，每一部分既可独立成篇，前后逻辑上又颇连贯，共同构成了透过薛允升遗稿看晚清律学创作传播历史的完整主题。据我所知，除了最后一部分作为单篇论文，曾在《法制史研究》（第 24 期）上正式发表过外，其余四篇皆为 2019 年新作。能在这么短时间内同时推出如此质与量并重的研究作品，其学术创作能量蔚为可观，足征平素深厚的修为底蕴。

　　揆诸各篇，皆以薛允升及其著述（遗稿）为探讨对象。另据所知，本书第四部分利用《读例存疑》研究发现清代律例条文继承演变规律之长篇文论，曾经提交 2019 年春季在美国丹佛举行的美国亚洲研究协会（AAS）年会，并在福州大学所召开的"规范、制度、思想、裁判——中国法律文化的传统与当代"国际学术研讨会上宣读过，受到与会学者关注和高度评价。在这篇文论里，将《读例存疑》中包含的关于清代律例条文演变的丰富信息，开创性地进行了极为全面的数据统计和严格细密的析论，深刻揭示出清代成文法律衍化的诸多面相，并在此基础上，对以往学者关于明清成文法律继承递嬗的流行观点，进行了富有建设性的思辨和评说。

　　本书前三部分内容之生发，源自近年关于薛允升《读例存疑》系列稿本的重大发现。在关于北京、东京、上海三地馆藏《读例存疑》稿本的鉴识分析过程中，展示了家红君对于薛允升、沈家本等人著述的深切理解，乃至对于晚清众多刑部官员书法笔迹之熟谙，否则，难以胜任如此繁剧庞杂史料之考究。在此一环节，不仅完整呈现了《读例存疑》一书从编写稿本到正式成书，以及各种稿本的散佚过程，更对薛允升穷四十年之力进行的律学创作实践，进行了全景式梳理。此外，还通过大量资料的深入挖掘和精致细腻的分析，对于以沈家本、郭昭、陈浏等人为代表的门生故吏，在《读例存疑》等书成书过程中所作出的隐性和显性贡献，以及晚清刑部陕豫两派律学之间的学术竞争与互动，作出了系列论述和精彩论证，可以说，多言人所未言，抽丝剥茧，引人入胜。

　　本书所具有的学术创新价值，在第二和第三部分表现的尤为明显。前者关于已故藏书家田涛先生点校整理的《唐明清三律汇编》一书进行了重新解读，提出《唐明清三律汇编》实为薛允升散佚稿本《定例汇编》的学术论断，令人眼目一新。后者则从沈家本的一篇序文（《薛大司寇遗稿序》）入手，充分利用沈家本手稿、薛允升已刊和未刊稿本，不仅启揭了一段鲜为人知的学林往事，更为我们重新认识晚清刑部的律学交流和创作活动，提供了侧面的考察视角。上述两项事实之发现，虽然带有一定的偶然性，但皆以此前对于薛氏《读例存疑》稿本的细细钩沈为基石，故而显得水到渠成，浑然一体。

以上为笔者阅读家红君此番著作的一些初步认识和收获。概而言之，这是一部充满学术愿力的清新之作，既有较为宏大的学术叙事，对于诸多法律文本、法律问题微末之处，考证详实、疏释明晰，更有中肯的严谨论证，创获实多。

熟识家红君多年，在北大攻读博士学位期间，受业于著名法史学家李贵连先生，并与国际法史学界常有广泛交流。长年以来，沉潜学术，学思敏捷，在中国法律史研究领域业绩显著，相当难得。今年疫情突发，诸事难免受到影响，家红君仍不废所学，勇毅韧进。侧闻于本书之外，其所重新点校整理之 54 卷本《读例存疑》，以及另外一部关于明清法律继承演变之资料合集，也均将付梓，大有踵事增华前贤之意。

犹记 2010 年秋书赠家红君，勉其"行深法史"，融豁观照史事。今见其新作屡屡问世，每读而爱之，深有启予之感，爰欣然作序。

2020 年庚子秋月
于台北外双溪犁斋
黄源盛　识

序三　洞烛幽微见真知

在中国法制史研究中，清代法因存世文献丰富、与现代转型有直接传承关系等原因，一直备受学者们重视。晚清律学名家中，薛允升学养深厚，著述影响广泛。除线装刻本外，《唐明律合编》先后有万有文库、人人文库商务排印本、中国书店影印本（有合编本和单行本两种）和法律社点校本，《读例存疑》有台北成文社编校本和大陆公安大学出版社点注本，还有日本寺田浩明个人网页（现为铃木秀光个人网页）提供的在线电子版。另据参与其事者见告，钟威廉（William Jones）英译《大清律》（*The Great Qing Code*）也使用了《读例存疑》所载清律。其为后世所重可见一斑。

家红此著精研薛允升著述，并以此为基础深入剖析清代法制相关方面，在文献考订和学理分析方面均有洞见。在史料辨析和利用方面，本书阐发幽隐，介绍此前未被学界准确了解和充分关注的薛氏遗稿及其版本多种，并精心校勘比对，细述薛允升著述的总体样貌、还原其成书过程，使数种律学名著的著述和完成经过得以完整呈现。同时，本书在文献研究中穷原竟委，抽丝剥茧般揭示各种稿本传续流转的过程。上海图书馆藏稿本、宝坻档案中稿本的准确认定、《定例汇编》与田藏《唐明清三律汇编》关系的廓清、《薛大司寇遗稿》的来龙去脉等等，显示了作者谙熟清代法律史、把握相关文献的深厚功底。作者提出多种发覆之论，如质疑《唐明律合编》意在间接批评清律的一般通说，可谓薛氏百年之后的知音。

对清代法的分析中，本书在制度和思想研究领域均有亮点。有关篇章立足于薛氏著述，在具体细致的历史语境中，深入研究清代条例的变迁，对清承明律、同治九年后条例无修订等传统观点提出新见。同时，对参与薛允升著作成稿过程的晚清刑部法曹逐一细致描绘，并置于当时司法实务和律学发展的宏大背景中，展开了一幅晚清司法界精英图谱的历史长卷。

本书主要运用传统的文献分析法，侧重文献和史实考据，但这并不影响其揭示的历史现象具有令人耳目一新的思想启发性。例如，薛氏在著述过程中得到大量下属同僚襄助，协助其抄录文稿、搜集材料和提供见解的官员，据作者考订和估算，在五十名以上。薛氏作为陕派律学领军人物乃至当时律学界一代宗师，是传统律学的突出代表。他显然并非仅凭个人之力，而是依靠一个受其辖属指导、服膺其学识的庞大团队进行研究和著述，并以此类方式凝聚学术力量、建构律学流派。这对于理解传统律学的著述方式和学派传承具有重要意义。又如，作者对清代条例的年代分布进行细致分析，并结合其内容特点逐条梳理，改变传统研究中把某个断代立法作为整体看待的简单化处理方式，通过历史维度对法律整体状况进行具体场景化呈现。因此，从研究方法角度看，文献和史实考据仍是基本前提，立足传统事实考据方法同样可以开辟研究的新境界。史学名家陈寅恪与陈援庵等前辈成果已是典范，本书则是循着这一思路在法律史领域的持续努力和贡献。

承本书作者家红教授好意惠示文稿，使我有先睹之快。感佩之余，聊抒拙见，就教于家红及学界同仁。

庚子初秋　于复旦江湾

CONTENTS

目 录

图目录

表目录

第一章
北京、东京、上海三地馆藏薛允升
《读例存疑》稿本发现与研究

绪论　薛允升及其著述

薛允升（1820－1901）作为传统律学之集大成者，不仅在晚清法律界声名卓著①，蔚为"大宗"②，更以其所撰写专精高超之律学作品，辗转流传，惠及当今国际法史学界。据光绪二十九年（1903）刑部奏呈《读例存疑》疏文，薛允升"退食余暇，积生平之学问心得，著有《读例存疑》共五十四卷、《汉律辑存》六卷、《唐明律合编》四十卷，以及《服制备考》四卷"。③此说在沈家本所作《读例存疑》序言中得以重申，其言曰：

> 长安薛云阶大司寇自官西曹，即研精律学，于历代之沿革，穷源竟委，观其会通。凡今律今例之可疑者，逐条为之考论，其彼此牴牾，及先后歧异者，言之尤详，积成巨册百余。家本尝与编纂之

① 薛允升门人吉同钧《薛赵二大司寇合传》言："当时历任刑尚者，如张之万、潘祖荫、刚毅、孙毓汶等，名位声望加于一时，然皆推重薛侍郎。"（吉同钧：《薛赵二大司寇合传》，《乐素堂文集》卷三，北平：中华印书局，1932年，第19页）

② 周祖颐（1882－1922）在给吉同钧的题辞中云："豫陕法家分两派，云阶司寇为大宗。公之所学尤淹博，拟乡先达无愧容。中例西法一以贯，二十八宿罗心胸。历朝治律如治乐，诸子一器公黄钟。"（吉同钧：《乐素堂诗存》，附录，《门人周祖颐题德教碑七古》，北平：中华印书局，1932年）其中指出，刑部律学曾分陕豫两派，而薛允升之影响尤为显著。"公"则代指吉同钧，谓其律学成就远超同侪，可与乡先达薛允升、赵舒翘诸公相媲美。

③ 薛允升：《读例存疑》卷首，奏疏，光绪丙午（1906）北京琉璃厂翰茂斋镌字。20世纪70年代黄静嘉先生点校整理《读例存疑》，即用此本，并谓"这是此书刊印流通的唯一版本"（黄静点校：《读例存疑重刊本》，第一册，台北：成文出版社，1970年，第6页）目前绝大多数学者所利用者，亦为此本。然而，该书卷首所载袁世凯序文署明作于"光绪三十二年丙午春日"，可知该书正式刊印实在光绪三十二年即公元1906年。

役，爬罗剔抉，参订再三。司寇复以卷帙繁重，手自芟削，勒成定本，编为《汉律辑存》、《唐明律合刻》、《读例存疑》、《服制备考》各若干卷，洵律学之大成，而读律者之圭臬也。①

由此可以确定，薛允升去世前"手自芟削，勒成定本"的著作大致有四部：《汉律辑存》、《唐明律合刻》、《读例存疑》和《服制备考》。另据薛氏《读例存疑·例言》述及：

> 前明原例及后来修改续纂者，亦云多矣。其因何纂定之处，按语内并不详叙。今详加考究，乾隆十五年以后原奏，尚十存八九，以前则漫无稽考矣，广为搜罗，止得十之四五。若不再为裒集，窃恐现存者亦俱散亡矣。兹特分门别类，就例文之次序，汇集于此编之后，共为□□□卷，仍其旧名，曰《定例汇编》。俾学此者得以悉其源流，亦不无小补云尔。其无所考者仍阙焉，如后有得，再行补入。②

由此可知，薛允升尚有一种著作，名为《定例汇编》，主要汇集乾隆十五年（1750）以后有关条例修改之奏折（"原奏"），并按照例文次序进行编目。③ 从上段文字来看，该书似已着手，但薛氏生前是否已经编竣，难以遽定，因为《读例存疑·例言》中只言该书拟于后续刊出④。另从上海图书馆收藏《服制备考》等书稿本现状来看，内容凌乱芜杂，

---

① 沈家本：《读例存疑沈序》，《读例存疑》卷首。
② 薛允升：《读例存疑例言》附按语，《读例存疑》卷首。其中《定例汇编》卷数不详，或因待定而故意留白。
③ 另在日本东京大学东洋文化研究所图书馆中藏有一种名为《定例汇编》（又名《皋部定例汇编》）的清代刻本，共 152 卷，内中收录乾隆十八年（1753）至光绪三十一年（1905）各项条例修改之原奏及谕旨，大致以编年为纲，再按照条例次序编目。从时间上看，该书所收录内容已逾薛允升去世之后，显然与薛氏《定例汇编》并非一书。
④ 薛允升：《读例存疑例言》，《读例存疑》卷首。

难言定稿，或许在薛允升逝世之际，《定例汇编》亦处类似状态。

此外，薛允升尚有六种遗稿，较为罕见，亦很少有人论及，稍作简介如下：

（1）《薛大司寇遗稿》。据沈家本《薛大司寇遗稿序》[1] 一文可知，1901 年薛允升故去后，沈氏曾有意联合昔日刑部同僚，搜罗薛允升平时不甚留意之司法文牍，及其生前所拟刑部规章制度，辑成《薛大司寇遗稿》二卷，作为表彰和纪念。然笔者搜遍国内外各大图书馆，迄未见有著录，亦不见有其他学者论及。近年通过对比研读薛允升、沈家本、吉同钧等人著述，笔者倾向认为，该书除序文外，很可能并未完成全部编辑工作，更没有正式刊行。对此，后面将有专文详细考证论述。

（2）《秋审分类批辞》。该书为薛允升亲撰之本，归纳记录秋审各类批辞范式。封面题"己亥中春，云亭筜吏重订"，己亥即光绪二十五年（1899），"云亭筜吏"则是薛氏在"云阶"之外的别号。揆诸"重订"二字，似可推知，此书之前应有更原始之稿，光绪己亥年（1899）薛允升重新编订，而成现在模样。就在同一年，薛允升被参落职，左迁宗人府府丞，同乡门人郭昭向其问学。薛氏遂以该书相赠，并教导郭昭就此钻研秋审之学。原稿二册，不知何时何人将之合订为一册，现收藏于北京大学图书馆古籍特藏部，迄未刊行。[2]

（3）《秋审略例》。全书共四卷，亦属清代秋审司法程式类作品。原稿历经庚子之役，有所散佚，同为薛氏门人之刑部官员江联莘，将其手中保存的第一、第二两卷原稿予以刊布；第三和第四两卷，仅存目录而已。然而，事实上，早在该书成稿之初，因为见解独到，切于实用，便被刑部同僚辗转抄录，竟在原稿湮没后，得以抄本形式广泛流传。笔

---

[1]　沈家本：《薛大司寇遗稿序》，《历代刑法考》附《寄簃文存》卷六，北京：中华书局，1985 年，第 2223 - 2224 页。

[2]　参见孙家红《清代的死刑监候》，下篇，"清代死刑监候的司法特征"，北京：社会科学文献出版社，2007 年，第 196 页。

者曾撰《历尽劫灰望云阶：薛允升遗著〈秋审略例〉的散佚与重现》①一文，予以详细揭示，此处不必赘言。

（4）《唐明清三律汇编》。该书原系 20 册稿本，1998 年入藏已故藏书家田涛先生"信吾是斋"。后经田涛、马志冰两位先生点校整理，收入杨一凡先生主编《中国珍稀法律典籍续编》第八册，2002 年 11 月由黑龙江人民出版社正式出版。该稿属于近年关于薛允升遗稿之重大发现，值得进一步研究。据该书卷首"点校说明"可知，其与本文所欲讨论之《读例存疑》稿本，以及薛氏其他律学著作具有深刻关联。本书拟于讨论诸《读例存疑》稿本之后，就其文献属性专门展开讨论。

（5）《汉律决事比》。《清史稿·薛允升传》（卷四四三，列传第二二九）、姚永朴《光禄大夫刑部尚书薛公状》（闵尔昌《碑传集补》卷四）《续陕西通志稿·薛允升传》（卷七十四，人物一）三种史料，皆载此一书目，但在薛允升墓志铭、沈家本《寄簃文存》中则不见只字涉及。台湾已故法史学家黄静嘉先生（1924 - 2017）认为，该书或系《汉律辑存》之一部或其附录。② 笔者则认为，该书可能出于他人对于《汉律辑存》一书之误会。③ 然而，至今无人得见该书，妄加揣测，亦属无谓。

① 孙家红：《历尽劫灰望云阶：薛允升遗著〈秋审略例〉的散佚与重现》，（台湾）中国法制史学会、中研院历史语言研究所主编《法制史研究》第二十四期，2013 年 12 月，第 289 - 307 页。

② 黄静嘉：《清季法学大家长安薛允升先生传》，《读例存疑重刊本》卷首，台北：成文出版社，1970 年，第 27 页。

③ 据沈曾植遗著《汉律辑存凡例（代薛尚书）》（《学海月刊》第一卷，第五册，1944 年，第 58 - 60 页）可知，薛著《汉律辑存》第一部分虽云"律文第一"，但鉴于"温城董君决事比，汉世与律令同用"，故亦"附入此类"。所以，所谓《汉律决事比》有可能为《汉律辑存》之部分内容。然现存台湾傅斯年图书馆《汉律辑存》稿本目录，与沈曾植此文所言差别较大，前者为薛氏稿本无疑，沈文之根底尚待厘清，但并不影响前述情况之存在。张忠纬《〈汉律辑存〉稿本跋》（《中国古代法律文献研究》第六辑，第 437 - 457 页）一文对此有所商榷，但惜未能形成定论。曹旅宁则认为，沈曾植《汉律辑存凡例（代薛尚书）》所言与傅图稿本目录"大同小异"。（《薛允升〈汉律辑存〉稿本与汉律沿革》，《湖南省博物馆馆刊》2012 年第 9 辑，第 262 页）

（6）《薛赵二尚书遗稿》。该书 1909 年由吉同钧汇集编订，并采用当时较为新颖之油印方式印制而成。今于中国人民大学图书馆中得见该书一册，不分卷，连封面共计 52 叶，无封底。据卷首吉同钧自序，该书收录薛允升和赵舒翘生前所拟"奏疏及驳外省题咨稿件"（共 16件），皆为吉同钧本人"昔年手录"，虽属片羽吉光，但他认为对于彼时司法人士具有相当参考价值，故在薛、赵二人去世后，以"乡后学"名义将这些稿件汇辑刊行，并亲加注语①若干条。此书为笔者新近发现，与前述《薛大司寇遗稿》内容上或可互补，但二者之汇集编纂皆非薛氏本人所为，故与其生前删定诸稿在性质上有所不同。

以上为薛氏毕生著述大概。这些著作卷帙规模有大有小，学术分量亦有轻有重。今日观之，《读例存疑》②、《唐明律合编》③、《汉律辑存》④ 三者，较早时候经过整理出版，甚或得以新式标点重新刊布，故而常为当代学者引用参考。《服制备考》、《秋审略例》、《秋审分类批辞》、《薛赵二尚书遗稿》、《唐明清三律汇编》五者，或因迄未整理刊

---

① 本书所用"注语"二字，与"按语"含义有所区别。后者指在律例条文之外，明确以"按"、"谨按"、"愚按"等作为发语的注释文字，前者则指没有上述标识之注释段落。请读者注意。

② 该书于 20 世纪曾经黄静嘉先生点校整理，1970 年由台湾成文出版社重新印行。在当时有限印刷条件下，标点校对可谓精良，尤其独创律例编目、关联索引，被中外法史学界奉为"研究清代律例之学的通行标准"（巩涛教授语）。然该书错讹所在多有，为免繁琐之辩证，本文多数情况下直接援引光绪翰茂斋刻本。另外，中国人民公安大学出版社曾于1994 年出版胡星桥、邓又天主编《读例存疑点注》，影响较为有限。

③ 薛允升《唐明律合编》原稿几经辗转，为著名藏书家、法律家董康（绶经）所得。1922年，徐世昌从董康处借得原稿，编校付排，为该书首次刊印。十余年后，上海商务印书馆编印万有文库，亦曾收录该书（第二辑）。最终，该书部分原稿入藏日本关西大学图书馆的"内藤文库"。2003 年在奥村郁三教授主持下，以"关西大学东西学术研究所资料集刊"名义，分作上下两册，影印出版。此外，1999 年法律出版社曾出一点校版《唐明律合编》，句读欠精，聊胜于无。

④ 该书目前见有两个残稿本，一件收藏于台北中研院傅斯年图书馆，一件藏于北京大学图书馆善本部。前者曾于 20 世纪 80 年代经日本堀毅教授整理，收入岛田正郎主编《中国法制史料》第二辑第一册（台北：台湾鼎文书局，1982 年）。曹旅宁《薛允升〈汉律辑存〉稿本与汉律沿革》一文对之有详细介绍，略可参考。（《湖南省博物馆馆刊》2012 年第 9 辑，第 261－266 页）后者似迄无人问津。

布，或因专业性过强，以致少有人问津。《薛大司寇遗稿》、《汉律决事
比》二书，则因迄今无人得见，尚处湮没状态。然在薛允升本人看来，
在其所著各书当中，以《读例存疑》一书价值最为重要。庚子国变之
际，《读例存疑》全稿甫告完成，薛氏自撰序言一篇，其中言道：

> 今老矣碌碌，无一善可取，惟此编自问颇有一得之愚，而半生
> 心血尽耗于此，亦未忍令其湮没。因勉从诸贤之命，再四删削，择
> 其可存者，都为一集，共五十四卷，名曰《读例存疑》，志其初也。①

可见，为了撰写《读例存疑》，薛允升不仅耗费"半生心血"，该书更是
其从事律学研究著述的初心所在，故而将之删削刊布，以"志其初"。当
然，这本书不是一般意义上的律学巨著，它的价值也绝不仅限于此。值
得注意的是，该书为晚清修律工作提供了坚实的知识基础，指明了最初
的修律方向。正如沈家本在《读例存疑》序言中所云，"今方奏明修改律
例，一笔一削，将奉此编为准绳，庶几轻重密疏罔弗当，而向之牴牾而
歧异者，咸斠若画一，无复有疑义之存，司谳者胥得所遵守焉"。② 袁世
凯也在序文中指出："方今圣朝修明刑制，将博采中外良法，定为宪
典，悬诸不刊。是书所言，实导先路"。③ 就在该书付梓前后，修订法
律大臣沈家本大量吸收薛允升《读例存疑》中精彩见解，亲身付诸实
践。④ 乃至1910年，薛门高足吉同钧参与编订《大清现行刑律》之际，

---

① 薛允升：《读例存疑自序》，《读例存疑》卷首。
② 沈家本：《读例存疑沈序》，《读例存疑》卷首。
③ 袁世凯：《读例存疑袁序》，《读例存疑》卷首。
④ 1902年沈家本于《律例校勘记》卷一按语云："律例自同治九年大修以后，久未修改，
迄今三十二年矣，其中应修之处甚多。近奉明谕，删繁就简，自应乘此整顿庶务之时，
详细考究，大加修改。兹将应修并、应修改、应移改、应删除各条，逐一录出。薛大司
寇于此书用力数十年，其说最为精核，故备录其说而参以管见，将来修例时，即以此作
蓝本可也。"（刘海年、韩延龙等整理《沈家本未刻书集纂》，北京：中国社会科学出版
社，1996年，第3页）

其业师薛允升的律学见解，依旧发挥着潜移默化的影响。因此可以说，《读例存疑》一书之独特价值，不仅在于其律学研究的学术权威性，更在于它是一部基于以往法律实践，并深刻影响晚清法律变革的实用之书。

然而百余年来，我们对于《读例存疑》这样一部律学巨著的成书过程了解实在有限。相关史料线索，约有三端，略述如下。

其一，1904 年 1 月 16 日刑部为进呈《读例存疑》所上奏疏，云：

> 臣部郎中齐普松武、饶昌麟、武瀛、恩开、来秀、武玉润、张西园、罗维垣、戈炳琦、杨履晋、王廷铨，员外郎段书云、曾鉴、魏联奎、郭昭、连培型、史履晋，主事许世英、萧之葆、周绍昌等，联名呈称：……原任刑部尚书薛允升，律学深邃，固所谓今之名法专家者也。……诸书之中，尤以《读例存疑》一书最为切要，于刑政大有关系。……齐普松武等旧在属官，凤聆绪论，抚读遗编，不忍听其湮没。谨择要先将《读例存疑》一书，就原稿悉心校对，缮写成帙，仰恳代为进呈御览，以彰实学。①

其中明确提及参与《读例存疑》一书编校工作的刑部郎中、员外郎、主事，至少有 20 人之多。这些人来自不同籍贯，谨据晚清所刊《爵秩全览》（光绪二十九年秋、光绪三十年夏）、《缙绅全书·中枢备览》（光绪二十九年冬、光绪三十年春）②统计如下表 1 - 1。

表 1 - 1　参与整理校订《读例存疑》之刑部职员名单

序号	姓名	籍贯	职衔	序号	姓名	籍贯	职衔
1	齐普松武	满洲正白旗	直隶司郎中	2	来秀	满洲厢蓝旗	浙江司郎中

① 薛允升：《读例存疑》卷首，奏疏。
② 清华大学图书馆科技史暨古文献研究所编《清代缙绅录集成》，郑州：大象出版社，2008 年，第七十五卷，第 50 - 58、383 - 390 页；第七十六卷，第 50 - 58、351 - 355 页。

续表

序号	姓名	籍贯	职衔	序号	姓名	籍贯	职衔
3	恩开	满洲厢黄旗	陕西司郎中	12	周绍昌	山西安邑	刑部额外主事
4	郭昭	陕西蒲城	安徽司员外郎	13	连培型	江西南城	浙江司员外郎
5	武瀛	陕西富平	江西司郎中	14	饶昌麟	江西临川	四川司郎中
6	萧之葆	陕西三水	刑部额外主事	15	戈炳琦	直隶景州	山东司郎中
7	魏联奎	河南汜水	江苏司员外郎	16	史履晋	直隶乐亭	山西司员外郎
8	王廷铨	河南项城	安徽司郎中	17	罗维垣	湖南善化	奉天司郎中
9	武玉润	河南祥符	浙江司郎中	18	曾鉴	四川华阳	陕西司员外郎
10	杨履晋	山西忻州	江西司郎中	19	段书云	江苏萧县	贵州司员外郎
11	张西园	山西平定	广东司郎中	20	许世英	安徽建德	刑部额外主事

由表 1-1 可见，在这 20 位具名者中，属于旗籍者 3 人，来自陕西、河南、山西者各 3 人，来自江西、直隶者各 2 人，其余 4 人分别来自湖南、四川、江苏和安徽。进而我们发现，实际参与《读例存疑》编校工作之人数众多；而且，上述名单尚未将沈家本包括在内。另一方面，说明薛允升在晚清刑部具有广泛影响，他不仅是陕派律学的绝对领袖，更为源自其他各省的刑部同僚所钦服。再者，《读例存疑》作为律学巨著，影响极大，在薛允升去世前后即有公论，所以他的门生故吏能够"不惜心力"，积极投身《读例存疑》一书之编校出版。①

其二，沈家本的两篇文章《读例存疑序》和《薛大司寇遗稿序》，对于《读例存疑》的成书过程皆有所交代。前者云：

> 长安薛云阶大司寇自官西曹，即研精律学，于历代之沿革，穷

---

① 沈家本《薛大司寇遗稿序》中云："凡此诸人之不惜心力以董其成者，岂独有私于公哉？良以法家者言，非浅学所能道。世间传述之书，既不多觏，如此鸿篇巨制，其饷遗我后人者，固非独为一人一家之事，而实于政治大有关系者也。当此法治时代，若但征之今而不考之古，但推崇西法而不探讨中法，则法学不全，又安能会而通之，以推行于世。然则今之刻公书也，固将使世之人群讲求法家之学，以有裨于政治，岂独有私于公哉？"（《历代刑法考》附《寄簃文存》卷六，第 2223 页）

源竟委，观其会通。凡今律今例之可疑者，逐条为之考论，其彼此牴牾，及先后歧异者，言之尤详，积成巨册百余。家本尝与编纂之役，爬罗剔抉，参订再三。司寇复以卷帙繁重，手自芟削，勒成定本，编为《汉律辑存》、《唐明律合刻》、《读例存疑》、《服制备考》各若干卷，洵律学之大成，而读律者之圭臬也。同人醵资，寿诸枣梨，甫议鸠工，适值庚子之变，事遂中辍。辛丑春仲，家本述职长安，时司寇在里，复长秋官，询知所著书，惟《汉律辑存》一种存亡未卜，余编无恙。迨銮舆狩返，家本奉命先归，司寇初有乞休之意，故濒行谆谆以所著书为托。季秋遇于大梁，言将扈跸同行，约于京邸商榷此事。乃家本行至樊舆，遽得司寇骑箕之耗，京邸商榷之约竟不能偿矣。……惟此《读例存疑》一编，同人携来京师，亟谋刊行。家本为之校雠一过，秋署同僚，复议另缮清本，进呈御览，奉旨发交律例馆。①

据此可知，沈家本作为与薛允升交往密切之僚属，很早便参与薛氏律学著述过程（"尝与编纂之役，爬罗剔抉，参订再三"），并在《读例存疑》、《唐明律合编》等四部著作"勒成定本"后，曾与刑部同人一起建议薛允升将之付梓，公诸同好，但因庚子之变，事遂耽搁。而在1901年薛允升故去后，各书稿命运未卜，只有《读例存疑》一书被刑部同僚带至京师，为防散毁，大家"亟谋刊行"。在这个过程中，沈家本曾校阅一遍原稿（"校雠一过"）。随后，缮写全书清样，联名进呈，谕旨钦准后，发交律例馆排印刊行。

《薛大司寇遗稿序》则云："甲辰岁，叙雪同人为公刊《读例存疑》，余实任编纂之役。……其时，醵资之事，段少沧观察任之，校雠之事，许俊人金事任之。"② 其中分工十分明确：沈家本担任编纂，段

---

① 沈家本：《读例存疑沈序》，《读例存疑》卷首。
② 沈家本：《薛大司寇遗稿序》，《历代刑法考》附《寄簃文存》卷六，第2223页。

书云（少沧）负责筹钱，许世英（俊人）从事校雠。笔者所见清华大学图书馆藏京师琉璃厂翰茂斋刊本《读例存疑》，扉页之上钤有"后学建德许世英俊人校正"长条朱文印记，想必是许氏刻意为之，足征其颇以校正《读例存疑》一书为荣。印文中所谓"校正"，与沈家本所用之"校雠"，意思本无二致。然依笔者之见，此前沈家本所谓"为之校雠一过"，则应作"实任编纂之役"解。

其三，当事人许世英（1873 – 1964）的回忆。20 世纪 50 年代，许世英年逾古稀，接受台湾人间世月刊社访谈，留下难得之口述回忆。其中特别谈及晚清刑部任职经历，言道：

> 《大清律例》，作为审判的依据，但条文过简，不切实用，所以，当时的法学名家薛允升（云阶）先生编了一部"法律全书"，共四十册，由法律编修馆印行，我这个纂修，就担任了校对之责，这样，我白天审理案件，余下的时间则校对"法律全书"。在这个大动乱即将到来的前夕，我还能安静地从事我的工作，使我对法律能有更多的了解和心得，实是件非常幸运的事。①

另据许世英自述，彼时他正担任刑部直隶司正主稿，兼"法律编修馆的编修"，因此有机会担任《读例存疑》一书校对工作。但遗憾的是，许世英的回忆并不完全可靠，需要详加辨别。首先，遍查光绪二十七年至二十九年所刊各版《爵秩全览》和《缙绅全书·中枢备览》，并未见许世英担任"直隶司正主稿"的记录，仅见其先由丁酉拔贡考取七品小京官，继而担任刑部额外司员中的主事一职。另据中国第一历史档案馆藏"许世英履历单"可知，其获任直隶司正主稿一职，实在光绪三

---

① 冷枫：《许世英回忆录》，台北：人间世月刊社，1966 年，第 36 页。

十一年十一月。① 距离《读例存疑》上奏刊行，大约晚了两年。其次，晚清法律改革时期，沈家本等人主持刊印的薛允升著作，仅有《读例存疑》一种，其他皆属未刊。因此，许世英负责校正之"法律全书"，应该就是《读例存疑》。该书最初刊印时，也恰好被订成四十册。当其晚年口述历史之际，或许没有《读例存疑》带在身边，不然不会错得如此离谱。兼之采访者率尔操觚，不加核实，整体上给人一种夫子论道、信马由缰的感觉。

除上述史料线索外，关于《读例存疑》的成书过程，几乎再无人谈及。数年以来，笔者苦苦探索，也未有任何收获。然而最近两年，在若干学友提示和帮助下，笔者有幸在北京、东京、上海三地的图书馆和档案馆中先后发现 16 册《读例存疑》稿本，不仅生动直观呈现了这部律学巨著的成书过程，更为我们重新认识晚清刑部法律知识的创作与流通，提供了难得的一手素材。下面，谨据各稿本发现和考察顺序，逐一解析交代，以就教于学界同仁。

---

① 秦国经等：《清代官员履历档案全编》，上海：华东师范大学出版社，1997 年，第 7 册，第 756－757 页。

一 中国第一历史档案馆藏《读例存疑》稿本二册

（一）二册稿本之发现

2018 年夏季某日，在台湾查阅《宝坻档案》的梅凌寒（Frédéric Constant）学兄发来两件档案截图，请予鉴别，并询问是否知道一个名为"郭昭"的清朝官员。笔者根据以往阅读经验，并将之与手中正在重新编校的《读例存疑》文本进行核对，很快判定它们其实是《读例存疑》两册稿本。至于郭昭，则是我们前面曾经提及的那位著名薛门弟子——他不仅在薛氏生前受赠珍贵的《秋审分类批辞》稿本，更在薛氏故去后参与整理编校《读例存疑》。

后经梅兄提示，笔者在中国第一历史档案馆《宝坻档案》中看到这两册稿本的全部（黑白胶卷），档案编号分别为 28 - 1 - 54 - 38 和 28 - 1 - 54 - 40。通过胶卷图像来看，这两册稿本现存状态十分不理想。其中，编号 28 - 1 - 54 - 38 的胶卷档案共有 79 拍，扣除重复拍摄的图像外，计有 63 拍，共 126 页。该册稿本封面左上写有"廿八"两个大字（参见图1①），经辨认为沈家本手迹。右侧卷曲的书脊边缘，似乎也有手写字样，但因图像过于模糊，暂时无法辨认。编号 28 - 1 - 54 - 40 的胶卷档案共有 113 拍，扣除重复拍摄外，计有 68 拍，共 136 页。该册稿本残损极为严重，左侧书口仅剩一半左右，且参差不齐，似为鼠啮所致。封面右上手题"越诉二十八"五字，下题"郭昭录"三字。书脊边缘，则有"刑律"二字，比较清楚；"拾玖"二字，稍小，略残，但大致清晰可见。在这份档案第 69 拍图像右侧页面之上，复有手书目录三行——"投匿名文书告人罪/

告状不受理/听讼回避"；该页右下，则再次出现"郭昭录"的手写字样。

通观这两册稿本，底稿文字的书写风格完全一致，似皆出自郭昭一人之手。此外，这两册稿本中存在大量涂抹、修改、增删之处，并粘贴或夹带若干手写签条。略如下图 1 - 1 所示。

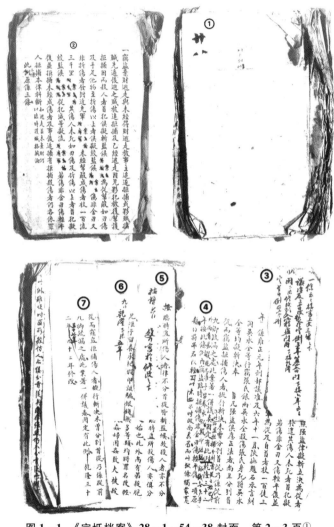

图 1 - 1　《宝坻档案》28 - 1 - 54 - 38 封面、第 2 - 3 页①

---

① 全书插图左右并排且单独编号者，次序皆自右至左，下不另注。

我们将这两份档案——即两册稿本，与薛允升《读例存疑》的正式刊本①进行比对，可以很容易发现，它们就是《读例存疑》的稿本。今从档案编号 28－1－54－38 的稿本中择取一例，以作说明。先将全文照录如下：

266－30

一、窃盗弃财逃走，与未经得财逃走，被事主追逐拒捕，或伙贼携赃先遁，后逃之贼被追拒捕，及已经逃走，因见伙犯被获，帮护拒捕，因而杀人者，首犯俱拟斩监候。[案：上条斩决。] 为从帮殴，如刃伤及手足、他物至折伤以上者，俱拟绞监候。[案：上条同。] 伤非金刃，又非折伤者，发附近充军。[案：上条烟瘴军。] 未经帮殴成伤者，杖一百、流三千里。[案：上条四千里。] 其伤人未死，如刃伤及折伤以上者，首犯拟绞监候 [案：上条斩候]，从犯减等拟流 [案：上条近边军]。若伤非金刃，伤轻平复，并拒捕未经成伤者，及事后追捕，有拒捕杀伤者，仍各依罪人拒捕本律科断。如逃走并未弃财，仍以临时护赃格斗论。

此 [例] 二条原系三条。②

一 [凡窃盗临时拒捕，为首杀人者，照强盗律，拟斩立决；为从者，照发黑龙江等处之例刺面，分别发遣。其伤人未死者，首犯拟斩监候，为从者刺面，发边卫充军。若伤非金刃，又伤轻平复，并拒捕不伤人者，首犯发边卫充军，为从及自首者，杖一百、徒三年。] 系雍正元年，刑部 [议准及]（题准定例，三年纂入此

---

① 本书所标清朝律例条文编码，基本依循黄静嘉先生《读例存疑重刊本》（台北：成文出版社，1970 年），但文本内容实采笔者重新校订之本（待刊），彼此句读略有不同，为省繁冗，不单独出注，请阅者明察。

② 沈签："'一系'云云，接写上文'三条'之下。""'议准及'三字，改'题准定例，三年纂入此门'。下接'六年'云云。""九行：'因'下添'修改，列入窃盗门内'。下接'乾隆'。'定有此例'四字删。"

门。）六年［十一月］，陕（西巡）抚题石承言纠同吴永全等行窃
张氏银两，吴永全杀伤张氏身死，将吴永全等均拟斩决，奉旨：凡
强盗俱应正法者，尚且分别首从，而窃盗拒捕伤人者，概行斩决，
未曾分别首从，乃系从前九卿疏漏之处，此案著一并议奏。因
［定有此例］（修改，列入窃盗门内。）乾隆①（五年、）三十二年
［按此条例内，窃盗临时拒捕，伤非金刃，伤轻平复一项，原例发
遣边卫充军，今军机大臣会同刑部奏准加等，改发边远充军，拟合
遵照改正。因修改为：凡窃盗临时拒捕，为首杀人者，照强盗律拟
斩立决，为从者应发遣吉林乌喇、伯都讷、宁古塔等处，给披甲人
为奴，照名例改遣之例问发。其伤人未死者，首犯拟斩监候，为从
发边卫充军。若临时拒捕，伤非金刃，又伤轻平复之首犯，改发边
远充军。拒捕不伤人之首犯，发边卫充军，为从及自首者，杖一
百、徒三年］、（三十七年）、四十二年［按：此条原例内，窃盗临
时拒捕，其伤人未死首犯拟斩监候，系指金刃伤及折伤以上二项，
而例文未经指出，恐碍引用，因将伤人未死下增入‘如刃伤及折
伤以上’一句］修改。按：临时盗所伤人者，律不分首从，皆斩监候。故杀人者，
亦不分首从，皆拟斩决也。自定有此例，虽临时盗所杀伤人，亦俱分首从矣。□此窃盗拒
捕分别首从之始也。此外，尚有弟杀胞兄，准予留养承祀，假印诓骗银钱无多等类，均将
罪名改轻。［亦此意也。］尔时政尚严肃，而此数条独蒙宽典。奸妇因奸致夫被杀亦同。②

　　一［窃盗弃财逃走，事主追逐，如有逞凶，执持金刃，戳伤
事主者，照罪人殴所捕人至折伤以上律，拟绞监候］系乾隆七年
［三月］，刑部议覆（山）东（巡）抚朱定元条奏定例。按：此刃伤即
照折伤以上拟绞者。③［又，署贵督张题，余阿隆与蒙子凡行窃刃伤事主
戴天俸一案，查蒙子凡之案，照拒捕律加等拟徒，是以又定

---

① 沈签："九行：‘乾隆’下添‘五年’。"
② 沈签："按语六行，双写于修改之下。"
③ 此小注原在上句"绞监候"之末，薛移此，并注"大写"。沈签："按语仍双行写"。本
　处改用小字表示。

此例。]

一 [凡窃盗临时拒捕杀人，及弃财逃走，事主追逐，因而拒捕杀人案内为从帮同下手有伤者，不论他物、金刃，俱拟绞监候。其从犯虽曾拒捕，或亦持杖，而未经殴人成伤，及拒捕另伤一人者，仍各照本律例分别办理] 系乾隆四十八年刑部 [以窃盗临时拒捕杀人案内，为从下手伤人之犯，旧例系发吉林乌拉等处，照名例改遣之例问发。其弃财逃走，拒捕杀人案内，为从下手伤人之犯，向依罪人拒捕杀人为从律拟流。嗣于乾隆四十六年秋审，广东省贼犯任起祥行窃，弃财逃走被追，拒伤事主张观保身死案内，为从拟流之慕容亚保一犯，钦奉上谕，令刑部改拟。当将慕容亚保改拟绞候，并声明窃盗弃财逃走被追拒杀之从犯，既准酌情罪，改为绞候，则窃盗临时拒捕杀人，及白昼抢夺杀人案内之从犯，情罪更重，自应一例办理等因，奏准在案。因纂辑为] 议准定例。五十三年 [按：第三条例内窃盗临时拒捕杀人案内为从，帮同下手有伤者，不论他物、金刃。拟绞监候。其从犯及虽曾拒捕，或亦持杖，而未经殴人成伤者，仍照本例办理等语，即系首条内为从发遣人犯分别治罪之文，止应于首条内增纂明晰，不必另列。且新例既改，而旧例仍存，引用反致牵混。再，首条内发遣吉林等处为奴，照名例改遣之例问发一节，系专指应发极边足四千里充军而言，应行改定。又，名例自首门内载有事未发而自首免罪，及知人欲告而自首减二等，闻拿投首减一等各条。今原例内统论自首者杖一百、徒三年，未免罣漏。自应将首条内自首数字删去，以归核实。又查窃盗弃财逃走，拒捕刃伤事主，及杀人为从，下手有伤拟绞两项，业已纂入窃盗本门下条内。而拒殴至折伤以上拟绞，及杀人拟斩者，向因强盗律内注有治罪明文，未经并入条例，殊属混杂。拟将窃盗弃财拒杀事主，分别首从拟罪之文，并载窃盗门内。又乾隆四十九年九月间，刑部因甫经行窃，尚未得赃，即被事主知觉追捕，因而拒捕刃伤之案，办理未能画一，请将窃盗弃财逃走句下，酌增"未经得财逃走"数字，奏准在案，亦应增入。又，名例内共犯罪而首从本罪各别者，各依本律首从论。是第三条例内"拒捕另伤一人"之语，系属赘文，亦应酌删拟〕（删并，分纂两条），将窃盗临时拒捕杀伤事主者列为一条，窃盗弃财逃走及未经得财杀伤事主者列为一条〔庶翻阅既易，援引较为便捷，因删改分纂为：一、窃盗临时拒捕为首杀人者，拟斩立决。为从帮同下手有伤者，不论他物、金刃，俱拟绞监候。拒捕未经帮殴成伤者，发极边足四千里充军。其伤人未死，如刃伤及折伤以上者，首犯拟斩监候，为从发近边充军。若临时拒捕，伤非金刃，伤轻平复之首犯，改发边远充军。拒捕不伤人之首犯，发近边充军，为从各杖一百、徒三年。一、窃盗弃财逃走，及未经得财逃走，事主追逐，因而拒捕杀人者，首犯拟绞监候，为从帮同下手有伤，不论他物、金刃，俱拟绞监候。其虽曾拒捕，或亦持杖而未经帮殴成伤者，应减首犯一等，杖一百、流三千里。若伤人未死，如刃伤及折伤以上者，首犯拟绞监候，从犯亦减等拟流。若伤非金刃，伤轻平复，并拒捕无伤者，仍依罪人拒捕本律科断。〕嘉庆六年改定〔按：前条窃盗临时拒捕，伤非金刃，伤轻平复之首犯，旧例发近边充军。迨乾隆二十三年奏准改发新疆三十二年仍发内地，较原例加一等发边远充军，纂入例册。嗣于嘉庆四年遵旨议覆署伊犁将军保宁以新疆做工人少，奏请酌拨伊犁遣犯折内，将此项改发伊犁等处酌拨当差，奏准在案。此条充军旧例，应行修改。再查名例内载，应发新疆人犯，如年逾五十，不能耕作，照原例办理者，系照例发近边充军，不在加等之列，应于例内添改明晰。又查窃盗拒捕杀人之案，必临时在盗所护夥护赃，及虽未得财，而未离盗所，逞凶拒捕，或虽离盗所，而临时护赃格斗，迹近于强，故不论所杀系事主、邻佑，俱罪应斩决。若已离盗所，业经弃财，与并未得财逃走，或夥贼携赃先遁，后逃之贼被事主追逐拒捕，及已经逃走，因见夥贼被获，帮殴拒捕，俱由情急图脱，并非护赃格斗，或被事主事后搜捕，起意拒捕者，是既离盗所，又非临时，应仍依罪人拒捕本律问拟。应于例内分别申叙增注，以昭赅备。又查拒捕杀人案内为从帮殴有伤之犯二条例内，俱系不问他物、金刃，拟绞监候。推原例意，因其逞凶帮殴，同恶相济，拟以缳首，固属罪所应得。但其中情节不一，伤亦有轻重之不同。例内只言金刃、他物，设有手足拒捕至折伤以上之案例内未经申叙，碍难引用。又伤非金刃，仅止手足、他物，而未至折伤者，若不分轻重，一律拟绞，亦觉无所区别。此等案件，自应以伤之轻重为断。如刃伤及折伤以上者，自当问拟绞候。若伤非金刃，且在折伤以下者，自应量为酌减。查临时拒捕案内未经帮殴成伤之犯，例应发遣足四千里充军。若帮殴有伤者，应加一等，发云贵、两广极边烟瘴充军。逃走拒捕案内未经帮殴成伤之犯，罪应杖一百、流三千里。若帮殴有伤者，应加一等，发附近充军，庶足以昭平允。再查强盗律内有窃盗临时拒捕，及逃走拒捕二款，诚以盗贼拒捕，迹近于强，故列于强盗律内。而例文二条，又载在窃盗例内，是律例分载两门，未免舛错。应将窃盗临时拒捕，及逃走拒捕例文二条，依类] 移 [载强盗]（入此）门 [内以归画一]。

　　[愚] 谨按：此条别于临时盗所而言，故拟罪较轻。□杀人及伤人未死，刃伤 [及] 并他物折伤，首从各犯较上条大略相同。至伤非金刃，伤轻平复，及拒捕未经成伤，首从各犯较上条过宽。即如三四贼犯，共拒伤一事主，一人系刃伤，自应拟绞，其余虽他物、手足伤轻，亦应拟流。若三四人拒伤一人，均系他物，未至折伤，不过均拟杖罪。同一他物拒伤事主之案，为首罪名反较为从轻至数等，似嫌参差。□弃财逃走 [案内从犯，既经加重，则临时拒捕案内，即不能办理从轻，其势然也。惟律文大有区别，而例改归一致，似嫌未尽妥协] 等三项，情节颇轻，即《唐律》所谓非

强盗者也。若护夥帮殴，则居然行强矣，一例同科，亦嫌未尽允协。□窃盗临时拒捕杀伤人，律应不分首从，亦无论金刃、他物，俱拟斩候。雍正元年，将杀人者改为斩决；六年，将为从者问拟发遣。此例又将为从帮殴者问拟绞候。嘉庆六年，以金刃及他物折伤以上者拟绞，余俱拟军。畸重畸轻，究未知以何为是。且例文只以他物、手足是否折伤为断，设或用例禁凶器拒捕，未至折伤，碍难定断。以凶器与他物、手足较，则凶器为重，以折伤与未折伤较，则凶器又轻。假如有数人于此，一拒杀事主，一他物殴落一齿，一用金刃砍伤，一用凶器殴伤。在寻常斗殴之案，刃伤者徒二年，折一齿一指者，满杖；凶器伤人者，发近边充军，罪名相去悬绝。拒捕例内只有金刃及他物、手足折伤，而无凶器，若照折伤拟绞，例内究无明文。若以未至折伤拟军，轻重尤觉倒置。生死出入，攸关甚钜。再，刃伤未死之案，自应以刃伤为首，凶器帮殴者为从矣。如一系手足或他物殴至折伤，一系凶器殴伤，则又以手足、他物为首矣。孰重孰轻，亦觉不能画一。且此指刃伤及折伤应绞而言，若拒捕止加二等之案，一系金刃，一系折伤，一系凶器，则刃伤者加等拟以满徒，折伤者徒一年半，凶器伤人者极边充军，尤觉参差。条例愈繁，愈多窒碍，此类是也。□窃盗意在得财，本无杀伤人之心，一经伤人，则有强形矣。乃伤非金刃者，只以拒捕论，计赃无几，则仅拟杖完结，似嫌太宽。

以上为《宝坻档案》28－1－54－38 号所载第一条清例条文，及其后附注语、按语。经过比对发现，该稿本所载例文原有 6 处小字按语（录文以［　］表示），在正式刊本中皆被删除，其余文字与《读例存疑》第 266－30 条例文完全一致。相较而言，例文后面所附注语和按语部分，变化较为显著。为求读者一目了然，特别采用不同符号予以标识：（1）方括号［　］内文字，为稿本中可见，但正式刊本中无存者

（如图 1 - 1①）；（2）带下划线 ﹏﹏ 之文字，为薛允升亲笔添改者（如图 1 - 1④、图 1 - 2②）；（3）圆括号（　）里面文字，为沈家本亲笔补入，或以签条形式，建议修改或添入者（如图 1 - 1③⑤⑥、图 1 - 2③）。

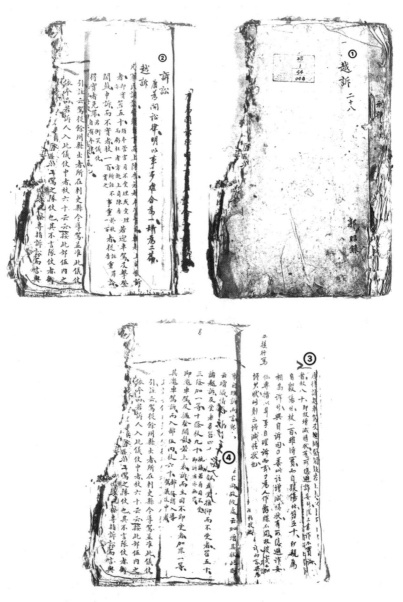

图 1 - 2　《宝坻档案》28 - 1 - 54 - 40 封面、第 2 - 3 页

其中，〔　〕内文字又大致分为两种情况：（1）记录该条例文历次修订之原委。此类文字在稿本中占很大比重，但删改亦较严重。比较而言，在正式刊本中，多半只保留年份信息，其余内容则少有遗存。（2）经薛允升或沈家本指示删改之片段文句。

另外，我们将这两册稿本与《读例存疑》的正式刊本进行逐条对比，发现前者所载录的律例正文，不仅与后者基本一致，而且完全按照后者次序排列，只是前者内容仅为后者之一部分。先将对比结果列表1－2如下。

表1－2　《宝坻档案》与《读例存疑》刊本内容对比

档案编号	刊本卷次	对应门类	例文数量	备注
28－1－54－38	卷二十六 刑律二贼盗上之二	266 强盗	20	自 266－30 至 266－49
28－1－54－40	卷三十九 刑律十五诉讼之一	332 越诉	27	共 42 条
		333 投匿名文书告人罪	5	
		334 告状不受理	9	
		335 听讼回避	1	

第一册稿本（档案编号28－1－54－38）起首，即为《读例存疑》卷二十六刑律二贼盗上之二律文"266 强盗"所附第30条例文（266－30），以迄该门最后一条例文（266－49），前后共计20条之多。然而该册稿本并无"266 强盗"律文原文，及此前29条例文（266－01至266－29），说明在此册之前，还有其他稿本存在。第二册稿本（档案编号28－1－54－40）收载的律例条文相对完整：首先收录《读例存疑》卷三十九刑律诉讼门下律文"332 越诉"，及所附27条例文；随后——自该档案胶卷第69拍起，相继收载"333 投匿名文书告人罪"、"334 告状不受理"、"335 听讼回避"三条律文，及所附共15条清例条文。

（二）初窥《读例存疑》之成书

综观这两册稿本，虽非全璧，但大致可以窥见该书稿的形成过程。

首先，郭昭在薛允升著作原稿基础上抄录成底稿。这里有三个问题值得考虑：（1）郭昭抄录的《读例存疑》稿本仅是全书之一部分，但究竟他一共抄录多少原稿，在《读例存疑》中又占多大比例，因为文献不足，无法悬揣。（参见图1-3）（2）前列刑部奏呈《读例存疑》疏文中提及参与该书编校整理者至少有20位刑部郎中、员外郎和主事，除本处明确知道的郭昭以外，应该还有其他人参与其中，且不排除沈家本、吉同钧等人在内，曾经参与过该书初稿撰写，乃至抄录部分原稿以成类此之底稿。（3）可以确定，在这两册稿本之前应该还有薛允升的著述原稿，本稿本即是根据薛氏原稿抄录而成。

图1-3　郭昭手书目录三行

其次，薛允升在郭昭录成的底稿基础上进行删削修改，乃至新增部分段落。沈家本在《读例存疑》序文中言，薛允升"手自芟削，勒成定本"，应当就是指这一过程。透过这两册稿本，我们可以发现，在此"芟削"过程中，薛允升对原稿文字进行了大量修改和增删工作。有的地方，原稿改动轻微。例如，把各条按语起首的"愚按"二字改为"谨按"；或如图1－1②所示，将前引266－30原稿注语"此例原系三条"改为"此二条原系三条"，将之与前一条例文相提并论。有的地方，则改动较大。如图1－1④所示，薛允升在原稿字里行间亲笔增加一段按语。类此做法，在两册稿本中十分常见。当然，薛允升对原稿最为严重的删改工作，应属删除原稿中较为完整记录例文修订原委的奏疏文字——稿本中一般用"「 」"符号标示。有的地方因为修改增补过于缭乱，薛允升则又倩人重新抄录，并粘贴于相应段落处。（参见图1－1⑦、图1－2④）

不仅如此，薛允升对《读例存疑》未来付梓也做了相当准备。即如图1－4所示，薛在页眉处标明"此句大写"或"此段大写亦可"字样，意即该段按语文字应采用大写形式。由此可见，沈家本所言薛允升于生前已将《读例存疑》一书"勒成定本"，殆非虚语。

再次，薛允升故去后，沈家本偕同其他20余位刑部寅僚着手编校出版《读例存疑》一书。在此期间，沈氏自谓担任"编纂"一职，并"为之校雠一过"。但沈家本当时究竟进行了怎样的校雠工作，其效果和影响究竟如何？长期以来，不得其详。如今这两册有幸保存下来的稿本当中，保留了大量沈家本的修改笔迹，为我们发现沈家本在《读例存疑》整理出版过程中的突出贡献，提供了无比生动的直接证据。

根据笔者多年研读经验判断，稿本中笔画较粗且书法最为精到的墨笔修改笔迹，皆出自沈家本之手。这些修改笔迹，少数写在字里行间（如图1－1⑦），多数则以签条形式存在（如图1－1③⑤⑥）。经统计，上述两册《读例存疑》稿本胶卷去除重复者，共约 131 拍（63 + 68），而现存沈家本的签条数量便有 33 条之多。在这些签条之中，沈氏手书文稿修改意见少则五六字，多则二三十字，其要点则可多至三四处。整体而言，沈氏所作修改意见体现的文本修改功能，主要有以下两类：

（1）修改底稿内容。即如图 1 - 1③所示，沈家本粘贴签条指出：应将例文 266 - 30 底稿中"议准及"三字改为"题准定例，三年纂入此门"，同时在当页第九行"因"字之下添入"修改，列入窃盗门内"八字，而将"定有此例"四字删除。据图 1 - 1⑥⑦所示签条，则意味着应在当页第九行"乾隆"下添"五年"二字，同时在"乾隆三十二年"之后加入"三十七年"四字。

（2）指示排版格式。如图 1 - 1③签条所示，沈家本认为"注语"中的"一系"二字，应该接于上句"此二条原系三条"之末。通过图 1 - 1⑤签条可以看出，当页底稿经过薛允升修改，增加了按语文字，又倩人重新抄成六行，粘于原稿之上。在沈家本看来，这六行按语应该采用双行小字写于前文"修改"二字之下。

遍览上述各类签条，及底稿上的斑斓墨迹，可以发现，沈家本继薛允升亲笔修改之后，不仅对《读例存疑》底稿做了大量文本修改，更为该书的后续编校排版作出更为详细的工作指示。

对比参观沈家本和薛允升的修改内容，我们还可发现，沈、薛二人意见有时并不完全一致。即如上面所举数例，沈家本固然延续薛允升的修改思路，在原稿基础上作进一步节删，以使行文更为精炼，但也增加了一些原稿中不曾出现的内容文字，乃至进行一定程度的文本修正。尤其在排版格式上——如图 1 - 4 所示，沈家本与薛允升的意见发生相左：薛原来意图将"按语"文字采用大写（单行），沈则主张仍旧用双行小字。

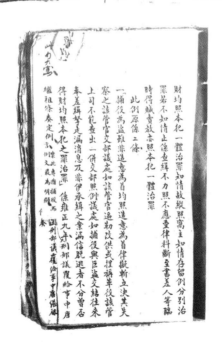

图 1 - 4　《宝坻档案》28 - 1 - 54 - 38 第 23、26 页

　　读者可能会问：在薛、沈二人意见相左的情况下，《读例存疑》一书最终采纳的是原作者薛允升的意见，还是"编纂"者沈家本的意见？我们将这两册稿本与《读例存疑》正式刊本进行比对，很容易发现，最终还是沈家本的意见占了上风。正如下图1－5所显示的那样，档案28－1－54－40所载律文"334 告状不受理"后的注

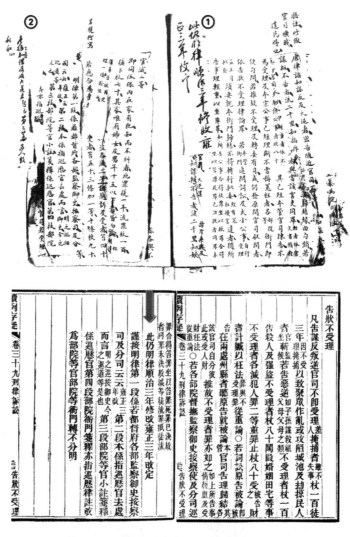

图1－5　《读例存疑》刊本与稿本之比较

语——"此仍明律，顺治三年修改，雍正三年改定"（图1-5①），基本是沈家本重新改写而成，而《读例存疑》的正式刊本完全采纳了沈家本的意见。

与此同时，我们发现：类似本条"此仍明律，顺治三年修改，雍正三年改定"的注语表达方式，在这两册稿本的原始底稿中并不常见，而在《读例存疑》的正式刊本中，却十分典型而普遍。如此程式化的行文表达，深刻体现出沈家本对于该书一以贯之的编纂宗旨——即在继承薛允升遗志基础上，尽其所能，将全书统一规范，并在律学专业知识上不断地精益求精。进而或可以说，沈家本主导编校刊印《读例存疑》过程中，将自身律学研究成果进一步融入到薛允升的遗著当中。其在《读例存疑序》和《薛大司寇遗稿序》中所谓"校雠一过"、"担任编纂之责"，绝非自我标榜，恰恰相反，体现出他对故尚书薛允升的衷心敬仰，和作为后学君子的谦谦本色。

此外，在研读档案编号28-1-54-40的《读例存疑》稿本过程中，我们还发现一种特别的签条。窥其书法风格，显然不是出自郭昭、薛允升或沈家本三人之手；内容上，则往往指示抄录该底稿中部分段落，至另外一本当中。即如图1-6①②③所示。

其中，签条①云"'嘉庆十年四月间刑部奏请定接收呈请'起，至'恭纂为例'止，另抄一本"。循此指示，当页应予抄录的文字如下。

嘉庆十年四月间，刑部奏请定接收呈请限制一折内称，刑部旧日章程，除呈请赎罪留养，及外省题咨到部有案、现审在部有案者，刑部俱得据呈办理外，其余凡一切并无原案现审词讼，俱由都察院、五城提督衙门、顺天府，及各旗营收接呈词，分别奏咨，解送刑部收审。是各衙门接收呈词而不审讯结案，刑部审讯结案而不接收呈词，界限分明，慎防流弊。近年来，呈词多赴刑部呈诉。若不奏明立定章程，窃恐日久渐弛，一紊旧章。请将刑部除赎罪留养，

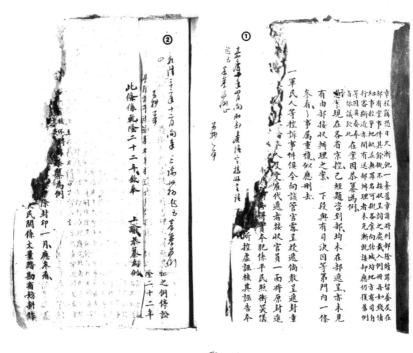

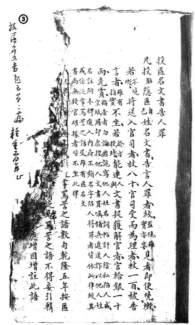

图1-6 《宝坻档案》28-1-54-40 所附签条举例

及在部有案事件，其余概不接收呈词之处，载入例册。再如钱债细事，控争地亩，并无罪名可拟各案，向系城防地方有司自行审断。近亦间有送部办理者，未免渐就诿却，应仍复旧例等因。具奏，奉旨："依议。"钦此。在案。因恭纂为例。①

在底稿之中，该段文字起首尚有"此条系"三字。然而，经过薛允升大幅修改，奏折内容完全被删除，最后变成极为简单的一句表述——"此条系嘉庆十年刑部奏准定例"。再经核对发现，此句与《读例存疑》正式刊本"332 越诉"律下第 21 条例文注语完全一致，但在该例文之下乃至全书之中，并无上段引文的任何踪影。

与此相类者，又如图 1 - 6②签条云"'乾隆二十二年十二月间奉上谕州县'起，至'恭纂为例'止，另抄一本"；签条③云"'投匿名文书'起，至第二篇'轻重不同耳'止"。综计全册之中，共有此类签条 19 例。考虑到这些签条所指示抄录的内容，与《读例存疑》稿本原系一体，且内容上均属有关修例折奏文本，而意欲"另抄一本"，不禁令人联想起：薛允升在《读例存疑》之外，尚有一项关联性很强的写作计划，即收录各种修例原奏，分门别类，依照例文次序，汇集于《读例存疑》之后，"仍其旧名，曰《定例汇编》"。故而我们不妨大胆推测，本册稿本中此类签条指示抄录相应修例奏折，另成一本，应该就是为《定例汇编》的成书作准备，而这 19 例签条所指示抄录的内容，也理应是《定例汇编》的有机组成部分。虽然目前我们并未得见薛辑《定例汇编》的庐山真面目，但至此有一点基本可以肯定：《定例汇编》、《读例存疑》二书，其实出自同一部著作原本。

（三）稿本的抄录者——郭昭

最后，对于这两册稿本的抄录者，有必要略作交代。郭昭，生卒年

---

① 《宝坻档案》28 - 1 - 54 - 40，第 52 页。

暂不详，晚清拔贡出身。陕西蒲城人，与薛允升系属同乡。据1909年（己酉）郭昭在薛氏赠与的《秋审分类批辞》一书末尾粘贴签条，可知：光绪十二年（1886），郭参加七品小京官考试，恰逢薛允升为阅卷官，故有师生之谊。光绪二十五年薛允升因故迁任宗人府府丞后，郭昭有一次向其请教秋审之法，薛当面赠送"手订《秋审分类批辞》两册"，并指点其学习里面记录的"秋审程式"。① 可见，二人关系较为密切。另据光绪二十九年刑部奏呈《读例存疑》疏文可知，郭昭曾经参与该书编校工作。当时郭的身份，已经升为刑部安徽司员外郎。

另从这两册《读例存疑》稿本来看，薛允升其实是在郭昭抄录的底稿上进行的修订增删，故这两册稿本之抄成应该早于1901年，即薛氏逝世之前，而在郭昭结识薛允升之后。稿本抄成后，郭将之交还薛允升，由作者自行修改删削，"勒成定本"。随后，又经沈家本"校雠一过"，方交付刊印。然而，仍有一个问题令人费解：经查，郭昭并无在顺天府宝坻县任职经历，而他所抄录的这两册《读例存疑》稿本为什么会进入《宝坻档案》中，又究竟在何时被裹挟进《宝坻档案》之中呢？这两个问题，恐怕只能交给时间老人，等待新的史料出现，才能解决了。

与此同时，我们知道，在这两册稿本之间——以及在他们前后，肯定还有其他《读例存疑》稿本存在，但这两册稿本能够历经百余年社会变迁而留存至今，堪称珍贵。然而，机缘总在不经意间接踵而来，随着日本东京大学东洋文化研究所仁井田文库所藏另外八册《读例存疑》稿本后续发现，为我们深入了解这部律学巨著的成书过程，又翻开了崭新一页。

---

① 参见孙家红《清代的死刑监候》，下篇，"清代死刑监候制度的司法特征"，第196页。

二　日本东洋文化研究所藏《读例存疑》稿本八册

（一）八册遗稿之发现

2018 年 10 月 1 日下午，在日本东京大学访问的王旭师弟发来一则微信，告知东洋文化研究所图书馆仁井田陞文库有一套《大清律例》残抄本，系使用修订法律馆专用稿纸抄录而成，并附寄一张书影（图 1-7），询问是否认识里面两位刑官，及相关受业情况。从该图所附白色纸条来看，文字较为工整，但书风不太明显，无法判断系何人所为。至于署名"受业垣、琪"者，根据以往研究经验，则大致可以判定，他们是晚清刑部的两位著名刑官：罗维垣和王世琪。

罗维垣（1858 - ?），字钝谷，号石帆，湖南长沙人，光绪十六年（1890）中式，以主事签分刑部。二十六年，充浙江司主稿、秋审处坐办。二十七年，补山西司主事。二十八年四月，经刑部奏保随扈各员，赏加四品衔，题升贵州司员外郎。二十九年，充律例馆提调，后题升奉天司郎中。[1] 光绪二十九年刑部奏呈《读例存疑》疏文中标举 20 位参与整理之刑部官员，罗维垣赫然在列。宣统元年（1909）三月，沈家本为罗维垣所作《官司出入人罪减除折算表》撰写跋语，称其"足备法家之讨论"。[2] 民国

---

① 秦国经等：《清代官员履历档案全编》第 7 册，罗维垣履历单，第 490 - 491 页。
② 沈家本：《罗石帆官司出入人罪减除折算表跋》，《历代刑法考》附《寄簃文存》卷八，第 2273 页。

二年（1913），司法总长梁启超曾公开延聘罗为顾问。[①] 可见，其在清末民初法律界具有较大声名。

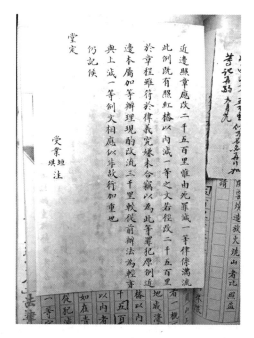

图1-7　仁井田文库《读例存疑》稿本书影

王世琪（？-1917），字炳青，湖南宁乡人。光绪己丑（1889）殿试二甲，以主事签分刑部，后升参议。光绪三十三年（1907）十月，经修律大臣沈家本等保奏，王以法部右参议派充修订法律馆提调。其后，又曾出任大理院检察厅厅丞、大理院少卿等职。据宣统二年（1910）《大清现行刑律》卷首所列各官衔名单可知，彼时参与修订《大清现行刑律》的修订法律馆提调官共有四位，王世琪与罗维垣分别

列于第一和第三位①。前者官方正式身份为"大理院总检察厅厅丞",后者则为"法部参议上行走、前河南汝宁府知府"。②

　　然而引起笔者特别注意的是,图像右侧一个字条上大致可见"似可不必再行加等,再酌。九月廿九"字样,明显是沈家本手迹。于是,请东京方面发来完整照片,以仔细辨认。进而获知,该套残抄本为"仁井田博士遗爱",共计十册,装成两函,每函五册,编号分别为:仁井田文库 - 史 - N2329(1)和仁井田文库 - 史 - N2329(2)。函套封脊原用毛笔题作"法律馆钞本:《大清律例》",后经铅笔改为"法律馆稿本:《大清律例》(修订原稿)"。③笔者将全书研读后发现:该书命名有误,虽经修改,亦难言准确。

　　在这十册稿本中,第一至八册所用纸张为米色无格白纸,且有多处剪裁拼接痕迹,实为薛允升《读例存疑》稿本。第九至十册则使用晚清法律馆专用红格稿纸,每页 10×20 格,中缝印有"法律馆"三字,显系《大清现行刑律》的修订法律馆稿本。后两册涉及"谋反大逆"、"谋叛"、"造妖书妖言"、"盗大祀神御物"、"盗制书"、"盗印信"、"盗内府财物"、"盗城门钥"、"盗园陵树木"、"监守自盗仓库钱粮"、"常人盗仓库钱粮"、"强盗"诸条,记录相关条例之修改意见,并逐条附有"注语"或者"按语"。在精楷抄成的底稿上,先后留下数人修改笔迹。首先,可见罗维垣或王世琪——以及另外一名暂时无法确认之刑官,在底稿字里行间进行修改,或以签条形式粘附修例意见。其后,沈家本针对前述意见,逐条批注,或加以补充确认,或进行商榷改正。在这两册稿本中,沈家本所作签条数量较多,而且部分签条有明确日期标识,例如图 1-7 中的"九月廿九"。这些证据表明,沈家本身为修订

---

①　另外两人为:大理院候补推丞董康,内城巡警总厅厅丞章宗祥。其中,董康与王世琪同时经修律大臣沈家本等奏请升为修订法律馆提调。且在参与修订《大清现行刑律》之前,董康曾与章宗祥一同翻译《日本刑法》,并着手起草《大清新刑律》。

②　官修:《钦定大清现行刑律》卷首,修订法律馆修订现行刑律衔名,宣统二年仿聚珍版。

③　下划线为笔者所加,以示前后变化。

法律大臣，不仅为《大清现行刑律》的制定出台整体上掌握方向，更针对具体法律条文，提出过详细修改意见。总之，这两册《大清现行刑律》稿本十分难得，极具文献价值。但由于本篇考察重点在于前面八册《读例存疑》稿本，故而对于这两册《大清现行刑律》稿本的专题研究，容待日后进行。

　　整体而言，与此前在《宝坻档案》中发现的两册《读例存疑》稿本相比，仁井田文库保存的八册《读例存疑》稿本，不仅数量较大——是前者四倍之多，而且基于现代通信之便，我们可以通过清晰的彩色图片窥见这部律学巨著更多的成书细节。① 尤为难得的是，在北京和东京先后发现的十册稿本内容间竟然存在直接关联，为我们解开《读例存疑》的编纂之谜，提供更加直接有力证据，不禁令人赞叹世间之奇缘。

　　经与《读例存疑》正式刊本核对可见，仁井田文库中保存的八册稿本涉及"吏律·公式"、"户律·户役"、"户律·仓库"、"户律·钱债"、"户律·市廛"、"刑律·贼盗"、"刑律·犯奸"等七大科目，包含律文 83 条、例文 302 条。该稿本第一册卷首有"大清律例卷七"字样，余下各册大致按《大清律例》目录依次装订，但内容并非十分连贯。谨将各册稿本与《读例存疑》刊本逐条对勘，参照后者卷次门类目录，得到如下表 1 - 3。

表 1 - 3　仁井田文库《读例存疑》稿本与刊本比较

函册	对应刊本卷次门类	例文数量	备注
上函第一册	读例存疑卷八 吏律二公式 061 讲读律令	律文 14 条 例文 31 条	卷首标明"大清律例卷七"

---

① 相比之下，据中国第一历史档案馆工作人员讲，出于档案保护之需要，该馆保存的《宝坻档案》目前仅能查阅多年前拍摄的黑白胶卷，无法调取原件，因而从中所能判定的信息毕竟有限。

函册	对应刊本卷次门类	例文数量	备注
	062 制书有违 063 弃毁制书印信 064 上书奏事犯讳 065 事应奏而不奏 066 出使不复命 067 官文书稽程 068 照刷文卷 069 磨勘卷宗 070 同僚代判署文案 071 增减官文书 072 封掌印信 073 漏使印信 074 擅用调兵印信		
上函第二册	读例存疑卷九 户律一户役 075 脱漏户口 076 人户以籍为定 077 私创庵院及私度僧道 078 立嫡子违法 079 收留迷失子女 080 赋役不均 081 丁夫差遣不平 082 隐蔽差役 083 禁革主保里长 084 逃避差役 085 点差狱卒 086 私役部民夫匠 087 别籍异财 088 卑幼私擅用财 089 收养孤老	律文 15 条 例文 59 条	
上函第三册	读例存疑卷十三 户律五仓库上 118 钱法 119 收粮违限 120 多收税粮斛面 121 隐匿费用税粮课物 122 揽纳税粮 123 虚出通关朱钞 124 附余钱粮私下补数 125 私借钱粮 126 私借官物	律文 9 条 例文 36 条	

续表

函册	对应刊本卷次门类	例文数量	备注
上函第四册	读例存疑卷十四 　户律六仓库下 　　127 那移出纳 　　128 库秤雇役侵欺 　　129 冒支官粮 　　130 钱粮互相觉察 　　131 仓库不觉被盗 　　132 守支钱粮及擅开官封 　　133 出纳官物有违 　　134 收支留难 　　135 起解金银足色 　　136 损坏仓库财物 　　137 转解官物 　　138 拟断赃罚不当 　　139 守掌在官财物 　　140 隐瞒入官家产	律文 14 条 例文 56 条	
上函第五册	读例存疑卷十六 　户律八钱债 　　149 违禁取利 　　150 费用受寄财产 　　151 得遗失物 读例存疑卷十七 　户律九 市廛 　　152 私充牙行埠头 　　153 市司评物价 　　154 把持行市 　　155 私造斛斗秤尺 　　156 器用布绢不如法	律文 8 条 例文 27 条	
下函第六册	读例存疑卷二十五 　刑律一贼盗上之一 　　254 谋反大逆 　　255 谋叛 　　256 造妖书妖言 　　257 盗大祀神御物 　　258 盗制书 　　259 盗印信 　　260 盗内府财物 　　261 盗城门钥 　　262 盗军器 　　263 盗园陵树木	律文 10 条 例文 27 条	

函册	对应刊本卷次门类	例文数量	备注
下函第七册	读例存疑卷二十五 刑律一贼盗上之一 264 监守自盗仓库钱粮 265 常人盗仓库钱粮 读例存疑卷二十六 刑律二贼盗上之二 266 强盗	律文 3 条 例文 40 条	律文 266 所附例文共 49 条，本册仅 266-01 至 266-29
下函第八册	读例存疑卷四十三 刑律十九犯奸 366 犯奸 367 纵容妻妾犯奸 368 亲属相奸 369 诬执翁奸 370 奴及雇工人奸家长妻 371 奸部民妻女 372 居丧及僧道犯奸 373 良贱相奸 374 官吏宿娼 375 买良为娼	律文 10 条 例文 26 条	

据表 1-3 可见，除上函第五册、下函第八册外，上函第一册与第二册、第三册与第四册、下函第六册与第七册，内容上皆较连贯；而在上函第五册、下函第七册中，分别兼有前后两卷之部分内容。以律文数量论，这八册稿本约占《读例存疑》正式刊本律文总数之 19.0%（83/436）；以例文论，前者约占后者例文总数之 15.9%（302/1904）。若合并计算，这八册稿本所含律例条文总数约占《读例存疑》正式刊本之 16.5%（385/2340）。

此外，在《读例存疑》正式刊本中，律文"266 强盗"下共有例文 49 条，仁井田文库稿本下函第七册却只有 29 条例文（266-01 至 266-29）。文献残缺，往往令研究者倍感遗憾，但当我们将该册稿本与《宝坻档案》中编号 28-1-54-38 的一册稿本比对后，意外发现：后者恰好包含了前者所缺失的 20 条例文（266-30 至 266-49）。不仅如此，经笔者仔细研判，仁井田文库稿本下函第六册全册（律文 10 条，例文 27 条），第七册中律文"265 常人盗仓库钱粮"、"266 强盗"，及所附例文 33 条，与《宝坻档案》中两册《读例存疑》稿本笔迹完全相同，皆出自郭昭一人之手。（参见图 1-8、图 1-9）至此，我们可以肯定地说，郭昭抄录的《读例存疑》底稿绝不限于《宝坻档案》中保存的两册，至少还有仁井田文库《读例存疑》稿本中的下函第六册，以及第七册的大部分。[①]

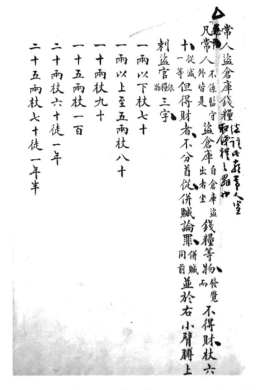

图 1-8　仁井田文库《读例存疑》稿本律文"265 常人盗仓库钱粮"

---

① 该册稿本共计律文 3 条，例文 40 条，律文"265 常人盗仓库钱粮"和"266 强盗"所附例文共计 33（4+29）条，远超该册一半之数。

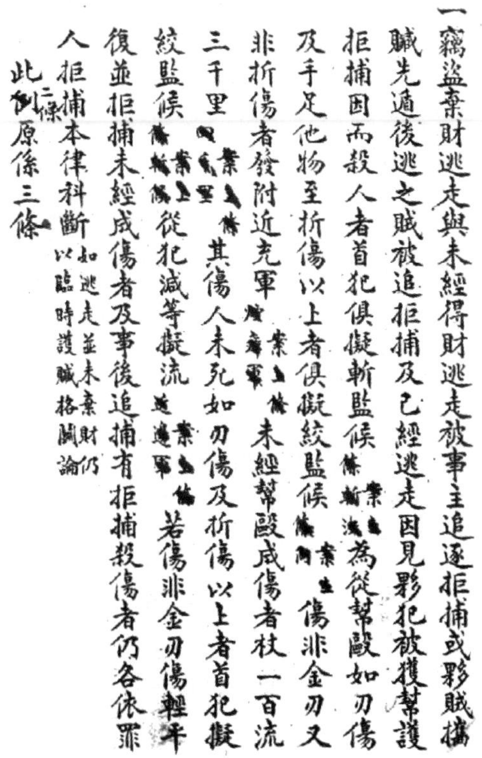

一窃盗窝财逃走与未经得财逃走被事主追逐拒捕或殴贼搁
赃先通逃后逃之贼被追拒捕及已经逃走因见影影犯被擭帮护
拒捕固而殴人者首犯俱拟斩监候　　　　　为从帮殴如刀伤
及手足他物至折伤近充军　　　　　　　　　　　　伤非金刃又
三千里　　　　　其伤人未死如刀伤及折伤以上者首犯拟
绞监候　　　　从犯减等拟流　　　　　若伤非金刃伤轻平
复并拒捕未经成伤者及事后追捕有拒捕殴伤者仍各依罪
人拒捕本律科断以临时护赃格鬪论
此例原系三条

图1－9　《宝坻档案》28－1－54－38 第2页

进而，我们将《宝坻档案》中收录的两册《读例存疑》稿本，与仁井田文库保存的八册稿本合并统计，可得另外一种结果：从律文数量看，北京和东京两种稿本律文数量约占《读例存疑》正式刊本律文总数之 20.2%（88/436）；从例文看，前者约占后者例文总数之 19.1%（364/1904）。若以律例合并计算，前者约占后者律例总数之 19.3%（452/2340）。《读例存疑》作为中国古代律学的不朽巨制，历经百余年风云激荡，竟有如此规模之稿本遗留，实在难得。

（二）　再窥《读例存疑》之成书

通过此前对于《宝坻档案》中两册《读例存疑》稿本的分析，我们已大致了解该书之成书经过。如今,仁井田文库中保存的八册稿本,为我们进一步揭开这部律学巨著的真相,提供了更为丰富生动的崭新材料。下面,谨据以再加扩充,并揭发一些罕为人知的历史细节。

首先,我们对于各册稿本笔迹进行甄别,可以发现这些稿本成于众人之手。除原作者薛允升在底稿上直接进行增删修改留下的笔迹,以及沈家本主持出版过程中留下的校改笔迹外,还有众多书风各异的人士参与了《读例存疑》稿本的底本抄写和校订工作。(参见图1-10)表1-4是各册笔迹数量统计结果。

表1-4 仁井田文库《读例存疑》稿本各册笔迹统计

册	不同人笔迹数	册	不同人笔迹数
第一册	1	第五册	1
第二册	10	第六册	1(郭昭)
第三册	1	第七册	2(郭昭及另外1人)
第四册	2	第八册	1

综合来看,至少19人参与了这八册稿本的底本抄写和校订工作。因为有《宝坻档案》两册署名"郭昭录"的稿本作为参照,故而我们知道郭昭亦身列其中,但其余18人的姓名尚难确定。笔者推测,光绪二十九年刑部奏呈《读例存疑》疏文中提及曾经参与该书校订整理的20位刑部官员之中,除郭昭外,或许还有其他人与这18位"匿名人士"重合。谨此希望将来能发现更多《读例存疑》稿本,或者找到这些刑官的书法作品,再与这八册稿本进行比对,以鉴识出更多稿本的抄录者。

其次,我们在这八册稿本中发现薛允升大量亲笔修改痕迹。从用墨颜色来看,大致有墨笔、朱笔两种。相较而言,墨笔修改者,不仅体现在文本内容的增删修改,更有对于未来排版格式的提示性规范。朱笔修改的功能,则更多体现为对于文本内容的大量删减;或往往表现在,于底稿刻意留白的按语起首处,用朱笔补书"愚按"二字,或将原稿中的

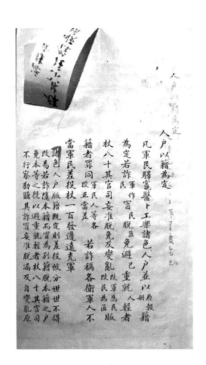

图1-10　仁井田文库《读例存疑》稿本第二册不同笔迹举例

"愚按"改成"谨按"。① （参见图 1 - 11）

在这些稿本之上，薛允升作出大量修改，并且经常补书大段文字。可见，薛允升对于前一阶段的著述底稿并不满意，故而大刀阔斧进行删削增补。当然，在薛允升漫长著述和修改过程中，他的律学观点也在不断发生变化。即如薛允升关于清代律例的引申评价，往往是在完成律例文本演变的细致梳理之后亲手补书上去的。一个十分有趣也很值得注意的例证是，在薛允升为每条律例所作的按语中，"一大关键也"——这一带有鲜明个人特色的表达方式屡次出现。经笔者统计，在《读例存疑》的正式刊本中，该表达方式重复出现达 13 次之多。目前在东京仁井田文库发现的八册稿本——以及前述《宝坻档案》中保存的两册稿本，则无比直观地告诉我们：与此相应的文字片段，均为薛允升在业已抄成的底稿上补写而成。略如图 1 - 12 所示。

推而广之，从目前发现的十册《读例存疑》稿本校改痕迹来看，除带有"一大关键也"五字的特色文句表达外，其他律例条文按语中的评论文字，绝大多数是薛允升在底稿上补写而成，并最终被正式刊本吸收。另外，我们在仁井田文库所藏八册《读例存疑》稿本中发现，大量底稿页面经过剪裁拼接。如图 1 - 13 所示，第四册稿本中例文131 - 01 的按语，与该例文注语之间有将近一整页空白。但在《读例存疑》正式刊本中，相应文字内容上下连贯，并无缺少。类似情况，也经常见于《宝坻档案》中保存的两册《读例存疑》稿本之中。借助东京传来较为清晰的数字图片，通过分析各册稿本所用纸张之色泽纹理，基本可以认定：这些稿本册页的剪裁拼接工作，大致完成于薛允升删削校订《读例存疑》的过程之中。甚至不排除，就是薛允升本人通过"剪刀加糨糊"的方式，将此前抄成的底稿加以剪裁，并重新粘连拼接而成。如

---

① 底稿中"愚按"二字，部分由抄录者以朱笔抄录而成，部分为薛允升亲自以朱笔补写。在薛、沈二人先后校订过程中，其未经删除之按语，多用朱笔将"愚按"改作"谨按"，亦有少量用墨笔修改者。《读例存疑》之正式刊本，则一概使用"谨按"。

图1-11　仁井田文库稿本薛允升墨笔和朱笔修改举例

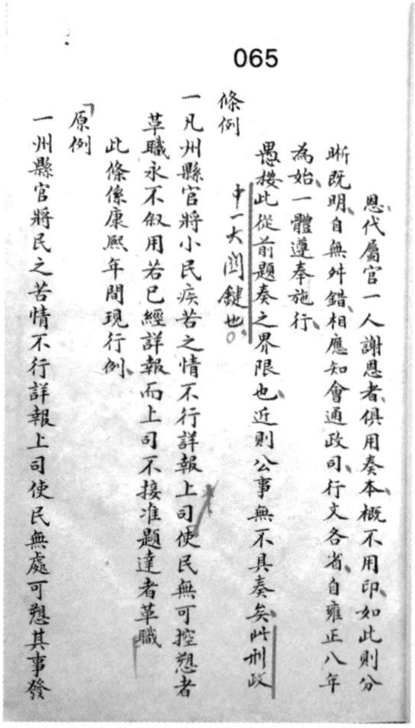

065

恩代屬官一人謝恩者俱用奏本概不用印如此則分
晰既明自無叶錯相應知會通政司行文各省自雍正八年
為始一體遵奉施行
愚按此從前題奏之界限也近則公事無不具奏矣此刑政
中一大關鍵也。

條例
一凡州縣官將小民疾苦之情不行詳報上司使民無可控愬者
革職永不敘叙若已經詳報而上司不接准題達者革職
此條像康熙年間現行例

『原例』
一州縣官將民之苦情不行詳報上司使民無處可愬其事發

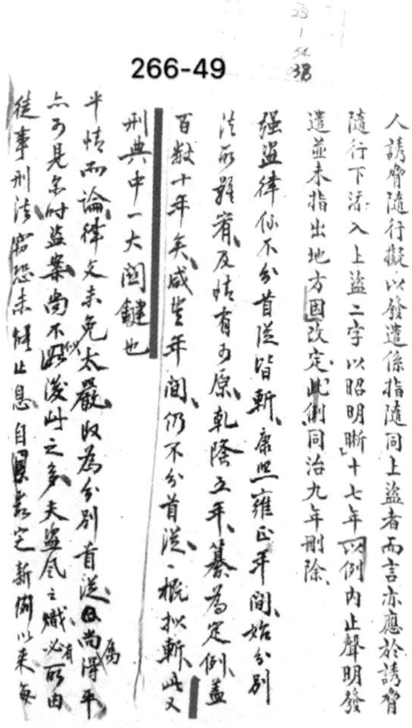

266-49

人誤會遵行徹以發遣徙指隨同上盜者而言亦應於
隨行下活入上盜二字以昭明晰十七年例內止聲明發
遣並未指出地方國改定此例同治九年刪除
強盜律似不分首陇皆斬原與雍正年間始分別
法所難宥及後有為原乾隆立平彙彝定例蓋
百獄十年未成聖年間仍不分首陇一概擬斬此又
非情而論律文未免太嚴收為分別首陇固尚得平
六刀見是科於盜案南不分別之夫蒼民主職必取由
從事刑法宜愸末棋此息自圓茲定之新例以來每
刑典中一大關鍵也

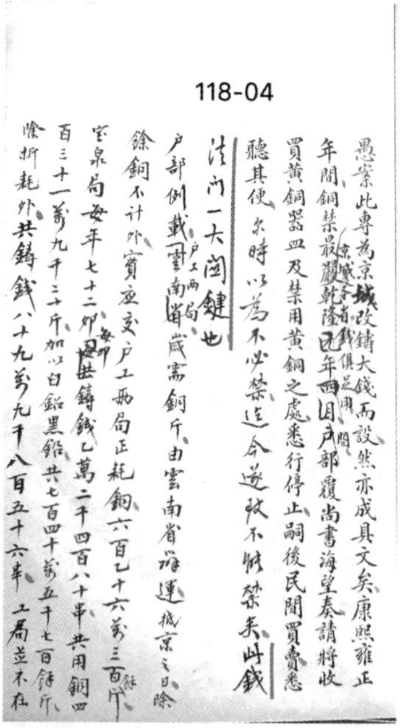

118-04

戶部例載盜南帑需銅斤由雲南省運
徐銅不計外賢支交戶工兩向正銀
京局每安平七十二萬起耗銅六百七十六
百三十一萬九千三百斤加以日銷黑鉛共
七百萬斤共用銅四萬五千九百斤工局並不銷
耗折耗外共鑄錢八十四萬九千八
百五十六串

清門一大關鍵也

愚案此專為京城改鑄大錢而設然亦成其文矣康熙雍正
年間銅禁最嚴乾隆五十四年兩回戶部覆尚書海望奏請將收
買黃銅器皿及禁用黃銅之處悉行停止嗣後民閒買賣悉
聽其便各時以為不必禁正今遂致不惜榮朱此錢

图1-12　仁井田文库《读例存疑》稿本第一册律文065、第三册例文118-04按语，及《宝坻档案》（28-01-54-38）所收《读例存疑》稿本例文266-49按语

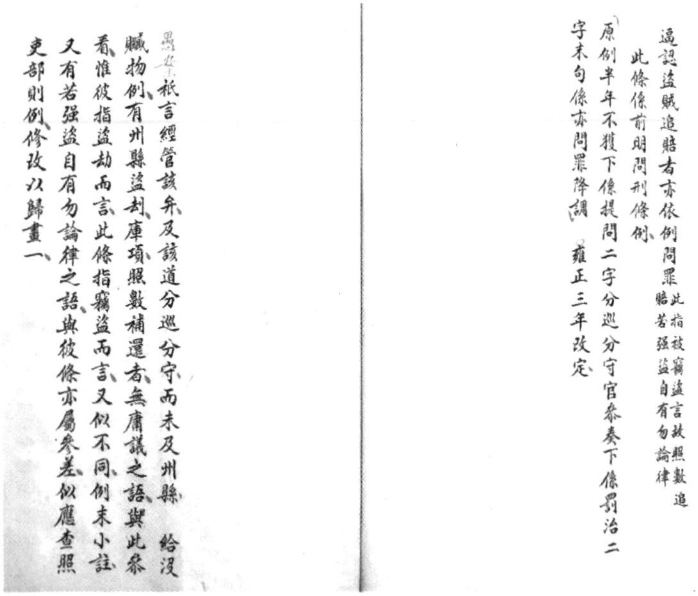
逼認盜賊追賠者亦依例問罪此指被竊盜言故照數追賠若強盜自有勿論律
此條係前明問刑條例
原例半年不獲下係提問二字分巡分守官參奏下係罰治二
字末句係亦問罪降調　雍正三年改定

愚按祇言經管該弁及該道分巡分守而未及州縣　給沒
贓物例有州縣盜劫庫項照數補還者無庸議之語與此參
看惟彼指盜劫而言此條指竊盜而言又似不同例末小註
又有若強盜自有勿論律之語與彼條亦屬參差似應查照
吏部則例修改以歸畫一

图 1-13　仁井田文库稿本第四册例文 131-01

果真是这样，读者可能会问：薛允升为什么要这样做呢？关于这个问题的答案，拟于下文揭晓，在此不表。

再次，正如上文所言，薛允升故后，沈家本为《读例存疑》的整理出版花费大量心力，并在稿本上留下数量众多的签条注语。这种情况不仅在前述《宝坻档案》中的两册稿本中有充分显露，在仁井田文库保存的八册稿本中更有突出表现。在这八册稿本中，可以见到沈家本留下的大量签条——有的形制完整，有的断边残角，有的则只留下星星点点的浆糊痕迹。为了弄清现存沈家本签条数量，笔者将八册稿本检阅数遍，逐一统计，得到表 1-5。

表 1-5　仁井田文库《读例存疑》各册稿本所见沈家本签条统计

	完整	残	小计
第一册	19	6	25

	完整	残	小计
第二册	16	1	17
第三册	12	5	17
第四册	14	9	23
第五册	11	2	13
第六册	11	5	16
第七册	17	5	22
第八册	9	1	10
总计	109	34	143

以上统计结果,仅限目前八册稿本中可以确定者,若干难以确定是否为沈氏签条者,尚不包括在内。综观各册粘附的沈氏签条,少则 10 条,多则 25 条。以总数 143 条计算,平均每册约有 18（143/8）条。与前述《宝坻档案》中两册稿本相较,前者现存沈氏签条 33 条,平均值为 16.5。故而,二者签条平均数相差不大。由于《宝坻档案》胶卷的视觉效果较差,目前又无法见到档案原件,所以这两册稿本中沈氏签条的实际数量完全可能比 33 条多,而与仁井田文库各册稿本的签条平均数量相较,或许难言伯仲。

此外,与《宝坻档案》中两册稿本一样,在仁井田文库八册稿本中沈家本所作签条的功能,也主要体现在两大方面:一则对于《读例存疑》内容进行修改完善,二则为该书正式付梓规范体例。引人注意的是:沈家本所提出的意见,绝大部分态度较为肯定,少数语带商榷。例如,稿本第七册"监守自盗仓库钱粮"律下第一条例文 264-01 按语前,沈家本特加一签条云"此页汇采诸说,皆指旧例而言。今旧例未经录入,读者猝难通晓,候酌",又云"应否将旧例酌留,记参"。（图 1-14）再如,同册"强盗"律下第十条例文 266-10 按语前,沈家本签条先是提出"首条应否加'按'字,候酌",复云"加'按'字,双行写于'定例'之下",并将前面数字框以"「 」"符号,以示删去。（图1-15）由此可见，沈家本关于《读例存疑》整理校订的意见，也并非一步到位，部分意见经过再次修订。

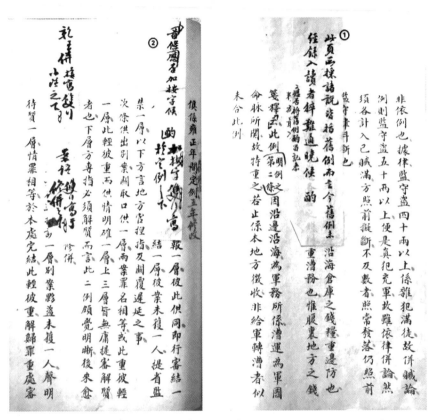

图1-14、图1-15　仁井田文库《读例存疑》稿本第七册沈氏签条

不仅如此，沈家本对《读例存疑》行文的规范统一，提出了相当专业的意见。据仁井田文库八册稿本可知，薛允升生前在删削《读例存疑》过程中，曾对行文规范作出一定指示。例如，在稿本第一册律文"062制书有违"下，薛用墨笔注云"此仍明律，无条例"；（图1-16、图1-17）第七册首页之上，特别粘一签条，注曰"律目后应全写律文，总注写在律文下，双行再写'此仍明律，其小注系国初时添入'"。（图1-18）

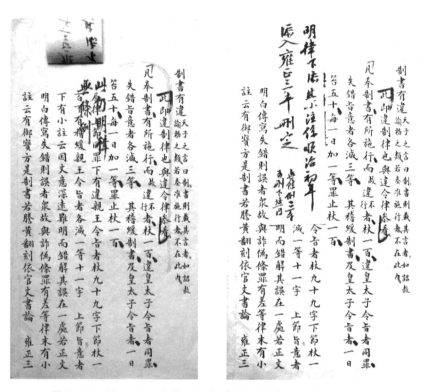

图 1-16、图 1-17   仁井田文库《读例存疑》稿本第一册首页

但是，薛允升的一些修改意见，在沈家本看来并不可取，需要进一步修改。即如"062 制书有违"律文下注语，经沈家本指示，改作"此仍明律，其小注系顺治初年添入，雍正三年删定"，并注明"'无条例'三字可删，下皆同"。（图 1-17）对于第七册首页上所粘的薛允升签条，沈家本甚至直接进行修改，将原本"其小注系国初时添入"九字改为"顺治初年、雍正三年修改"。（图 1-18）

与上述情况类似的签条，在稿本中可以发现很多。诸如："此仍明律，其小注系顺治初年添入，雍正三年修改。添律后。""此仍明律，其小注系顺治初年添入。添律后。""此仍明律，其小注系顺治初年添入，乾隆五年删定。添律后。"可以说，在仁井田文库保存的八册稿本

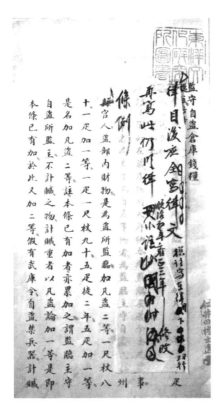

图 1-18 仁井田文库《读例存疑》稿本第七册首页

中，沈家本以签条形式作出的规范性修改意见十分普遍。经笔者初步统计，除第六、第七两册中未见此类签条外，第一至第五册中，单单此类签条就有 25 条。而在第八册稿本中，"368 亲属相奸"、"369 诬执翁奸"、"371 奸部民妻女"、"372 居丧及僧道犯奸"、"373 良贱相奸"、"374 官吏宿娼"、"375 买良为娼"等七条律文之后，薛允升原本并无注按之语，现存者皆为沈家本亲笔补写。（参见图 1-19）而"370 奴及雇工人奸家长妻"下并无薛氏或沈氏注语，经与正式刊本核对，该条之下注语亦付之阙如（图 1-20），足征沈家本的修改补充意见对于现存《读例存疑》一书影响极大。

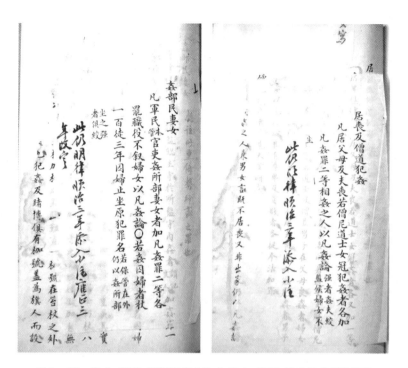

图 1-19　律文"371 奸部民妻女"与律文"372 居丧及僧道犯奸"

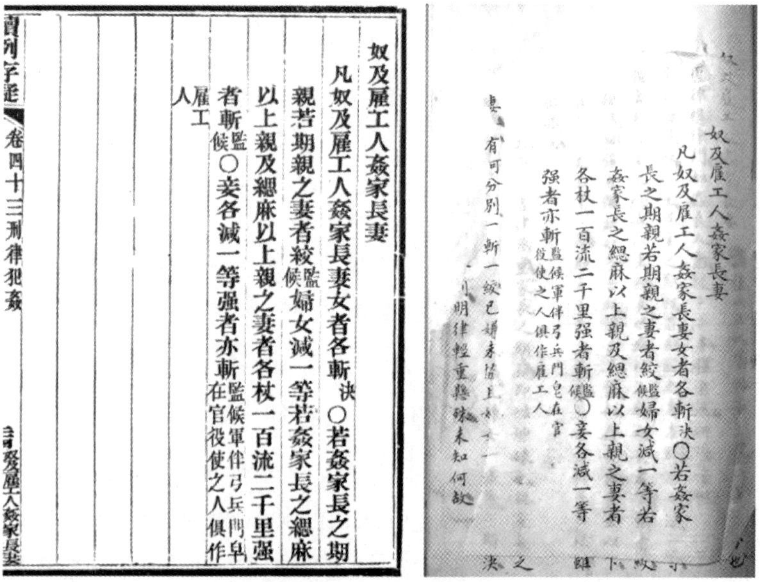

图 1-20　《读例存疑》正式刊本与稿本之比较

　　当然，沈家本对于《读例存疑》稿本的校订完善，绝不限于内容规范、格式统一之类。在仁井田文库稿本第五册中，我们甚至看到，薛允升亲手补录上去的两条例文（149－06、149－07）原来并无按语，沈家本则分别予以补充。（图1－21）谨录之如下：

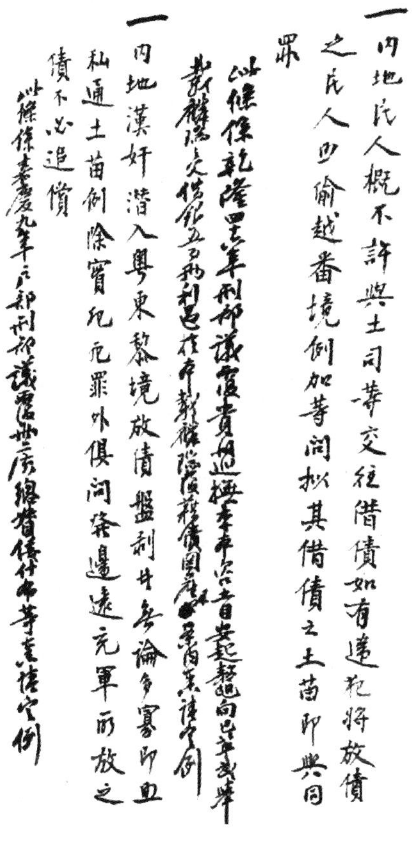

图1－21　薛氏原稿及沈加注语

　　一、内地民人，概不许与土司等交往借债。如有违犯，将放债之民人照偷越番境例，加等问拟。其借债之土苗，即与同罪。（薛）

　　此条系乾隆四十六年刑部议覆贵州巡抚李本咨，土目安起鳌向

已革武举戴麟瑞之父借银五百两，利过于本，戴麟瑞复藉债图产案内，奏请定例。（沈）

一、内地汉奸潜入粤东黎境，放债盘剥者，无论多寡，即照私通土苗例，除实犯死罪外，俱问发边远充军。所放之债，不必追偿。（薛）

此条系嘉庆九年户部、刑部议覆两广总督倭什布等奏请定例。（沈）

经由上面论述，可知：（1）沈家本对于《读例存疑》不仅有厘定整齐之功，在内容方面贡献也十分显著；（2）沈家本对于该书的校正修订工作，并非一蹴而就，而是经历反复斟酌，方才确定下来。前后十册《读例存疑》稿本所呈现的沈家本某些修订意见的不确定性，还表现在大量律例按注文字中原本频繁出现的"顺治初年"字样，在正式刊本中大多被改为"顺治三年"。虽无直接证据，但可想见：在《读例存疑》的整理出版过程中，沈家本的指示修改意见并没有在这批稿本中完整保留下来，而在这些稿本完成之后，应该还有其他誊清本存在，以便正式刊印时参照使用。

最后，笔者此前对《宝坻档案》中一册《读例存疑》稿本（编号28-1-54-40）分析中曾经指出：该稿本夹有若干特别的手写签条，指示从该册底稿中抽取部分修例奏疏文字，"另抄一本"，以成一书——或即笔者所认为的《定例汇编》。然而，通观仁井田文库保存的八册稿本，并无此类标签存在。但在这些底稿之上，与此前发现的两册稿本一样，每条例文之后都抄有相应的修例奏疏公文，详细记录每条例文之详细沿革。这些文字段落，也都经过薛允升（和沈家本）大幅删削，往往最后只留下修例年月、官员衔名等信息——也就是我们今天见到的刊本样式。尽管如此，我们不应否认，在这八册《读例存疑》稿本之中，事实上存在若干本应属于《定例汇编》的文字内容。

（三）《读例存疑》与《唐明律合编》之同源

藉由新近发现的《读例存疑》稿本，揭示《读例存疑》与《唐明律合编》二者之渊源关系，对于笔者来说，其实有些始料未及。尽管我们此前在研读《宝坻档案》中保存的两册《读例存疑》稿本过程中，便已发现在编号 28 - 1 - 54 - 40 稿本之上存在某些可能来自唐律或明律的文字内容，甚至某些文字明显是针对唐律或明律作出的评语。如图 1 - 22、图 1 - 23 所示，在该册卷首"诉讼"标题右侧，薛允升先是写有一行文字"唐为斗讼律，明以事多难合为一，分为二篇"，随将这行文字连同其他两行一并涂去，后又重新抄录一纸，粘于当页边缝。而在"332 越诉"律文之后，则粘有二三十行文字，抄自《唐律疏议》，列于例文之前。[①]

再有，律文"333 投匿名文书告人罪"下，残存按语云"明律改流为绞，未免过重。且既严本犯之科，而将送官司，及受而为理者，又较唐律为轻，未知何故"[②]；律文"334 告状不受理"后，附录相关唐律文本五六十行[③]。

在律文"335 听讼回避"之后，更是附有四段特别引人遐想的文字，如图 1 - 24、图 1 - 25 所示，谨录之如下。

P1. 唐律无文，盖本于元律。诸职官听讼者，事关有服之亲，并婚姻□□□□□[④]业之师，与所仇隙之人，应回避而不回避者，各以其□□□□□以官法临决尊长者，虽会赦，仍解职降叙。

P2. □□□□□□□□□审案件，遇有同旗同籍之人，满御史

---

① 《宝坻档案》28 - 1 - 54 - 40，第 4 - 8 页。

② 《宝坻档案》28 - 1 - 54 - 40，第 71 页。

③ 《宝坻档案》28 - 1 - 54 - 40，第 87 - 91 页。

④ 原稿中残缺文字，暂以此表示，下同。

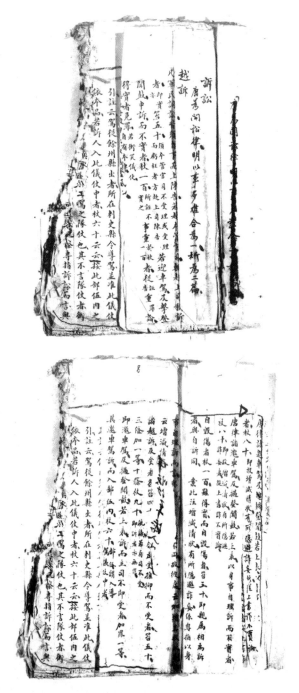

图 1-22、图 1-23 《宝坻档案》28-1-54-40，第 1-2 页

应□□□□□□□□□□□□汉御史应行回避者，会同他□□
□□□□□□□□□□□□□原案移交他城办理□□□□□□□□
□□□□□□□西城御史陈昌齐条□□□□□□□□□□□□
□定例。

P3. □□□□□□□□□外省官吏，如有同籍之人，或经商，
或流寓该管属地方者，遇有讼事，自应照律回避矣。

P4. 既有成律，是以《处分则例》并不另立专条，而办法则又
比照别律，殊不可解。从前律与《处分则例》相为表里，律文所
有者，《处分例》俱不载入，有犯均可照律办理，不独此一事为然
也。后则全不用律，《处分则例》所不载者，则辗转比附别条，若
不知律有明文者，律自律而例自例，遂不免有互相歧异之处。

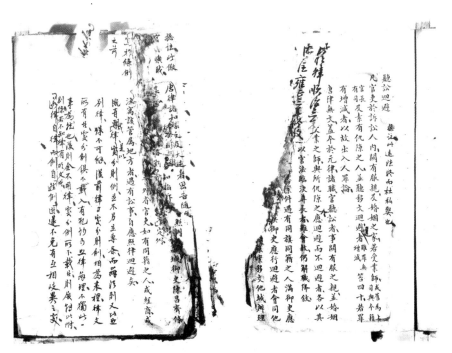

图 1-24、图 1-25 《宝坻档案》28-1-54-40，第 110-111 页

其中，P2 段文字虽残毁严重，然与《读例存疑》刊本核对，可知其实为该条律文下的唯一一条例文及其注语。刊本中文字如下：

> 一、在京巡城满汉御史承审案件，遇有同旗同籍之人，满御史应行回避者，会同他城满御史办理。汉御史应行回避者，会同他城汉御史办理。如满汉御史均应回避，将原案移交他城办理。
>
> 此条系乾隆五十九年吏部议覆巡视西城御史陈昌齐条奏定例。

据此，我们不仅能够基本补齐稿本中残毁文字（以下划线标识），更可以发现：（1）P2 段文字其实应该作为两段处理，即条例正文和注语。（2）在稿本中，该段文字末尾"条"和"定例"之间，根据格数推断，大致残损 13 个字，而在刊本中仅有一"奏"字，说明稿本经过删削，方成后来刊本模样。然而，问题的重点并不在于 P2 段文字，而在于：其余 P1、P3、P4 三段文字在《读例存疑》刊本中并无丝毫痕迹，却赫然存在于薛允升另外一部名著《唐明律合编》之中。即如图 1 - 26、图 1 - 27 所示。

下面两页书影，采自 2003 年日本关西大学影印出版"内藤文库"收藏的薛允升《唐明律合编》稿本。经过比对，我们亦可补足上文相应残损处。全文迻录如下：

> 唐律无文，盖本于元律。诸职官听讼者，事关有服之亲，并婚姻之家，及曾受业之师，与所仇隙之人，应回避而不回避者，各以其所犯坐之。有以官法临决尊长者，虽会赦，仍解职降叙。［此明律之所由昉也，然似可不必。］
>
> 愚按：此专指京城而言，外省官吏，如有同籍之人，或经商，或流寓该管属地方者，遇有讼事，自应照律回避矣。
>
> 既有成律，是以《处分则例》并不另立专条，而办法则又比照

图 1-26、图 1-27　《唐明律合编》稿本“听讼回避”条

别律，殊不可解。从前律与《处分则例》相为表里，律文所有者，《处分例》俱不载入，有犯均可照律办理，不独此一事为然也。后则全不用律，《处分则例》所不载者，则辗转比附别条，若不知律有明文者，律自律而例自例，遂不免有互相歧异之处。①

其中，带有下划线的文字内容为笔者所加，乃《宝坻档案》中《读例存疑》稿本残损，而《唐明律合编稿本》中完整载录者。由此可以断定，前述《读例存疑》稿本中 P1、P3、P4 三段文字，其实就是《唐明律合编》部分内容。再从上引第一段文字末尾“此明律之所由昉也，

---

① 奥村郁三编《薛允升唐明律合编稿本》，下册，大阪：关西大学出版部，2003 年，第 411-412 页。

然似可不必"一句来看，这 13 个字在《读例存疑》稿本中并未出现，而是在《唐明律合编》稿本阶段，薛允升亲自补书上去的。（参见图片箭头处。）进而可以推知，《宝坻档案》中保存的《读例存疑》稿本，后来经过薛允升的亲手补订，而且该底稿形成时间应该早于内藤文库保存的《唐明律合编》稿本。

上述发现不断提示我们，《宝坻档案》中保存的《读例存疑》稿本与《唐明律合编》之间，存在某种微妙的内容关联。但实事求是地讲，在仅有《宝坻档案》所存两册稿本的情况下，上述现象并未引起笔者足够注意，以为只是一种偶然。直到后来仁井田文库所藏八册《读例存疑》出现，随着研读逐渐深入，方才意识到，这些《读例存疑》稿本背后蕴藏着一个重要的历史真相，即《读例存疑》和《唐明律合编》（以及其他诸书）源自同一部规模宏大的著述底稿。

其实，沈家本早在《读例存疑序》中便已指出：薛允升先是"积成巨册百余"，后"以卷帙繁重，手自芟削，勒成定本，编为《汉律辑存》、《唐明律合刻》、《读例存疑》、《服制备考》各若干卷"。[①] 新近发现的《读例存疑》稿本，则为沈氏上述说法提供了无比确切的佐证。下面，谨以仁井田文库保存的八册《读例存疑》稿本为基础，结合日本关西大学保存的《唐明律合编》稿本，对于这两部著作的渊源关系作进一步探讨。

在进入本题讨论前，我们有必要对《唐明律合编》的稿本流传和刊布过程略作梳理。首先，据《读例存疑》卷首薛允升自撰序文可知，他在 1900 年夏出都之前——并在《读例存疑》完稿之前，业已完成《唐明律合编》（或《唐明律合刻》）的编订工作。[②] 但他究竟在何种背景下着手编订此书，该书所用之《唐律》又是何种版本？长期以来，类似问题并未引起学者注意。今阅薛氏《唐明律合编序》，其中言道：

---

① 沈家本：《读例存疑序》，《历代刑法考》附《寄簃文存》卷六，第 2222 页。
② 薛允升：《读例存疑自序》，《读例存疑》卷首。

　　岁辛卯，沈君子惇重刻《唐律疏议》成，余曾为之叙其颠末矣。……兹仿《班马异同》及《新旧唐书合钞》之义，取两律之彼此参差、轻重互异者，逐条疏证，以类相从，名之曰《唐明律合编》，俾读者展卷了然，其得失之处，不烦言而自解，亦读法者之所宜从事也。①

　　据此可知，薛允升着手编订《唐明律合编》，实在沈家本光绪辛卯——即1891年完成《唐律疏议》重刊工作之后。另将日本关西大学影印出版的《薛允升唐明律合编稿本》卷首所附书影，与沈家本主持重刊之《唐律疏议》两相对照（图1-28、图1-29），可知薛允升在《唐

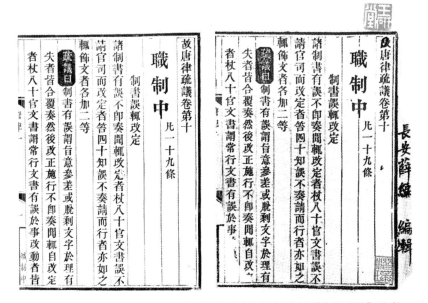

图1-28、图1-29　《薛允升唐明律合编稿本》与沈刻《唐律疏议》比较

---

① 薛允升《唐明律合编序》，《薛允升唐明律合编稿本》，上册，第151-152页。

61

明律合编》中所使用的《唐律》，其实就是将沈氏重刊的《唐律疏议》原书拆成散页，再重新连缀而成。或许正是此一原因，导致关西大学在影印《唐明律合编稿本》时，并未将唐律部分一并影印，而只影印了"明律の部"。

鉴于以上发现，基本可以认定：薛允升正是在 1891 年沈家本重刊《唐律疏议》[①] 基础上，着手编订《唐明律合编》，至迟完成于光绪庚子年（1900）以前，而且在时间上早于《读例存疑》。

其次，《唐明律合编》一书命运多舛，在薛允升逝世后，书稿曾几易其手。及至民国十一年（1922），在徐世昌主持下，方才正式刊布。据沈家本《薛大司寇遗稿序》言，薛允升故去后，"公所著《汉律辑存》，庚子逸于京师，传闻为某舍人所获，秘不肯出。《唐明律合刻》、《服制备考》二书，有力任校刊者，又在若存若亡之间"。[②] 而在《读例存疑序》中，沈家本则直接点出了这位"力任校刊者"的名字，其言曰："《唐明律合刻》诸稿，方坤吾太守连轸携往皖江。惟此《读例存疑》一编，同人携来京师。"[③] 可知，在薛允升去世后，《唐明律合刻》（即《唐明律合编》）连同《服制备考》稿本一起，被方连轸（坤吾）带到安徽。

方连轸之所以能够将《唐明律合编》稿本带去安徽，源自他和薛允升的密切关系。据中国第一历史档案馆藏官员履历档案，可知：方连轸（1851－?），字坤吾，河南罗山人，同治甲戌科（1874）进士，签分刑部。光绪九年（1883）十月，补授提牢；十二年四月，升任广西司员外郎。十三年二月，派充秋审处坐办；闰三月，随同刑部尚书薛允升赴湖南、河南等地，先后查办案件，查勘河南郑州河工。十九年十一

---

① 沈家本自撰《重刻唐律疏议序》作于光绪十六年（1890）十二月。其中明言，"董成其事者"为刑部同僚张成勋和冯锺岱。（《重刻唐律疏议》，卷首，光绪十七年刻本）
② 沈家本：《薛大司寇遗稿序》，《历代刑法考》附《寄簃文存》卷六，第 2223 页。
③ 沈家本：《读例存疑序》，《历代刑法考》附《寄簃文存》卷六，第 2222 页。

月，派充律例馆提调官；十二月，补奉天司郎中。二十一年七月，奉旨补授安徽安庆府知府。二十四年六月，兼理安庐滁和道。二十七年五月，于江西宁国剿匪案内保以道员，在任候补。① 次年，经安徽巡抚聂缉椝奏参革职。三十三年，法部尚书戴鸿慈、左侍郎绍昌、右侍郎张仁黼聘其为律学馆教习。三十四年七月，因在医局兼差效力，经管理医局大臣陆润庠奏请赏还原衔。宣统元年闰二月，经法部奏请，开复原官。②

从方连轸履历来看，他曾两次随同薛允升出京办案，足征二人关系非同一般。《沈家本日记》中，也多次提及他与陕派律学人物的密切交往。例如，光绪十九年（1893）六月二十一日，方坤吾等人公请赵舒翘（1847-1901）餐叙，特邀沈家本作陪。同年八月二十日，沈又从薛允升处得知，彼时刑部叙雪堂要差即将更换，薛特别属意方连轸。③ 可见，方在薛心中确有相当分量。此外，方与陕派后起之秀吉同钧的关联也很多。二人于光绪三十三年（1907）同时被聘为法部律学馆教习，且在 1910 年吉同钧所刊《大清律讲义》附录"律学馆季考拟作"之后，方连轸特别撰有评语，谓："其积之有素也。同官十数年，沾溉磋磨，久已多所获益。"④ 对吉氏律学修养称颂备至。是以可知，方连轸虽然籍隶河南，但正因为他与陕派人物薛允升、吉同钧等人交往深厚，兼以本人律学水平较高，赢得大家信任，故在薛允升逝世后，得以将《唐明律合编》、《服制备考》等书稿本携往安徽任上，并许诺将二书校刊问世。

然而，沈家本一语成谶，《唐明律合编》与《服制备考》两部书稿

---

① 秦国经等：《清代官员履历档案全编》第 5 册，方连轸履历单，第 563-564、698-699 页；第六册，第 134-135、541-542 页。
② 《议覆法部奏请将前安徽知府方连轸开复原官折》（宣统元年闰二月初五日），载《华制存考》第六册，政务，宣统元年闰二月，第 87-88 页。
③ 沈家本：《沈家本日记》，光绪十九年六月二十一日、八月二十日，北京：中国政法大学出版社，2010 年，《沈家本全集》第七卷，第 809、814 页。
④ 方连轸：《吉同钧律学馆季考拟作评语》，载《大清律讲义》卷十六，上海朝记书庄印行，宣统二年。

当时虽有方连轸"力任校刊",但长期处于"若存若亡之间"。《服制备考》湮没多年,20 世纪 30 年代重现沪上,为版本目录学家顾廷龙购得①,后捐赠给上海图书馆,至今未刊。②《唐明律合编》稿本,则不知何时落入晚清法律改革激进派、著名藏书家董康手中。③ 20 世纪 20 年代初,大总统徐世昌(1855 - 1939)从董康手中借得稿本,交由门人兼亲密幕僚曹秉章(1864 - 1937)襄理编校。1922 年孟秋,该书由徐世昌作序,正式付梓。十余年后(1937)商务印书馆出版"万有文库",复将该书收入,流传渐广。

在此需要补充的是:其一,徐世昌为《唐明律合编》作序之际,刚刚辞去民国大总统,但其之所以刊印该书,乃缘自他和薛允升的师生情谊。其在《唐明律合编序》中言,"丙戌廷试,曾受知于尚书,兹从董子授经假得是编,校刊行世,盖不胜耆旧之思,典型之仰焉"。④ 另据《徐世昌日记》载,徐于光绪丙戌(1886)年中式之后,光绪十四、十五两年的十月初一日,均到薛允升府上登门拜寿。庚子年十二月十三日、三十日——即两宫回銮之前,徐曾先后两次到西安的薛府拜望。及至薛允升故去,辛丑年十月初一日、十九日,徐更是两次登门"吊薛

---

① 与《服制备考》一同获得者,尚有七册薛允升稿本。顾廷龙重新装池,题曰《唐明律合刻稿本》,亦捐赠给上海图书馆。其实,七册稿本之中,仅有一册为《唐明律合刻》稿本,其余六册均为《读例存疑》稿本。此前陶安曾撰文《关于上海图书馆藏〈唐明律合刻〉手稿本》(《中国古代法律文献研究》第四辑,2010 年,法律出版社,第 340 - 356 页)予以揭示和讨论,但限于学力见识,判断亦多不足,容后再作讨论。

② 顾廷龙:《薛允升〈服制备考〉稿本之发见》,《图书季刊》,1935 年,第二卷第二期,第 101 - 103 页。

③ 笔者臆测,或许光绪二十八年(1902)方连轸被劾去职,来京担任律学馆教习期间,《唐明律合编》稿本辗转为董康所得。同时考虑到晚清修律过程中,董康与沈家本过从较密,不排除在沈氏提议下,将该稿交由董康整理校刊,但在晚清时局动荡之中,一直未能实现。民国二年(1913),沈家本去世,董康在政坛上亦身世沉浮,更无暇顾及,以致该书出版长期停滞。

④ 徐世昌:《唐明律合编序》,《唐明律合编》卷首,民国十二年刊本。该序拟作者为王式通(1863 - 1931),但上引文句为徐世昌亲笔补入。参见王式通《志盦遗稿》卷一,民国二十七年王氏刻本。

云阶师之丧"。① 可见，徐世昌对乃师薛允升的感情相当深厚。其二，徐世昌的亲密幕僚曹秉章在 1922 年《唐明律合编》正式出版之后，并没有将原稿还给董康，而是据为己有，并在稿本之上钤盖众多个人铭章。现今我们在关西大学所藏《唐明律合编》每册稿本首尾处，可见"玉研堂"（王研堂）、"潜璞"、"杜盦藏"等印，即为曹秉章私印②，足资证明。以笔者推测，大致在《唐明律合编》刊印若干年后，著名汉学家内藤湖南（1866 - 1934）通过某种渠道，获得曹秉章手中部分《唐明律合编》稿本，并最终成为关西大学内藤文库的重要馆藏之一。③

尽管内藤湖南所获仅是《唐明律合编》部分稿本，但其文献价值不容小觑，通过分析这些稿本——尤其与仁井田文库所藏八册《读例存疑》稿本对照，直观有力地说明，二者其实出自同一部著述底稿。为此，我们将仁井田文库保存的八册《读例存疑》稿本中收载的清律条文，其后附录的注语、按语，以及摘录的《唐律疏议》文字——即便残损严重，只要找到相关痕迹者——与关西大学内藤文库藏《唐明律合编》稿本的明律部分的注语、按语文字，逐条进行比对，以见二书内容惊人之重合。之所以不用正式刊印的《唐明律合编》与《读例存疑》稿本相对照，原因在于：关西大学所藏《唐明律合编》稿本虽与正式刊印本基本一致，但更能体现薛允升前后修改之轨迹，有助于发现更多历史信息。相关比较结果，大致如表 1 - 6 所示。

---

① 徐世昌：《徐世昌日记》，北京：北京人民出版社，2015 年，第 21 册，第 10043、10073、10427、10428、10451、10453 页。

② 曹秉章（1864 - 1937），字理斋，号杜盦、潜璞，室名玉研堂，浙江嘉善人。徐世昌弟子，兼亲密幕僚，协助徐氏编纂《晚晴簃诗汇》、《清儒学案》，日常帮助徐氏起草官文书。民国间，曾任国务院印铸局局长。"玉研堂"印，至今可见，制作者为唐醉石（1886 - 1969），湖南长沙人，为西泠印社早期社员。1962 年，任东湖印社社长。

③ 据钱婉约：《内藤湖南研究》所附"内藤湖南年谱"，1925 年 5 月，以大量购藏中文典籍为部分目的之日本东方文化研究会在北京成立，内藤湖南出任该会委员。（北京：中华书局，2004 年，第 278 页）然考其当年履迹，似未至北京，故其于何时以何种途径获得薛允升《唐明律合编》稿本，有待详查。

表 1-6 仁井田文库《读例存疑》稿本与内藤文库《唐明律合编》稿本比较

《读例存疑》稿本律文		唐律内容		与《唐明律合编》稿本比较	
				注语或按语	
上函第一册 吏律公式	061 讲读律令	有	残	有	基本相同
	062 制书有违	有	残	有	增改较大
	063 弃毁制书印信	有	基本完整	有	增改较大
	064 上书奏事犯讳	有	残	有	增改较大
	065 事应奏而不奏	有	完整	有	基本相同
	066 出使不复命	有	完整	有	基本相同
	067 官文书稽程	有	残	有	基本相同
	068 照刷文卷	无	——	无	——
	069 磨勘卷宗	无	——	有	基本相同
	070 同僚代判署文案	有	完整	有	基本相同
	071 增减官文书	有	完整	有	增改较大
	072 封掌印信	唐律无文	——	有	基本相同
	073 漏使印信	唐律无文	——	无	——
	074 擅用调兵印信	有	完整	有	增改较大
上函第二册 户律户役	075 脱漏户口	有	基本完整	有	有所删改
	076 人户以籍为定	有	基本完整	无	——
	077 私创庵院及私度僧道	无	——	无	——
	078 立嫡子违法	有	基本完整	无	——
	079 收留迷失子女	有	基本完整	有	完全相同
	080 赋役不均	有	基本完整	有	有所增补
	081 丁夫差遣不平	有	完整	有	有所增补
	082 隐蔽差役	无	——	无	——
	083 禁革主保里长	无	——	无	——
	084 逃避差役	有	基本完整	有	增改较大
	085 点差狱卒	无	——	无	——
	086 私役部民夫匠	有	残	无	——
	087 别籍异财	有	残	有	增改较大
	088 卑幼私擅用财	有	基本完整	无	——
	089 收养孤老	无	——	无	——

续表

《读例存疑》稿本律文		唐律内容		与《唐明律合编》稿本比较	
				注语或按语	
上函第三册 户律仓库上	118 钱法	无	——	有	残存一句
	119 收粮违限	有	基本完整	有	残存半句
	120 多收税粮斛面	有	残	无	——
	121 隐匿费用税粮课物	有	完整	无	——
	122 揽纳税粮	唐律无文	——	无	——
	123 虚出通关朱钞	无	——	有	残存一句
	124 附余钱粮私下补数	唐律无文	——	有	改补较多
	125 私借钱粮	有	完整	有	残存二句
	126 私借官物	有	完整	有	残存一句半
上函第四册 户律仓库下	127 那移出纳	无	——	有	残存一字
	128 库秤雇役侵欺	无	——	无	——
	129 冒支官粮	唐律无文	——	无	——
	130 钱粮互相觉察	唐律无文	——	有	残存一句
	131 仓库不觉被盗	有	完整	有	增改较大
	132 守支钱粮及擅开官封	有	完整	无	——
	133 出纳官物有违	有	完整	有	增改较大
	134 收支留难	有	完整	有	增改较大
	135 起解金银足色	唐律无文	——	无	——
	136 损坏仓库财物	有	完整	有	增改较大
	137 转解官物	有	完整	有	增改较大
	138 拟断赃罚不当	有	完整	有	增改较大
	139 守掌在官财物	有	完整	有	增改较大
	140 隐瞒入官家产	无	——	有	残存一段
上函第五册 户律钱债 户律市廛	149 违禁取利	有	完整	有	残存数段
	150 费用受寄财产	有	完整	有	增改较大
	151 得遗失物	有	基本完整	无	——
	152 私充牙行埠头	唐律无文	——	无	——
	153 市司评物价	有	基本完整	无	——
	154 把持行市	有	基本完整	无	——

续表

《读例存疑》稿本律文		唐律内容		与《唐明律合编》稿本比较	
				注语或按语	
	155 私造斛斗秤尺	有	基本完整	有	残存一段
	156 器用布绢不如法	有	基本完整	无	——
下函第六册刑律贼盗	254 谋反大逆	有	基本完整	无	——
	255 谋叛	无	——	无	——
	256 造妖书妖言	无	——	无	——
	257 盗大祀神御物	有	基本完整	有	基本相同
	258 盗制书	有	基本完整	无	——
	259 盗印信	有	基本完整	无	——
	260 盗内府财物	无	——	无	——
	261 盗城门钥	有	基本完整	无	——
	262 盗军器	有	基本完整	无	——
	263 盗园陵树木	无	——	无	——
下函第七册刑律贼盗	264 监守自盗仓库钱粮	有	基本完整	无	——
	265 常人盗仓库钱粮	无	——	无	——
	266 强盗	有	基本完整	有	残存数段
下函第八册刑律犯奸	366 犯奸	有	基本完整	有	基本相同
	367 纵容妻妾犯奸	有	基本完整	有	基本相同
	368 亲属相奸	有	基本完整	有	基本相同
	369 诬执翁奸	唐律无文	——	有	基本相同
	370 奴及雇工人奸家长妻	有	完整	有	增改较大
	371 奸部民妻女	有	基本完整	有	基本相同
	372 居丧及僧道犯奸	有	基本完整	有	基本相同
	373 良贱相奸	有	基本完整	无	——
	374 官吏宿娼	唐律无文	——	有	有所删改
	375 买良为娼	有	基本完整	有	有所删改

经过比对，我们发现：首先，正如前述《宝坻档案》中《读例存疑》稿本（编号 28-1-54-40）所呈现的那样，仁井田文库稿本中存

在大量抄自《唐律疏议》（或《唐律》）的文字内容。这八册稿本收录《大清律例》的律文共计83条，因为清承明制的缘故，对应《大明律》的律文也大致为83条。其中，除10条在《唐律》中无文，因而无从比对外，在其余73条律文之后，共有56条律文后面抄录有《唐律疏议》（或《唐律》）内容，约占前者之76.7%（56/73），比例可谓相当之高。其所抄录的《唐律疏议》（或《唐律》）文本，原本应该是完整的，但因此稿经过明显的剪裁和重新粘贴，以致现存八册稿本中只有20条律文后抄录的《唐律疏议》（或《唐律》）内容是完整的（如图1-30、图1-31所示），28条只能根据现状判断为"基本完整"。其余8条，多则残留三五行，少则仅剩一二字。但不管怎样，在八册《读例存疑》稿本中夹带抄录大量源自《唐律疏议》（或《唐律》）的内容，是一个不争的事实。由此产生一个疑问：薛允升原本在底稿中已经抄录了大量《唐律疏议》（或《唐律》）内容，但后来为什么又没有使用呢？最为关键和直接的原因可能在于：沈家本重新校刊的《唐律疏议》，在版本质量上更为优胜。薛允升与其沿用旧稿，不如在最新版本基础上操作，便捷且高效，又何乐而不为呢！

其次，我们将八册《读例存疑》稿本与《唐明律合编》稿本比较，发现在前者收录的83条律文中，至少有48条——即57.8%的律文之后（个别在卷首目录标题下），大量抄录原本属于《唐明律合编》的注语或按语文字。只有不到一半（42.2%）的律文后面，没有发现与《唐明律合编》相同的按语或注语文字。之所以没有发现，可能出于两方面原因：一、仁井田文库保存的八册《读例存疑》稿本，在形成时间上比内藤文库的《唐明律合编》稿本更早，所以在《读例存疑》的稿本阶段，薛允升可能尚未撰写注语或按语文字。二、在《读例存疑》稿本阶段，薛允升可能已经完成或部分完成注语、按语的撰写工作，但在剪裁粘贴过程中，将之完全剪除，以致没有留下任何痕迹。相较而言，后一种可能性更大，但也不排除两种原因同时存在，以致造成稿本今日之状。

图 1-30、图 1-31 《读例存疑》稿本"事应奏不奏"条下完整抄录《唐律》条文及按语

与此同时，尽管在《读例存疑》稿本中保留大量原本属于《唐明律合编》的注语或按语成分，但因薛允升对二者均有不同程度修改，故而难求彼此文字完全一致。经过比对，我们能够确定二者文字上完全相同者仅有一例（079 收留迷失子女），基本相同者约有 14 例。其余 33 条中，绝大多数律文后面附录的注语或按语文字，经过不同程度的增删修改。甚至有的注语或按语文字，由于残损过于严重，仅剩片言只字，暂时无法判断其与《唐明律合编》注语或按语文字的异同程度。但总体而言，在仁井田文库现存八册《读例存疑》稿本中，含有大量理应属于《唐明律合编》的文字内容，这是不争的事实。

综上，我们已有充足理由指出：《读例存疑》和《唐明律合编》出自同一部著述底稿，并且原本处于一种"你中有我，我中有你"的杂糅状态。大致在 1891 年沈家本完成《重刻唐律疏议》，为薛允升编辑《唐明律合编》提供了绝佳契机。他不仅放弃了原稿中已经抄录的大量《唐律疏议》文本，转而直接采用新刊的沈刻《唐律疏议》，更将原稿中相应的注语、按语文字剪裁抄录出来——乃至补充删改，配以《大明律》的律文文本，三部分内容紧密结合，交相呼应，最终成就了他的律学巨著——《唐明律合编》。继此之后，薛允升又在原始著述底稿基础上，删削编校出另一部伟大的律学作品《读例存疑》。但因为对于著述原稿处理不够彻底，以致在《读例存疑》稿本中依旧保存着大量理应属于《唐明律合编》的文字内容。

不仅如此，根据此前对于《宝坻档案》中两册《读例存疑》稿本的分析讨论，我们业已知道，在《读例存疑》稿本里面，其实还隐含着薛允升另一部著作——《定例汇编》，其中收录了大量关于清代条例演变的奏疏文字。故而，我们基本可以得出结论：不仅《读例存疑》与《唐明律合编》二书系出同源，包括《定例汇编》在内，至少薛允升这三部著作，都出自同一部更为原始的著述底稿。

行文至此，我们不禁再度回想起，沈家本在《读例存疑序》中所说，"长安薛云阶大司寇自官西曹，即研精律学，于历代之沿革，穷源竟委，观其会通。凡今律今例之可疑者，逐条为之考论，……积成巨册百余。……司寇复以卷帙繁重，手自芟削，勒成定本，编为《汉律辑存》、《唐明律合刻》、《读例存疑》、《服制备考》各若干卷"。① 薛允升正是在这百余册底稿基础上，厘析出《汉律辑存》、《唐明律合刻》、《读例存疑》、《服制备考》四部著作。如果我们说，这四部书具有同一知识源头，并不为过。

最后，一言以蔽之，在北京《宝坻档案》中保存的两册《读例存疑》稿本，和东京仁井田文库发现的八册稿本，虽然都经过删削裁剪，乃至重新粘贴装订，已然不复著述底稿模样，但其中蕴含的历史信息实在丰富，不仅有力说明了《读例存疑》、《唐明律合编》、《定例汇编》等"多书同源"的重要事实，更为我们忠实记录下薛允升几部重要律学作品的复杂成书过程，耐人寻味。

---

① 沈家本：《读例存疑沈序》，《读例存疑》卷首。

三　上海图书馆藏《读例存疑》稿本六册

（一）以往研究之检讨

上海图书馆藏有六册《读例存疑》稿本，长期湮没无闻，及至2006年日本东京外国语大学陶安教授亲往调查，并先后发表口头及书面研究报告，始为学界所知。[①] 但因此书主题过于专业，难以激起一般学人兴趣。自陶安之后，堂堂中国法史学界，十余年来竟无一人论及。

平心而论，上述稿本之所以长期湮没，与中国法律史学术研究不够深入、范围不广有很大关系，而该书在馆藏过程中命名错误，尤属直接原因。目前在上海图书馆古籍部保存的六册《读例存疑》稿本，从属于一套名为《唐明律合刻原稿残本》[②] 的七册稿本。换句话说，这六册《读例存疑》稿本不过是《唐明律合刻原稿残本》的6/7。欲明个中因缘，乃至误会，必须从20世纪30年代这批稿本的发现说起。

1935年6月4日，作为该书曾经的收藏者和鉴定者，版本目录学家顾廷龙撰有《薛允升〈服制备考〉稿本之发见》一文，详述其发现经过，谨摘录如下：

[①] 陶安，「上海図書館所蔵の薛允升『唐明律合刻』手稿本について」，法史学研究会会報第14号，2010年3月，第16-31页。该文经李力翻译成中文（《关于上海图书馆藏薛允升〈唐明律合刻〉手稿本》），发表于中国政法大学古籍整理研究所主办：《中国古代法律文献研究》第四辑，北京：法律出版社，2011年，第340-356页。本文所引用参考、讨论批评者，多以此中文版为准，相应引注信息，亦据以出之。

[②] 上海图书馆古籍阅览室，馆藏索书号为：线善T422610-16。

日前休沐，踥蹀小市，在某肆瞥见尘封之敝架，有丛残一束，标签曰"汉律稿本"。取而视之，凌乱无次，无序无跋，不署作者姓氏。粗检一过，未见题及汉律者。及重阅之，则三册考服制，而余为论唐明律。因思考汉唐明律与服制者，非薛允升莫能为，必为其稿本无疑。遂诘其所标之"汉律"何在？则佯言夥友误题，询之再三，未详究竟。即就所有者，议值购之，归而理之。在论唐明律之一册中，见有"唐明律合刻"，并"长安薛"数字，是此一束丛残，为薛氏遗稿有铁证矣。唐明律系出写官所缮，又经增删，校诸刻本，颇有异同。凡所附清律，刊本均汰去。增删之笔，刚健朴茂，当犹薛氏手墨。疑脱稿之后，数经修订，据以付梓者，当为定稿，则此其初稿也。考服制者，必为《服制备考》，计三册，不分卷。其字迹全如唐明律稿之改笔，则全为手稿矣。得之偶然，不亦幸哉！后晤李祖荫先生麋寿，告以薛氏久失之《服制备考》，今归寒斋。李先生大为称快，且曰："尚有《汉律辑存》稿本，近亦知其所在，盖为东方文化事业委员会所得。"余始恍然当时所见之签题汉律，固知必有是书，而不图已为捷足者先登矣。《服制备考》率系原稿，涂改满幅，不题书名、撰者，贾者遂不辨而弃置一隅。不然，岂能为余所得耶？[①]

据此可知，当日出现于书肆之中，署作"汉律稿本"的薛氏残稿，依顾廷龙先生所见，至少涉及三部著作：《汉律辑存》、《服制备考》和《唐明律合刻》。其中：（1）《汉律辑存》稿本——据法学家李祖荫（1897-1963）讲，早为日本1925年设立于北平的"东方文化事业委

---

① 顾廷龙：《薛允升〈服制备考〉稿本之发现》，《图书季刊》，1935年，第二卷第二期，第101-103页。顾先生此文部分史料解读与笔者稍异，例如其并未指出，将薛允升《唐明律合刻》、《服制备考》等遗稿带往皖江的方连轸（坤吾），即为沈家本《薛大司寇遗稿》中所谓"力任校勘者"。（第101页）

员会"捷足先登。然据笔者考察，这部书稿连同其他日方收购的大量中文善本图书，在抗战胜利后为中央研究院所接收，并在国共内战后期运往台湾，成为现今傅斯年图书馆的重要馆藏之一。20 世纪 80 年代，该书稿由日本学者堀毅发现，并作初步整理，收入岛田正郎主编的《中国法制史料》第二辑第一册。① （2）《服制备考》稿本，共有三册，虽与此前《读例存疑》卷首序言所记载的 "《服制备考》四卷" 略有不同，但该稿全为薛允升亲笔手写，兼以 "涂改满幅"，墨色淋漓，弥足珍贵，以致顾廷龙先生不禁感叹 "得之偶然，不亦幸哉"！并将此一重要发现，告知著名法学家李祖荫，意外获知《汉律辑存》下落，悟得书肆 "汉律稿本" 命名之由来。（3）《唐明律合刻》（即《唐明律合编》）稿本，顾先生该文所透露的信息并不十分明确，甚至没有交代稿本的册数。我们只知道，某册稿本中有 "唐明律合刻"、"长安薛" 等字样，故而将其推定为 "薛氏遗稿"，殆无疑义。与此同时，该稿本中所抄部分 "清律" 内容，在正式刊本中均遭删汰。这一现象显然并未引起顾先生足够重视，以致他将稿本购置回来，"归而理之"，除将三册考论服制者单独装订，于封面题作《服制备考》外，对于其余稿本，则笼统题作《唐明律合刻原稿残本》，大致厘为七册。完成上述工作后，顾先生又在每册卷首处盖上 "匋斋珍庋"、"匋斋题记" 等印鉴，以示郑重。

透过上引文字，我们明显感觉到，顾先生彼时注意力和兴奋点主要集中在三册《服制备考》上面。对于《唐明律合刻》（《唐明律合编》），觉得已获 "铁证"，三言两语介绍，便已足够。今日观之，此种做法未免有些 "厚此薄彼"：对于前一重大发现，不仅奔走相告，还特别撰文予以介绍；对于后者，或许根本没有想过，为什么在《唐明律合编》稿本中会出现清律的内容呢？当然，我们无意——也没有资格

---

① 薛允升：《汉律辑存》（堀毅整理），载岛田正郎主编《中国法制史料》第二辑第一册，台北：台湾鼎文书局，1982 年，第 325 – 469 页。

苛求顾先生当年的研究工作。只是想提醒读者应该注意到上文透露出来的一个重要事实，即这批稿本的原始状态非常不理想。顾先生一则云"瞥见尘封之敝架，丛残一束"，二则云"取而视之，零乱无次，无序无跋，不署作者姓氏"。其中，只有三册《服制备考》，主题相对集中，内容亦较完整，故而备受顾先生青睐。其余稿本，未免有些杂乱。今见上海图书馆藏七册《唐明律合刻原稿残本》，虽经顾先生重新装池，配以封面、封底，并略作修补，但内容杂乱、篇目颠倒等问题仍很突出。

或许，正是由于这些稿本内容过于杂乱，兼以篇目颠倒，致使顾先生无暇亦无心究明其版本属性，乃至误将其中"裹挟"的六册《读例存疑》稿本笼统认作《唐明律合刻》（《唐明律合编》）稿本。此一历史误会之首先揭示，要归功于陶安教授的细心考察，而其之所以特别考察该书，则缘自2003年《薛允升唐明律合编稿本》一书影印出版。据陶安先生自述，当年10月日本关西大学奥村郁三教授将内藤文库收藏的薛允升《唐明律合编》稿本影印出版。在该书出版之际，关于此稿是否为"孤本"，存有若干疑问，因为经查在上海图书馆也保存有薛允升的《唐明律合刻》稿本（不分卷）。带此疑问，2006年夏陶安借赴上海调查其他资料之便，特别到上海图书馆查阅《唐明律合刻》稿本。随后，在同年夏天举行的东洋法制史研究会的聚会上，他以口头形式报告考察所得。三四年后，更撰有专文《上海図書館所蔵の薛允升『唐明律合刻』手稿本について》，在日本《法史学研究会会報》第14号（2010年3月）上正式发表。

陶安在上述文章中，通过文本比较发现，目前保存在上海图书馆中，名为《唐明律合刻原稿残本》的七册稿本，其实只有第四册为《唐明律合刻（合编）》稿本（卷十三下至卷十四），其余六册皆为《读例存疑》稿本。并且，其所收录《唐明律合刻》稿本的成稿年代，比内藤文库保存的《唐明律合编》稿本更早。对于上述结论，笔者经过实地调察，深表赞同。同时，需要指出的是：陶安通过研读这些稿本，对《唐明律合编》和《读例存疑》的文本关系进行了若干探讨，认为二书"编纂方针或者意图本来就极为相近"，推测"《读例存疑》与《唐明律合编》或许原本就是一部著作，而薛氏到了晚年的时候将其分割为两部著作"。① 这些见解与笔者此前利用《宝坻档案》和仁井田文库保存的八册《读例存疑》稿本——以及内藤文库保存的《唐明律合编》稿本研究得出的观点部分趋同，但显然不如笔者所见材料之丰富，相关论证亦不如前述研究之直截了当。

不仅如此，陶安在比较研究上海图书馆藏《唐明律合刻》稿本和内藤文库《唐明律合编》稿本过程中，发现上海图书馆藏《唐明律合刻》稿本中，曾经引用雍正五年的清例条文及相关注释文字，并认为这些内容原封不动地沿袭自《读例存疑》卷一二。② 遗憾的是，或许限于时间关系，陶先生并未对这种现象给出解释——只是觉得"很有意思"。可见，他当时并不知道《读例存疑》和《唐明律合编》其实是一部宏大著作底稿的不同部分，而这种内容沿袭或者雷同现象，完全是由于剪裁处理不够彻底所致。

至于陶安在文章结尾处言，"上海图书馆藏稿本可能是分割之前的本子，其当然包含有很多与《唐明律合编》类似之处。但是，其核心是作者耗费毕生精力所编辑的《读例存疑》稿本，《唐明律合刻（合编）》或许是出于政治上的考虑，再次利用并编辑了从该稿本中删除的残余部分"。或许受到上海图书馆藏《读例存疑》和《唐明律合刻（合编）》两种稿本的现存比重（6∶1）影响，故而他将解释重心仍集中于前者，却完全忘记了，薛允升在《读例存疑自序》中已经交代得无比清楚——《唐明律合编》其实完稿于《读例存疑》之前，绝不是先有《读例存疑》，后有《唐明律合编》。

---

① 陶安：《关于上海图书馆藏薛允升〈唐明律合刻〉手稿本》，《中国古代法律文献研究》第四辑，北京：法律出版社，2011 年，第 340 – 356 页。
② 陶安：《关于上海图书馆藏薛允升〈唐明律合刻〉手稿本》，第 345 页下注 3。

　　犹有进者，陶安在讨论《唐明律合编》和《读例存疑》文本关系过程中，亦充分暴露出思想未脱前人窠臼。例如，其言道：

　　　　经过上海图书馆中所出现的校正与其他的校订，（《读例存疑》）对律的批判被彻底删除，其被移植到了《唐明律合刻（合编）》中。"愚按"也更加降低姿态，被替换为"谨按"，整个感觉是将重点放在条例的沿革上，并转为谨慎的叙述。也就是说，根据律是《唐明律合编》、例是《读例存疑》这种彻底的分工体制，可以从稿本与刊本的区别领会这样一种意图，即将稿本《读例存疑》所具有的政治冲击性缓和下来。①

之所以有如此判断，一方面，正如前面所言，因为其混淆了《唐明律合编》与《读例存疑》成书的先后顺序。另一方面，因为其论证逻辑基于某种并不可靠所谓的"彻底的分工体制"。这种"彻底的分工体制"或逻辑，在中国法史学界并不新鲜，大致认为：薛允升在律学创作过程中，因为惮于清朝政治高压，不敢对清律直接进行批判，转而通过撰述《唐明律合编》，尊崇唐律，贬抑明律；同时因为人们习惯性认为"清律即是明律之翻版"，藉以达到批判清律之目的。至于批评清朝条例的任务，则藉由《读例存疑》集中完成。然而，如果我们知道，薛允升通过刑部将近四十年的研究实践积累而成的百余册著述底稿，早就横跃了汉、唐、宋、元、明、清法律之时代界限，而拟"于历代之沿革，穷原竟委，观其会通"，便会明白：基于政治考虑，将清代律例分开进行讨论批评的做法，在薛允升那里基本不可能。所谓"彻底的分工体制"或者逻辑，也不过是一种臆想。另外，如若读者仔细阅读《读例存疑》，会很容易发现，薛允升对于既往修订法律工作——包含

---

　　① 陶安：《关于上海图书馆藏薛允升〈唐明律合刻〉手稿本》，第 355 页。

律文和例文修改在内，多所指摘，经常使用严厉字眼进行批评。尤其对于清朝嘉庆以后政治法律混乱，措置乖张，社会道德堕落等现象，动辄加以抨击，时出惊人之语。以个人浅见度之，撰著这种律学作品的政治风险，丝毫不亚于对于清朝律文的批评。因此，说薛允升出于规避政治风险，而将《读例存疑》和《唐明律合编》分开撰著，这样的观点虽然不知始作俑者为谁，但究属皮相之谈，亟应摒弃。

除上述观点可议外，陶安先生《关于上海图书馆藏〈唐明律合刻〉手稿本》一文中，或出于抄录疏忽，或由于翻译讹误，行文表述方面的遗憾也所在多有。诸如，关西大学影印版《薛允升唐明律合编稿本》原分上下两册，每册单独标注页码，各成体系，但注释中并未标明所引内容源自上册，还是下册，难免误导读者。又如，其所抄录稿本第三册扉页上顾廷龙先生手书文字，区区 51 字之中，便有 1 处漏字（江浦—浦）、1 处误识（乙酉—己酉），2 处无法确定（？）[1]；第 343 页引文中"明白通知"，讹误成"明自通知"；第 344、345 两页引文中的"亲属"，未知何故，均被印成"新属"[2]，殊令人不解。再有，文中云，《读例存疑》在"光绪三十一年（1905 年）薛氏已经逝世后开始刊行"，似乎亦属"通说"。然而翻阅晚清京师翰茂斋刻本《读例存疑》，其中载有袁世凯序文一篇，赫然署明作于"光绪三十二年丙午春日"，则《读例存疑》一书交付刊印，至少应在光绪三十二年即 1906 年春天之后。所以，既往广泛流行之通说，越是司空见惯，耳熟能详，可能越有检讨反思之必要。

---

[1] 原文应作："陈浏，字亮伯，江苏江浦人。清光绪乙酉拔贡，己丑副贡，刑部员外郎。历官福建盐法道，兼充财政局参谋、总办。入民国，任交通部秘书。"译文则作："陈浏字亮伯江苏浦人清光绪己酉拔贡己丑副贡刑部员外郎历官福建盐法道兼（？）充财政局参谋总办（？）入民国任交通部秘书"（第 352 页），虽经译者校正，但错误仍很明显。

[2] 初稿撰写之际，笔者颇怀疑上述问题是翻译过程中所导致。后经核对日文原稿，发现上述错误皆属原稿所有，并非译者所为。然而，对于此等明显错误，竟不作任何处理，亦堪诧异。谨此特向帮助获取日文原稿的东京大学法学院史志强博士致以谢忱。

尽管如此，陶安先生于十余年前亲往上海图书馆调查薛允升《唐明律合刻原稿残本》，并从中发现六册《读例存疑》稿本，实为法史学界功德一件。笔者在未亲见这批稿本之前，亦从其介绍文字中获益良多。然在仔细研读这些稿本后发现，陶文对于各册内容之揭示，仍有较大讨论空间。下面，拟对这六册稿本重新审查，试言陶安先生所未言，发其所未发，以就教于博雅君子。

（二）六册稿本之重审

目前保存在上海图书馆古籍阅览室的《唐明律合刻原稿残本》稿本，共有七册，被馆方扫描成 576 页高清图片（包括因为粘签遮盖底本，重复扫描者），只提供读者在馆内阅读。笔者曾于 2019 年亲往该馆，数度检阅全书，但整个阅读过程并不轻松，因为这七册稿本虽经顾先生整理，但内容仍混乱不堪，而且大量文句脱损严重。与北京、东京保存的十册《读例存疑》稿本相比，上海图书馆保存的六册《读例存疑》稿本——连同一册《唐明律合刻》稿本，虽然同属残稿，但后者用"残"、"乱"二字形容显然更为恰当。试列举数项，以明其"惨状"。

首先，内容残毁。例如，稿本第一册收载的第一条律文为"344 官吏受财"，但律文并非完整，实自"有禄人　不枉法赃"之"九十两，杖一百、徒三年"数字开始。第二册"367 纵容妻妾犯奸"条，其实并无律文内容（及其按语），稿本第 167 页①上只有标题"纵容妻妾犯奸八十五"及"郭昭录"字样，及至次页（第 168 页），则转为律文"368 亲属相奸"。另在清律律文之后，一般附有条例，在《读例存疑》稿本（和刊本）中，每条条例之后则又附有注语、按语文字，或介绍

---

① 考虑到读者查阅核对方便，此中标注页码，皆为上海图书馆所摄《唐明律合刻原稿残本》照片序号，与原稿之页码存在些许差异。

个中法理，或交代立法沿革，但在这六册稿本之中，不仅相应条例——及其附带的注语、按语文字经常脱落，甚至律文也偶有消失不见者。此中情况极为复杂，容后再述。

其次，顺序颠倒。如第三册律文"255 私出外境及违禁下海"（第195－196页），属于该册所收第一条律文，但原本该条律文之下所附例文（仅见之两条例文 225－13、225－14），却意外倒装于律文前面，以致先见条例，后见律文。再有，本应属于第五册的律文"046 充军地方"，附有唯一一条例文 046－01，竟被错置于第七册（第519页）。而在稿本第 489 页，以较大字体写有"兵律五　七"四字，窥其性质，明显属于某册封面，却被夹置于"户律户役"（即第七册）内文之中，亦属不当。

再次，混乱杂糅。例如，稿本第 212 页（第三册"兵律厩牧"）粘有一长条折纸，抄录"均查大凌河马群赏罚"奏折，共计 11 扣，文字内容颇多，并不见于《读例存疑》刊本之中。在稿本第七册末尾（第570－571页），并排粘有"总注"文字 14 条，诸如"此言里甲及应役之人不一滥设也"，"此言民有定籍，不得私逃以避公役也"，"此是王政子惠困穷之意也"，等等。根据此前研究可知，此类"总注"文字并不属于《读例存疑》，而是《唐明律合编》稿本中每条律目下经常出现的注解。① 揆其内容，大体与第七册"户律户役"内容相关联，属于薛允升先经写就，加以剪裁，或未及使用，夹在稿本相应位置，而在后续整理过程中，被一并粘贴于该册末尾。

总之，上海图书馆保存的六册《读例存疑》稿本，以其混乱残损之状态，向每一位读者提出了严峻挑战。基于上述"残"、"乱"之相，陶安先生心里亦颇不自信。其在《关于上海图书馆藏薛允升〈唐明律合刻〉手稿本》一文（以下简称"陶文"）注释中坦言："因为偶然得

---

① 事实上，在日本关西大学藏《唐明律合编稿本》以及 1922 年该书正式刊本中，相应总注文字，也多半遭到删改，并非原来模样。

到的机会，事先也没有做任何准备，所以也存在因疏忽而看漏其他条文的可能。关于其他脱落的部分，也不否定有同样的可能性。"①

果如陶安先生所言，他"看漏"或"疏忽"的律例条文不在少数。以本人所见，（1）第一册，除陶文已揭示之律例或律例线索②外，至少还有"346 事后受财"、"347 官吏听许财物"、"348 有事以财请求"、"349 在官求索借贷人物"、"350 家人求索"、"353 克留盗赃"、"265 常人盗仓库钱粮"。（2）现存第五册，仅有律文"045 徒流迁徙地方"，及其所附 19 条例文（045 - 01 至 045 - 19），但"046 充军地方"所附例文 046 - 01，则被错置于第七册中（第 519 页）。对此，陶文并无一语言及，想必没有发现。（3）第七册，除陶文已揭示的 12 条例文外，尚有"081 丁夫差遣不平"、"082 隐蔽差役"、"086 私役部民夫匠"三条例文。此外，（4）第一册中并无律文"269 窃盗"，经过比对，相关内容实为律文"266 强盗"条。

以上虽为陶文疏漏而本人新近发现者，但即便有《读例存疑》全文在手，面对上海图书馆所藏六册稿本之残损杂乱，笔者有时亦感无奈。在研读过程中，笔者尽量将六册《读例存疑》稿本与 1906 年正式刊印的《读例存疑》逐篇逐段进行比对，希望发现二者之异同，或曰前后之变化，结果得到如下表格。（参见表 1 - 7）

在此，需要说明的是：（1）表格第一列，为每册《读例存疑》稿本在《唐明律合刻原稿残本》中的序号。本文论述中涉及的律例条文或其他片段文字，亦本于此，希望读者藉此可以发现相应内容在原稿中相对准确之位置。（2）"门类"或"律目"及其编号，皆为稿本中各条律文在《读例存疑》正式刊本中对应的条目编号。每条例文编号，亦与此相应。（3）在《读例存疑》稿本和正式刊本中，每条律文或条例之后，往往带有注语或按语文字。今为统计和行文便利起见，将之笼统

---

① 陶安：《关于上海图书馆藏薛允升〈唐明律合刻〉手稿本》，第 348 页。
② 陶安：《关于上海图书馆藏薛允升〈唐明律合刻〉手稿本》，第 348 - 351 页。

称作"按语"，除非特别必要，一般不再加以细分。（4）律文及其按语，如若完整，则以"有"字标识，反之则"无"。如不完整，则径标一"残"字。条例及其按语文字，考虑到有些律条下例文众多，则以"有例有按"（既有完整例文，又有完整按语之意）、"无例有按"（没有例文正文，却有相应按语），或"无例无按"（既没有例文，又不见按语）等，予以概括表示。如文字脱落明显、残损严重，则在其后标一"残"字。（5）对于其他偶发现象，则于表中适当注明，不另出注。

表 1 - 7　上海图书馆《读例存疑》稿本与正式刊本之比较

门类	律目	律文		条例及按语
		律文	按语	
	344 官吏受财	残	有	344 - 03，有例有按；344 - 04，无例有按；344 - 05 至 344 - 08，有例有按；344 - 09，无例有按；344 - 10 至 344 - 13，有例有按；344 - 14，无例有按
	345 坐赃致罪	无	残	——
	346 事后受财	无	有	——
刑律受赃	347 官吏听许财物	无	有	347 - 01，无例无按
	348 有事以财请求	无	有	348 - 01、02，有例有按
	349 在官求索借贷人物	残	有	349 - 01，有例有按（残）；349 - 02 至 349 - 06，有例有按；349 - 07、08，无例有按
	350 家人求索	无	有	350 - 01，无例有按
	353 克留盗赃	残	残	353 - 01，无例无按
刑律贼盗	264 监守自盗仓库钱粮	有	有	264 - 01 至 264 - 07，有例有按。264 - 02，误置 264 - 05、06 之间
	265 常人盗仓库钱粮	残	残	265 - 01 至 265 - 04，有例有按
刑律贼盗	266 强盗	有	有	266 - 01，有例有按；266 - 02，无例有按；266 - 03 至 266 - 07，有例有按；266 - 08 至 266 - 11，无例无按；266 - 12，有例有按；266 - 13 至 266 - 18，无例无按；266 - 19，有例有按；266 - 20 至 266 - 49，无例无按

第一册

续表

门类		律目	律文		条例及按语
			律文	按语	
第一册	名例律上	019 天文生有犯	有	有	019-01，有例有按；019-02，无例有按
		020 工乐户及妇人犯罪	有	有	020-01，无例有按；020-02 至 020-05，有例有按
		021 徒流人又犯罪	无	无	021-01，无例无按；021-02 至 021-13，有例有按
第二册	刑律犯奸	366 犯奸	有	有	366-01 至 366-13，有例有按
		367 纵容妻妾犯奸	无	无	——
		368 亲属相奸	有	有	368-01、02，无例无按；368-03，有例有按
		370 奴及雇工人奸家长妻	有	有	370-01 至 370-03，有例有按
		371 奸部民妻女	有	有	——
		372 居丧及僧道犯奸	有	有	372-01，无例有按；272-02，有例有按
		373 良贱相奸	有	有	——
		374 官吏宿娼	有	有	374-01，无例有按
		375 买良为娼	有	有	375-01 至 375-04，有例有按
第三册	兵律关津	225 私出外境及违禁下海	有	有	刊本共 44 条例文，仅存 225-13、14 两条，误排该条律文前，其余无
	兵律厩牧	227 牧养畜产不如法	有	有	227-01，有例有按
		228 孳生马匹	有	有	228-01，有例有按
		229 验畜产不以实	有	有	229-01，有例有按
		230 养疗瘦病畜产不如法	有	有	——
		231 乘官畜脊破领穿	有	有	231-01，有例有按
		232 官马不调习	有	有	——
		233 宰杀马牛	有	有	233-01 至 233-04，有例有按
		234 畜产咬踢人	有	有	——
		235 隐匿孳生官畜产	有	有	235-01、02，有例有按
		236 私借官畜产	有	有	——
		237 公使人等索借马匹	有	有	——

续表

册	门类	律目	律文		条例及按语
			律文	按语	
第三册	兵律邮驿	238 递送公文	有	有	238 – 01，无例无按；238 – 02，有例有按
		239 邀取实封公文	有	有	——
		240 铺舍损坏	有	有	240 – 01，无例无按
		241 私役铺兵	有	有	——
		242 驿使稽程	有	有	242 – 01、02，有例有按；242 – 03，无例有按（残）
		243 多乘驿马	有	有	243 – 01，有例有按；243 – 02，无例无按；243 – 03，有例有按
		244 多支廪给	有	有	——
		245 文书应给驿而不给	有	有	——
		246 公事应行稽程	有	有	246 – 01，有例有按
		247 占宿驿舍上房	有	有	——
		248 乘驿马赍私物	有	有	248 – 01、02，有例有按
		249 私役民夫抬轿	有	有	249 – 01、02，有例有按
		250 病故官家属还乡	有	有	250 – 01，有例有按
		251 承差转雇寄人	有	有	251 – 01，有例有按
		252 乘官畜产车船附私物	有	有	252 – 01 至 252 – 03，有例有按
		253 私借驿马	有	有	——
第五册	名例律下	045 徒流迁徙地方	有	有	刊本共 49 条例文，存 045 – 01 至 045 – 19，其余无
		046 充军地方	无	无	046 – 01，有例有按，错置于第七册（P519）；046 – 02，无例无按
第六册	刑律杂犯	376 拆毁申明亭	有	有	376 – 01，无例无按
		377 夫匠军士病给医药	有	有	——
		378 赌博	有	有	378 – 01、02，有例有按；378 – 03 至 378 – 05，无例无按；378 – 06，有例有按；378 – 07，无例有按；378 – 08，有例有按；378 – 09，无例有按；378 – 10，有例有按；378 – 11，无例有按；378 – 12 至 378 – 14，无例无按；378 – 15、16，有例有按；378 – 17，无例有按

续表

门类		律目	律文		条例及按语
			律文	按语	
第六册		379 阉割火者	有	有	379－01，有例有按；379－02至379－04，无例有按；379－05，无例无按
		380 嘱托公事	有	有	380－01，无例有按
		381 私和公事	有	有	——
		382 失火	有	有	382－01，无例无按；382－02，有例有按
		383 放火故烧人房屋	有	有	383－01，无例有按；383－02，有例有按；383－03，无例有按
		384 搬做杂剧	有	有	384－01，无例无按；384－02、03，无例有按（残）
		385 违令	有	有	——
		386 不应为	有	有	——
第七册	户律户役	075 脱漏户口	有	有	075－01、02，无例有按
		076 人户以籍为定	有	有	076－01，有例有按；076－02，有例有按（残）；076－03、04，无例有按；076－05，有例有按；076－06、07，无例有按；076－08，无例无按；076－09，无例有按；076－10至076－12，无例无按；076－13，有例有按；076－14，无例无按；076－15至076－18，无例有按；076－19、20，无例无按；076－21、22，无例有按；076－23，有例有按；076－24，无例无按；076－25，有例有按
		077 私创庵院及私度僧道	有	有	077－01、02，无例无按；077－03，无例有按；077－04，有例有按；077－05，无例有按
		078 立嫡子违法	有	有	078－01至078－03，无例无按；078－04至078－07，无例有按
		079 收留迷失子女	有	有	079－01，无例无按
		080 赋役不均	有	有	080－01，无例有按；080－02至082－04，无例无按；080－05，无例有按
		081 丁夫差遣不平	有	有	——
		082 隐蔽差役	有	有	——

续表

| 门类 | 律目 | 律文 | | 条例及按语 |
		律文	按语	
第七册	083 禁革主保里长	有	有	083 - 01，无例有按
	084 逃避差役	有	有	084 - 01 至 084 - 03，无例有按（残）
	085 点差狱卒	有	有	——
	086 私役部民夫匠	有	有	——
	087 别籍异财	有	有	087 - 01，无例有按
	088 卑幼私擅用财	有	有	088 - 01，无例无按；088 - 02，有例有按
	089 收养孤老	有	有	089 - 01，无例无按；089 - 02，有例有按（残）；089 - 03，有例有按；089 - 04，无例无按；089 - 05、06 无例有按

前面曾经屡次言及，上海图书馆藏六册《读例存疑》稿本内容并不整齐，甚至编排有些无序。这种状况，通过上表亦完全可以感受到。即如与《读例存疑》刊本相较，第一册中不仅包含"刑律受赃"门类下自"344 官吏受财"至"353 克留盗赃"8 条律例内容，更有"刑律贼盗"下"264 监守自盗仓库钱粮"至"266 强盗"3 条，甚至包含原本属于"名例律上"之"019 天文生有犯"至"021 徒流人又犯罪"3 条律文。这三部分内容排列之混乱，严重有悖《读例存疑》刊本——即《大清律例》的律文正常排序。通观六册稿本，除第一册混淆了三大门类律例内容外，其余各册内容大体较为单一，但很明显：第五册和第七册的律例内容应该更靠前，第三册应该排在第一册和第二册之前，第六册实际上应为最后一册。谨将各册中所见律文条目，按照《读例存疑》刊本顺序重新排列，得到表 1 - 8。

表 1 - 8　上海图书馆《读例存疑》稿本各册内容重新排序

	律目		律目
第一册	019 天文生有犯	第三册	246 公事应行稽程
	020 工乐户及妇人犯罪		247 占宿驿舍上房

续表

	律目		律目
第一册	021 徒流人又犯罪		248 乘驿马赍私物
第五册	045 徒流迁徙地方	第三册	249 私役民夫抬轿
	046 充军地方		250 病故官家属还乡
	075 脱漏户口		251 承差转雇寄人
	076 人户以籍为定		252 乘官畜产车船附私物
	077 私创庵院及私度僧道		253 私借驿马
	078 立嫡子违法	第一册	264 监守自盗仓库钱粮
	079 收留迷失子女		265 常人盗仓库钱粮
	080 赋役不均		266 强盗
第七册	081 丁夫差遣不平	第一册	344 官吏受财
	082 隐蔽差役		345 坐赃致罪
	083 禁革主保里长		346 事后受财
	084 逃避差役		347 官吏听许财物
	085 点差狱卒		348 有事以财请求
	086 私役部民夫匠		349 在官求索借贷人物
	087 别籍异财		350 家人求索
	088 卑幼私擅用财		353 克留盗赃
	089 收养孤老	第二册	366 犯奸
第三册	225 私出外境及违禁下海		367 纵容妻妾犯奸
	227 牧养畜产不如法		368 亲属相奸
	228 孳生马匹		370 奴及雇工人奸家长妻
	229 验畜产不以实		371 奸部民妻女
	230 养疗瘦病畜产不如法		372 居丧及僧道犯奸
	231 乘官畜脊破领穿		373 良贱相奸
	232 官马不调习		374 官吏宿娼
	233 宰杀马牛		375 买良为娼
	234 畜产咬踢人	第六册	376 拆毁申明亭
	235 隐匿孳生官畜产		377 夫匠军士病给医药
	225 私出外境及违禁下海		378 赌博
	227 牧养畜产不如法		379 阉割火者

续表

	律目			律目
	238 递送公文			380 嘱托公事
	239 邀取实封公文			381 私和公事
	240 铺舍损坏			382 失火
	241 私役铺兵			383 放火故烧人房屋
	242 驿使稽程			384 搬做杂剧
	243 多乘驿马			385 违令
	244 多支廪给			386 不应为
	245 文书应给驿而不给			

由表可见，除第二册和第六册内容相对连贯外，其余各册之间割裂严重，根本无法直接串联起来。与此同时，正如陶安先生所言，在各册稿本内部存在大量"截断"痕迹①，也给研读者制造不少障碍。笔者认为，此系薛允升在处理著作底稿过程中有意为之，通过"剪刀加糨糊"，或者调整底稿内容前后顺序，或者加以剪裁粘贴，而成其他独立作品，例如《唐明律合编》或《读例存疑》。

不仅如此，尽管笔者比陶安先生发现更多与《读例存疑》刊本相同的文本内容——律例及其附带注语、按语等文字——事实上存在于这六册稿本之中，但从上表可见，目前所发现的一共 79 条律文或律文线索，在每一册内部也很难实现连贯。例如，与《读例存疑》刊本相比，第一册"刑律受赃"下缺少律文"351 风宪官吏犯赃"和"352 因公科敛"，第二册"刑律犯奸"下缺少律文"369 诬执翁奸"，第三册"兵律厩牧"下缺少律文"226 私役弓兵"。即便列在表中的律目，如"021 徒流人又犯罪"、"046 充军地方"、"265 常人盗仓库钱粮"、"344 官吏受财"、"345 坐赃致罪"、"346 事后受财"、"347 官吏听许财物"、"348 有事以财请求"、"349 在官求索借贷人物"、"350 家人求索"、

---

① 陶安：《关于上海图书馆藏薛允升〈唐明律合刻〉手稿本》，第 348 – 351 页。

"353 克留盗赃"、"367 纵容妻妾犯奸"等，其律文及相应按语文字，事实上或无或残，亦相当不容乐观。

如果说律文及其按语的状况不容乐观，那么律文后附带的条例——及其按语文字的现存状况，则完全可以用"惨不忍睹"四字来形容。前者在讨论《宝坻档案》中保存的二册《读例存疑》稿本之时，我们曾面临"266 强盗"下例文仅存部分条例（266 - 30 至 266 - 49）的情况，但很幸运地，后来在仁井田文库中发现的八册稿本，恰好包括了其余 29 条（266 - 01 至 266 - 29）例文，二者衔接可谓完美。但在上海图书馆保存的六册稿本中，有关条例——及其附带按语文字，脱落尤其严重。经统计（见表 1 - 7），这六册稿本共涉及《读例存疑》刊本的 79 条律文、342 条例文。其中：有例有按者 142 条，包含 3 条残损者（076 - 02、089 - 02、349 - 01）；有例无按或无例有按者，共计 52 条，含 6 条残损者（242 - 03、384 - 02、384 - 03、084 - 01 至 084 - 03）。同时，参照《读例存疑》正式刊本可知，至少还有 148 条原本从属于上述律文的条例文本——及其按语文字，在目前的稿本中没有发现蛛丝马迹。然而，上述统计仅是笔者通过数次阅读，比较归纳获得的结果，在此之外，是否还有其他律例线索事实上存在于这六册稿本之中，我们只能抱持谨慎和乐观。

进而，我们有必要对上海图书馆藏六册《读例存疑》稿本，与此前讨论过的北京、东京两地保存的十册稿本进行对比，以确定孰先孰后，乃至文本内容之关联。这个问题其实并不复杂，因为存在一个显而易见的事实是：在上海图书馆保存的六册稿本上面，除了各册底稿出于数名写官之手外，基本就是薛允升本人留下的大量修改笔迹，并无沈家本的批校痕迹，更找不到其他人针对稿本内容的修改痕迹。惟独在第二册最后一页（全稿第 191 页），某位佚名者题云："独具只眼，头头是道，大司寇之读律，真有异于俗士之所为也。若夫拘守例文，曲为回护，斯亦俗士之读律也，何足道哉？"揆其内容，只是对于薛允升高超律学水平的赞美之辞。观其书法，并非顾廷龙先生笔迹，想系该稿流传过程中，某位观者或藏家所题。同时考虑到，顾廷龙先生当年与《唐明律合刻原稿残本》同时购藏的三册《服制备考》中，载有著名藏书家、版本目录学家章钰①先生的亲笔题跋，二者笔迹有些类似，因而这则题记也有可能是章钰先生所为。如果真是这样，似乎这些稿本与章钰先生也存在渊源，但只能另找机会再去探佚了。

另外，我们之所以肯定地认为，上海图书馆藏六册《读例存疑》稿本的成稿时间，早于北京和东京两地所藏的十册稿本，关键在于上海图书馆中保存的第二册和第七册内中收录的律例文本——及其注语、按语，分别对应东京仁井田文库所藏《读例存疑》稿本中的下函第八册和上函第二册，彼此文字诸多雷同，但仁井田文库藏本不仅内容更为完整，形式上也更整齐规范。兼以仁井田文库藏本中保留了大量沈家本关于《读例存疑》应作如何排印校改的亲笔批注和大量签条，充分说明上海图书馆中所保存的这些稿本在形成时间上应该更早，距离该书正式定稿也就更加遥远。由此，我们似可推知，在上海图书馆所藏六册稿本和北京、东京两地保存的十册稿本之间，至少还有一次或若干次稿本抄录和修改过程。当然也有可能，按照薛允升指示，写官曾将该书稿本同时抄录若干份。在薛去世后，北京、东京二地保存的稿本经过沈家本的详细校勘，指示排印，最终促成《读例存疑》这一巨著的诞生。上海图书馆保存的这批《读例存疑》稿本，因为种种原因，并未成为沈家本的工作底稿，以致我们无法从中发现任何沈家本的经手痕迹。所以，换个角度来看，尽管上海图书馆所藏这六册稿本与《读例存疑》刊本有很多内容完全一致，或大同小异，但他们只是《读例存疑》若干稿

---

① 章钰（1864－1937），江苏苏州人，字式之，号茗簃，一字坚孟，号汝玉，别号蛰存、负翁，晚号北池逸老、霜根老人、全贫居士等。光绪二十九年进士，辛亥革命后，寓天津，以收藏、校书、著述为业。1914 年任清史馆纂修。藏书室名"四当斋"，储书万册，另有"算鹤量琴室"，抄本甚多，多是名人著述。

本之一,而且并非光绪三十二年版《读例存疑》的直接底稿。

(三) 稿本中新见诸刑官

尽管在上海图书馆保存的六册《读例存疑》稿本中不见沈家本的批改痕迹,但一方面,其中存有薛允升大量删削笔迹,可以帮助我们了解作者本人的撰著修改过程;另一方面,我们在这批遗稿中,赫然发现五位帮助薛允升抄录《读例存疑》稿本的刑官姓名,对于我们探寻这部律学巨著的成书过程,提供了难得的一手素材。

在五位参与抄录《读例存疑》底稿的刑官中,我们再度发现郭昭的名字:(1) 全稿第 167 页(第二册),标题"纵容妻妾犯奸八十五"之下,署有"郭昭录"三字;(2) 第三册卷首,全书第 192 页,标题"犯奸八十四"下,同样有"郭昭录"字样。事实上,第三册稿本的主体内容为"兵律关津",第二册的内容才是"刑律犯奸",故而推知:稿本第 192 页作为题眼,原本应在第二册卷首。与此同时,我们发现该册笔迹相对统一,而且棱角较为分明,与此前在北京、东京二地发现之郭昭所抄录数册《读例存疑》稿本书风接近,基本可以认定出自同一人之手。由此再次说明,郭昭作为与薛允升关系密切的弟子门生,曾在《读例存疑》成稿之前,帮助乃师抄录了数卷底稿,可谓"深度参与"了该书撰著过程。其于薛允升著作之贡献和影响,不容小觑。

在郭昭之外,其余四位刑官,按照稿本中出现的先后顺序,分别为:陈浏、史绪任、刘彭年和武玉润。[1] 在以往关于近代法律历史的研究讨论当中,对于这四位刑官着墨不多,甚至罕有人知。今据相关史料,将各人宦迹及与薛允升关系缕述如下:

1. 陈浏

在稿本第三册卷首(全稿第 193 页),有手书"陈浏录"三字。此

---

[1] 陶文(第 351 – 353 页)于六册遗稿中发现刑官共四位(郭昭、陈浏、刘彭年、武玉润),不含史绪任在内,并对诸人情况有简略介绍,但对各人宦迹多语焉不详,今特补充之。

页之后，更有顾廷龙先生手书数行，堪为陈浏小传："陈浏，字亮伯，江苏江浦人。清光绪乙酉拔贡，己丑副贡，刑部员外郎。历官福建盐法道，兼充财政局参谋、总办。入民国，任交通部秘书。"①

经查，陈浏（1863—1929），字亮伯，又字孝威，号錡盅，又号寂园叟。晚年自署定山，又号六江六山老人。同治癸亥年生②，江苏江浦县人。光绪十二年（1886）中式，签分刑部。自谓："丙戌入堂治事，时年方弱冠，屡忤权贵，得以浮湛于斯堂之中者，都凡十有六年。"③光绪十六年三月，陈浏题升主事；十二月，记名总理衙门章京。十九年四月，期满奏留候补。二十七年十月，补授刑部安徽司员外郎；十一月，调补外务部榷算司员外郎。三十一年十月，补授考工司郎中。光绪三十四年，简任福建盐法道与盐务署官，"莅闽三载，不以库储生息"④。1914 年，应交通部长梁敦彦邀请，出任电政司长。1920 年冬，举家迁往黑龙江，入张作相幕。1929 年 11 月，卒于齐齐哈尔。

陈浏去世至今九十余载，其在文物收藏界所负盛名，远远超过法史学界。尤其所撰《匋雅》、《斗杯堂集》、《海王村游记》、《古董经》、《钵庵忆语》、《定山印史》诸书，长期被文物收藏界奉为经典。然考其宦迹，其在刑部任职十六年，不可谓不久。而其生前所刊《寂园丛书》（共十四种）中，不仅收录有刑部案牍劳形之余所作诗集——《振雅堂集》，更有关于晚清刑部政情之专门回忆（《振雅堂三事》）。故在中国近代法律史研究领域，陈浏理应占有一席之地。

陈浏晚年曾向来访者述及，薛允升"司寇者，余之师也，为法家

---

① 薛允升：《唐明律合刻原稿残本》，顾廷龙题词，第三册，第 194 页。

② 来新夏主编：《清代科举人物家传资料汇编》第 54 册（北京：学苑出版社，2006 年，第 143－150 页）记载陈浏生于同治丙寅（1866），钟广生撰《清授资政大夫福建盐法道陈公行状》则云其生于同治癸亥年，当以后者为是。（李兴盛等编：《陈浏集（外十六种）》，哈尔滨：黑龙江人民出版社，2001 年，第 9 页）

③ 陈浏：《孤园山庄诗剩》之《振雅堂集》，卷首小引，宣统二年铅印本。

④ 钟广生撰：《清授资政大夫福建盐法道陈公行状》，载李兴盛等编：《陈浏集（外十六种）》，第 10 页。

老宿"。① 另外，民国钟广生②撰《清授资政大夫福建盐法道陈公行状》中，多次谈到陈与薛之交往。其于公谊，一则云，"会译署行取部员，薛大司寇举公（即陈浏）应。……入为章京，仍兼刑部浙江司主稿"；二则云，"戊戌，内府瓷器库盗案发，赃款累千万，词连内务府大臣立山，同官多敛手，独公主严治，……或乞情薛公，薛公曰：'有陈某在，吾不可干以私，愿勿复言。'其见严惮如此"。至于私交，该"行状"则云："（陈浏）雅为时贤所推服。薛大司寇允升尤器之，出所著唐律全文，属其校勘。"③ 可见，薛允升虽然身为陈浏座师和上级，但对陈浏之行事人品极为称许，尤其对于陈浏之律学素养相当推崇，乃至嘱托陈浏帮助校勘"唐律全文"。这里的"唐律全文"，很有可能是《唐明律合编》、《读例存疑》、《服制备考》等书没有单独成书以前，百余册著述底稿中的"唐律部分"。不管怎样，想必陈浏对于唐律颇有研究。否则，作为精研唐律垂三十年的薛允升，不会以如此重要工作相托。

尽管在陈浏的传记和回忆文字中，我们并未发现其参与抄写《读例存疑》稿本的直接记录，但这并不影响我们作出如下判断：薛允升和陈浏的关系较为密切，且对其品德素质、行事能力、律学水准皆相当认可，乃至请其帮忙抄录或校勘著述底稿。有幸保存在《读例存疑》稿本中的这点记录，尽管只是雪泥鸿爪，但足以说明，薛、陈二人关系非同一般。

2. 史绪任

史绪任的名字出现在稿本第五册卷首，署作"名例七　史绪任"，但不知何故，"任"字遭到涂抹。或许职是之故，陶安当年并没有将史绪任的名字识别出来。

---

① 陈浏：《瓷香馆杂俎》第四卷，寂园志第五种，宣统二年刻本。
② 钟广生（1871－1935），浙江钱塘人，方志学家和文学家，清末曾任内阁中书，后任黑龙江省通志局局长。
③ 钟广生撰：《清授资政大夫福建盐法道陈公行状》，载李兴盛等编：《陈浏集（外十六种）》，第 9－10 页。

史绪任（1863－1924），字小周，号荷樵，河南辉县人。与陈浏一样，他也是光绪十二年（1886）中式，并以主事签分刑部，同年五月到部。十五年四月，学习期满，奏留。二十四年，丁父忧。三十三年二月，大理院奏调；五月，奏署刑科第二庭推事。七月，法部、大理院会同奏保刑科推丞；八月，奏补刑科第二庭推事。三十四年十一月，法部奏保参议。宣统二年十一月二十一日，奉旨试署广东高等审判厅厅丞。①

1924 年史绪任去世后，其长子史延寿撰有《清故通议大夫广东高等审判厅厅丞史府君墓志》，内云：

> 通籍，入都供职。决狱审慎，受知薛云阶尚书。中日议和，乞养归。历长河朔书院、卫辉中小学校。与李敏修、王筱汀、王静波诸先生，创设经正书舍，诱奖后进，多所成就。南海戴少怀、归安沈子敦、固始张劼予诸公，先后保荐，擢补大理院推事，简署广东高等审判厅厅丞。旋奉旨开缺，以道员归河南补用。民国初建，当道屡以司法相浼，卒婉谢不赴。武进董绶金先生长司法，谓向时刑曹精研法理者，分豫陕两派，该员为豫派领袖，复请征起，府君仍以病辞。里居不谈时事，遇地方公益，官斯土者，每谘访以行。……不轻作诗文，偶见日记、书札中者，俟裒集以示后人。②

该"墓志"明确提到，史绪任因为"决狱审慎"，受知于刑部尚书薛允升。另外，他也给当时执掌司法事务的名公钜卿——戴鸿慈（少怀）、沈家本（子敦）、张仁黼（劼予）等人留下深刻印象，以致受到众人保荐，不仅在新成立的大理院中担任推事，随后又被委任为广东高等审判厅的厅丞。

---

① 秦国经等：《清代官员履历档案全编》第 8 册，史绪任履历单，第 574 页。
② 史延寿：《清故通议大夫广东高等审判厅厅丞史府君墓志》，中国国家图书馆藏"碑帖菁华"，编号 6553。

民国初年，史绪任在司法界的影响仍在，当局屡次相邀，但均被其婉拒。及至昔日同僚董康（绶金）出任司法总长，再度盛情邀请，史绪任仍旧以病推辞，不复出仕。结局虽然如此，但董康点出一个十分重要的事实：晚清同治、光绪之际，刑部官员精研法理，争相磨砺，大致分为陕豫两派，史绪任乃是其中豫派领袖人物。当然，这也是董康邀请史绪任出山的重要理由。[①] 回想沈家本在给吉同钧《大清律例讲义》所写序文中，曾经言及："当光绪之初，有豫陕两派，豫人以陈雅侬、田雨田为最著，陕则长安薛大司寇为一大家。余若故尚书赵公，及张麟阁总厅丞，于律例一书，固皆读之讲之而会通之。"[②] 至此我们知道，晚清豫派律学[③]中，除陈雅侬（惺驯）、田雨田（我霖）两位最著名者外，史绪任也是当时该派领袖。所以，此人值得进一步研究。

可惜的是，史绪任逝世后，他的个人著作并未得到妥善整理流传。据《续修四库全书总目提要》（稿本）所收《辉县史氏家集》"提要"可知：史绪任二子史延章曾经整理其父遗稿，得诗文集五卷、书牍三卷、案牍二卷、日记十二卷、家书二十四卷，共计四十六卷[④]，题作《养拙轩全集》，交付史馆。然在该"提要"撰写者看来，"率多应酬之品。当时既无意于著述，随手拈来，多无条例。其嗣汇为一册，为后人瞻视，固自可意，然未足等于著作之林也"。[⑤] 换句话说，此公[⑥]觉得：

---

① 《署司法总长董康呈大总统拟请征请淹通旧律人员史绪任等调部任用以资补助文》，《政府公报》第一千七百一号，民国九年十一月十日。

② 沈家本：《大清律例讲义序》，《历代刑法考》附《寄簃文存》卷六，第2232页。

③ 关于豫派律学研究的最新进展，可以参看王云红：《晚清豫派律学的再发现》，《寻根》2016年1期。

④ 该"提要"稿本内容颇支离，一则起首标题下云，全书"四十三卷"，"《笃香杂俎》"七卷，史春荃撰；《养拙斋全集》三十六卷，史绪任撰；再则云史绪任遗稿"诗文集五卷、书牍三卷、案牍二卷、日记十二卷、家书二十四卷，都四十有六册"，不知究以何者为是。

⑤ 中国科学院图书馆整理：《续修四库全书总目提要》（稿本）第29册，《辉县史氏家集》"摘要"，济南：齐鲁书社，1996年，第297页。

⑥ 经查《续修四库全书总目提要》（稿本）第一册"提要撰者表"，可知"此公"即后来的著名明清史专家谢国桢先生。

史绪任的著作价值十分有限。但这或许只是该提要撰写者的一偏之见，以今日视角观之，这部《养拙轩全集》完全可能成为极有价值的法律史料。然而，遍查各大图书馆，至今未能发现该书之蛛丝马迹。或许该书仍存天壤之间，或许早经化作劫灰，存亡尤在未卜之间。当然，我们希望这部书稿，能在某个不经意的时刻从天而降，帮助我们揭开豫派律学之谜。

即便如此，史绪任与薛允升的关系是很明确的：前者身为豫派律学领袖人物，却曾受知于陕派大宗师、刑部尚书薛允升。这也提醒我们，应该既要注意陕豫两派之学术分野，也要注意两派之间错综复杂的人物关联。上海图书馆藏六册《读例存疑》稿本，为我们深入揭示史、薛二人，乃至陕豫二派的律学渊源，提供了新的契机——史绪任事实上参与了部分《读例存疑》稿本抄写工作，为这部律学巨著的产生作出了隐形贡献。

3. 刘彭年

在上海图书馆保存的《读例存疑》稿本中，刘彭年的名字出现在全书扫描件第 471 页的左半部分，署作"刘彭年录"。刘彭年（1857 - ?），字寿笺，号信庵，一字性庵。咸丰丁巳年（1857）十月初三日生，系直隶天津府天津县人。[1] 由附生中式。光绪二年（1876），顺天乡试举人。十五年（己丑），会试中式，殿试二甲，朝考二等，奉旨改为庶吉士。十六年散馆，二等，改刑部主事，签分安徽司行走，充安徽司主稿、秋审处坐办。十九年，办理晋边赈务案内保加四品衔。二十四年，补四川司主事。二十六年，补湖广司员外郎。二十七年，保送御史，奉旨记名，以御史用，旋补江西司郎中。二十八年，补湖广道监察御史。[2]

---

①　来新夏主编：《清代科举人物家传资料汇编》第 16 册，刘彭年朱卷，第 319 页。
②　秦国经等：《清代官员履历档案全编》第 7 册，刘彭年履历单，第 120 页。

1907 年，转补民政部右丞。① 1912 年，担任京师农务总会总理。②

在晚清民初政坛上，刘彭年的表现相当突出，是位明星级人物。例如，光绪三十一年三月二十日，修律大臣沈家本、伍廷芳联名上奏删除律例内重法，同时奏请废止刑讯。同年四月初五，刘彭年即连同另外一位御史（钱能训，1869－1924）公开质疑修律大臣的变法主张，奏请审慎对待，规复刑讯旧制，旋即奉旨，交政务处、刑部覆议具奏。③ 面对这一发难，沈、伍二人不得不以长篇大论详细阐释废除刑讯理由，以为应对。④ 又如，1909 年 2 月刘彭年针对当时学堂问题，上奏朝廷，请求变通办理。及至民国初建，在政党纷争中，原国务总理赵秉钧被毒身亡，刘彭年更联合天津地方绅商各界人士，公开呈请为赵建立祠堂，以供凭吊。⑤

然在以往研究晚清法律改革过程中，绝大多数学者将刘彭年基本置于法律改革派的对立面，将之视作相对保守、食古不化的旧式人物。相反，对于他在刑部自光绪十六年至光绪二十八年前后达 12 年的任职经历，缺少起码的交代和认知。至于他和薛允升等人渊源关系，更是绝少有人知道。这不能不说是一种缺憾。

十余年前，陶安先生曾据《中国近现代人物名号大辞典》指出，刘彭年是光绪十五年（己丑）进士，而薛允升恰好担任该年殿试阅卷官。进而推测，刘彭年应该属于薛允升的门生。⑥ 我们在刘彭年当年科举朱卷所列"受知师"一栏中，更发现几位赫赫有名的晚清刑官：

---

① 《政治官报》光绪三十三年十二月二十七日，第 97 号，谕旨，第 2 页。
② 《农林部批京师农务总会总理刘彭年等呈》，《政府公报》1912 年第 116 期，第 2 页。
③ 《钱能训刘彭年奏请饬令刑部筹给津贴复用刑讯一折初五日奉旨交政务处刑部会议具奏》，《时报》第三百二十九号，乙巳四月初八（1905 年 5 月 11 日）。
④ 《修律大臣外务部右侍郎伍刑部左侍郎沈奏覆御史刘彭年奏停止刑讯请加详慎折》，《东方杂志》光绪三十一年第二卷第八期，第 123－127 页。
⑤ 《令直隶民政长交府批该省长呈据天津绅商刘彭年等请为赵前督建祠一案应即照准仰查照文》（四月十三日），《内务公报》1914 年第 8 期，第 52 页。
⑥ 陶安：《关于上海图书馆藏〈唐明律合刻〉手稿本》，第 352－353 页。

　　钱湘吟夫子宝廉，原任刑部左侍郎，前顺天学政；

　　宗室芝庵夫子麟书，现官刑部尚书，丙子科顺天乡试正考官，本科朝考阅卷大臣；

　　潘伯寅夫子祖荫，现官工部尚书，本科会试大总裁，殿试读卷大臣，朝考阅卷大臣；

　　薛云阶夫子允升，现官刑部左侍郎，本科覆试阅卷大臣，殿试读卷大臣；

　　坞樵夫子贵恒，现官刑部右侍郎，本科会试知贡举；①

至此，我们完全可以坐实刘彭年的薛允升门生身份。至于钱宝廉（湘吟，1820 – 1878）、麟书（芝庵，1829 – 1898）、潘祖荫（伯寅，1830 – 1890）、贵恒（坞樵，1838 – 1904）几位刑部尚书或者侍郎，作为刘彭年的"受知师"，在晚清刑部的影响亦很深远。例如，沈家本考中进士以前，在刑部作为编外人员"以律鸣于时"，正是潘祖荫担任刑部尚书期间慧眼发现的。

　　鉴于上述，刘彭年的名字出现在《读例存疑》的稿本中，并不令人感到惊讶。这一记录再次表明，薛允升在撰写这部巨著过程中，曾经得到刑部僚属的广泛支持，甚至某些刑部官员直接帮其抄录底稿。

　　4. 武玉润

　　在上海图书馆藏《读例存疑》稿本第七册封面上，题有"武玉润录"四字。武玉润与前面几位人物一样，在近代法律史研究领域处于"长期失踪"状态，知之者甚少。相比之下，其生前作为河南省立图书馆馆长，在图书馆学界具有一定名声，但关于其生平，目前仅见 2002

---

　　①　来新夏主编：《清代科举人物家传资料汇编》第 16 册，刘彭年朱卷，第 319 – 330 页。

年发表于《河南图书馆学刊》上的一篇短文。① 今结合中国第一历史档
案馆藏武玉润"履历单",及其科举朱卷等史料,将其生平履历大致梳
理如下:

武玉润（1860 - 1932）,字泽仁,号德卿,河南开封府祥符县人,
由优廪生中式。光绪十一年（1885）,乙酉科乡试举人。十五年（己
丑）中式,选为翰林院庶吉士。次年散馆,奉旨以部属用,签分刑部。
同年五月到部,直隶司行走。十八年正月,在总办秋审处行走。二十年
八月,补授提牢。二十一年七月,提牢期满议叙,以本部主事即补；八
月,充直隶司主稿；十月,题补山西司主事。二十二年五月,题升贵州
司员外郎；八月,充总看减等。二十四年七月,充秋审处坐办。二十五
年二月,由山东赈务案内奏奖花翎。二十六年三月,题升浙江司郎中；
闰八月,赴山西行在当差；九月,派充律例馆提调。二十七年八月,奉
派随扈回京。② 三十年,简授山东济南府遗缺知府,后署山东兖州府知
府；十一月,补沂州府知府。三十二年,任山东师范学堂监督、山东农
林学堂总稽查。三十三年,丁忧回里,后简授江西吉安府知府。宣统元
年,调补南昌府知府。宣统三年,再度归里。1917 年,出任河南省立
图书馆馆长。③

通过上述梳理,可以很容易发现,武玉润与刘彭年的早年经历十分
相似,并且多有交叉:二人同于光绪十五年己丑科中式,并同时被选为
翰林院庶吉士。次年散馆后,又同时签分到刑部任职。而且,武玉润在
刑部任职时间,也是大致从光绪十六年至光绪二十八年,前后共计 12
年左右。其后,武玉润得到外派,到地方担任知府等职。不仅如此,我
们在武玉润朱卷"受知师"一栏,也发现几位刑部大佬的衔名:

---

① 张莉：《民国时期河南省图书馆馆长——武玉润》,《河南图书馆学刊》第 22 卷 3 期,
2002 年 5 月。
② 秦国经等：《清代官员履历档案全编》第 6 册,武玉润履历单,第 710 页。
③ 王爱功等主编《河南省图书馆百年》,长春：吉林文史出版社,2009 年,第 30 页。

宗室芝莽夫子麟书，刑部尚书，翰林院掌院学士；

邬樵夫子贵恒，刑部右侍郎，镶蓝旗蒙古副都统；

薛云阶夫子允升，刑部左侍郎；①

由此可知，武玉润与刘彭年既同为薛允升门生，更因为同样的刑部任职关系，也都算是薛允升的"故吏"。大致在武玉润任职刑部期间，他和刘彭年一道，帮助薛允升抄录了《读例存疑》的部分底稿。

当然，根据前面的研究讨论，我们完全可以推知：在薛允升撰写《唐明律合编》、《读例存疑》、《服制备考》等著作的较长时期内，与陈浏、史绪任、刘彭年、武玉润等人情况类似者，还大有人在，同样应邀或受命参与其中，帮助薛允升抄写著述底稿。甚至，有可能像沈家本自述那样，"尝与编纂之役，爬罗剔抉，参订再三"②。因此，可以说，《读例存疑》既是薛允升个人多年律学研究之精华所在，也是晚清刑部官员集体参与、通力合作之结果。

---

① 来新夏主编《清代科举人物家传资料汇编》第 16 册，武玉润朱卷，第 115－123 页。

② 沈家本：《读例存疑沈序》，《读例存疑》卷首。

结论 从薛允升《读例存疑》看晚清刑部之律学创作

(一) 关于薛允升及其律学之评价

在阅读以上关于各种《读例存疑》稿本的繁琐考证过程中，可能有法律史专业以外或对中国近代法律史不够了解的读者提出疑问：薛允升在晚清刑部的地位影响究竟如何？《读例存疑》的学术价值又有几何？对于这样的疑问，我们可以从薛允升去世后，其门生故吏、旧友故交作出的评价中找到答案。

目前我们所能见到20世纪50年代以前关于薛允升的评价，按照时间先后顺序，大致有如下数种：

第一，光绪二十九年（癸卯，1903）二月十九日薛允升归葬祖茔之前，关中著名学者刘古愚（1843－1903）① 代京师大学堂总监督孙家鼐（1827－1909）撰写的《皇清诰授光禄大夫紫禁城骑马重赴鹿鸣筵宴刑部尚书云阶薛公墓志铭》。在该"墓志铭"中，刘古愚对薛允升律学成就推崇备至，洋溢乎文字之间。其言曰：

> 自雍正初至今，陕士歊历中外有声绩者，多起家刑部，而勋望与张公（即张廷枢）配者，惟今大司寇长安薛公云阶。……典谳

---

① 刘古愚（1843－1903），名光贲，字焕堂，号古愚，陕西咸阳人。光绪元年（1875）陕西乡试中举。光绪十一年，被聘为泾阳泾干书院主讲，同时在味经书院任讲习，对《通典》、《通志》、《文献通考》及《资治通鉴》研究精熟，时称四通专家。晚年主讲烟霞草堂，并受邀创办甘肃大学堂。著有《学记臆解》、《烟霞草堂文集》等。

法垂四十年，故生平长于听讼治狱，研究律例，晰及毫芒。心存哀矜，期天下无冤民，以明允称。说者谓，华岳为古司寇冠形，公与张公骨禀其灵，一刚方，一清肃，后先辉映，外无与并也。

公初筮仕，念刑名关人生命，非他曹比，律例浩繁，不博考精研，无由练达，朝夕手钞，分类编辑，积百数十册。……公视刑律为身心性命之学，老病闲居不废，其精勤实数十年如一日。①

在该"墓志铭"中，刘古愚将薛允升与康熙朝名臣、刑部尚书张廷枢（？－1729）作比，并言及二人同为陕籍著名刑官，又各具禀性。此一材料，常被学者引为晚清陕派律学渊源甚久之据，然需注意的是，其中"陕士敭历中外有声绩者，多起家刑部"一语，明显以地域和职业为侧重点，并非言及法律学术之分野。内中述及薛允升著述概况，"朝夕手钞，分类编辑，积百数十册"，也是十分宝贵的原始信息，与沈家本的说法相仿。

第二，为光绪二十九年十一月二十九日刑部奏呈《读例存疑》疏文，载于《读例存疑》卷首。该稿由刑部律例馆拟定，见于沈家本所辑《刑部奏底》第17册，沈氏并于册首亲题《进呈薛尚书遗书折》。其中言道：

原任刑部尚书薛允升，律学深邃，固所谓今之名法专家者也。该故尚书耄而好学，博览群书，谙习掌故，研究功令之学，融会贯通，久为中外推服。自部属荐升卿贰，前后官刑部垂四十年。退食余暇，积生平之学问心得，著有《读例存疑》共五十四卷、《汉律

---

① 刘古愚：《刑部尚书薛公墓志铭（代）》，《烟霞草堂文集》卷四，思过斋锓版，1918年，第52－57叶。孙家鼐：《皇清诰授光禄大夫紫禁城骑马重赴鹿鸣筵宴刑部尚书云阶薛公墓志铭》，载闵尔昌纂：《碑传集补》卷四，清代传记丛刊本，台北：明文书局，1986年，第303－311页。

辑存》六卷、《唐明律合编》四十卷、《服制备考》四卷，具征实学。而诸书之中，尤以《读例存疑》一书最为切要，于刑政大有关系。……博引前人之说，参以持平之论，考厥源流，期归画一，诚钜制也。齐普松武等旧在属官，凤聆绪论，抚读遗编，不忍听其湮没。……

　　该故尚书薛允升久官刑曹，究心法律，耄而好学，著述等身，比之古来名法专家，有过之无不及也。曩者钦奉谕旨，有治狱廉平之褒，是其精于律学，久在圣明洞鉴之中。该故尚书生前所著各书，具有精意，均属可传。……《读例存疑》一书，共五十四卷，……其择精语详，洵属有裨刑政，未便听其湮没，谨将原书进呈御览。现在臣部钦遵谕旨，开馆纂修条例，并请旨饬交修例馆，以备采择，庶编辑新例，得所依据。[①]

内中至少有三处文字，对薛允升的律学水平作出极高评价，一则云薛允升为"名法专家"，二则云"久为中外推服"，三则云"比之古来名法专家，有过之无不及"，自古及今，由中及外；不仅在同僚中影响巨大，"旧在属官，凤聆绪论"，而且上达天听，"有治狱廉平之褒"，高度不断拔升，足见薛允升在刑部同僚中影响之大。另有三点值得注意：

（1）该文罗列薛允升著作顺序，先是《读例存疑》，然后为《汉律辑存》、《唐明律合编》和《服制备考》。我们此前分析论证的结果，则是先有《汉律辑存》，然后才有《唐明律合编》、《服制备考》、《读例存疑》等书之成稿，彼此有些出入。想系疏文起草者为了突出主题，刻意把最后完成之书列在最前面。

（2）关于《读例存疑》之评价，认为"诸书之中，尤以《读例存疑》一书最为切要，于刑政大有关系"，而且不以刊印此书为已足，实

---

① 律例馆：《进呈薛尚书遗书折》，载沈家本辑：《刑部奏底》第十七册，晚清稿本，不分卷。该文又见《读例存疑》卷首奏疏，二者内容文字几乎一致。

则希望该书在清末法律改革"编辑新例"过程中,"得所依据",发挥其积极作用。

(3)从"齐普松武等旧在属官,夙聆绪论"一语可以推知,薛允升此前博览群书,"研究功令之学"过程中,与齐普松武等昔日刑部属官有过长期交流,他的律学研究工作早已为众所知。大家也很关心薛允升著作进展,以致在薛故去后,"抚读遗编,不忍听其湮没",群策群力,率先将《读例存疑》整理出版。

第三,沈家本于光绪甲辰(1905)年冬十月撰写《读例存疑序》,不仅载于《读例存疑》卷首,更收录于光绪三十四年沈氏自刊之《寄簃文存》卷六。其中言道:

> 国朝之讲求律学者,惟乾隆间海丰吴紫峰中丞坛《通考》一书,于例文之增删修改,甄覈精详。其书迄于乾隆四十四年,自是以后,未有留心于斯事者。长安薛云阶大司寇自官西曹,即研精律学,于历代之沿革,穷源竟委,观其会通。凡今律今例之可疑者,逐条为之考论,其彼此牴牾及先后歧异者,言之尤详,积成巨册百余。家本尝与编纂之役,爬罗剔抉,参订再三。司寇复以卷帙繁重,手自芟削,勒成定本,编为《汉律辑存》、《唐明律合刻》、《读例存疑》、《服制备考》各若干卷,洵律学之大成,而读律者之圭臬也。……今方奏明修改律例,一笔一削,将奉此编为准绳。[①]

上面这段文字,历来引用较为频繁。其中深值注意者,约有以下几点:

(1)沈家本作为造诣精深之律学家,在其眼中,"国朝之讲求律学"而真有成就者,不过二人而已,一为乾隆时期著名刑官、《大清律

---

① 沈家本:《读例存疑沈序》,《读例存疑》卷首。又见沈家本:《历代刑法考》附《寄簃文存》卷六,第2221-2222页。

例通考》的作者吴坛（1724 - 1780）①，另外一位则是薛允升。可见，薛允升在沈家本的律学评价中占有极重要位置。

（2）薛允升的著述底稿原有"巨册百余"，《读例存疑》等书不过是薛允升据原来底稿"删削"而成。在这些底稿撰述过程中，沈家本曾经参与，自谓"尝与编纂之役，爬罗剔抉，参订再三"。字面上看，沈家本为薛允升的早期著述，便已花费不少心力。

（3）沈氏列举薛允升遗著的顺序，先是《汉律辑存》、《唐明律合刻》，后为《读例存疑》和《服制备考》，与此前我们考察的结果也有些不同。或许因为该序文带有私人性质，不像奏疏公文那样正式，因而内中行文没必要讲究薛氏各种遗稿之顺序。

（4）对于薛著各书——尤其《读例存疑》，沈家本用了"洵律学之大成，而读律者之圭臬"之类的高度评价，并以修订法律大臣身份郑重指出，在以后的法律改革过程中，"一笔一削，将奉此编为准绳"。沈氏所言，绝非冠冕堂皇之虚语。我们在他为准备修律而专门撰写的《律例校勘记》（图 1 - 32）一书中，见到大量用作参考而抄自薛允升《读例存疑》的内容。不仅如此，沈家本在该书卷首特别写下一条按语，云："薛大司寇于此书用力数十年，其说最为精核，故备录其说，而参以管见，将来修例时，即以此作蓝本可也"。②

第四，在《读例存疑》卷首，有署名"项城袁世凯"序文一篇，虽然文字略显简单，但对薛允升律学成绩推崇之意，亦相当突出。大致云：

　　长安薛大司寇云阶先生，供职刑部三十余年，研究律例，于历

---

① 吴坛（1724 - 1780），字紫庭，山东海丰人，吴绍诗之子，吴垣之弟，清乾隆朝律学名家。乾隆二十六年（1760 年）进士，授刑部主事，再迁郎中。三十二年，超授江苏按察使，就迁布政使。三十七年，内擢刑部侍郎。所著《大清律例通考》，其卷帙浩繁，内容精审，洵为经典，于清代律学贡献极大。

② 沈家本：《律例校勘记》卷首，按语，载沈家本：《沈家本未刻书集纂》上册，第 3 页。

代名法家言无所不窥，著作等身，而《读例存疑》一书，尤为平生心力所萃。凡情事之变迁，罪名之舛错，铢黍毫厘，无不沿流以溯源，擘肌而分理，洵乎不朽之盛业，明允之龟鉴也。①

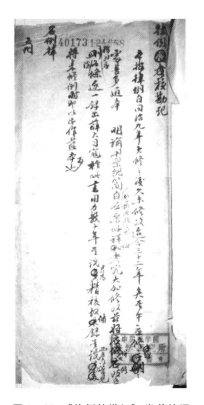

图 1 - 32　《律例校勘记》卷首按语

内中对于薛允升律学成就之评价，简简单单地用了"著作等身"四字，形容其研究著述之多，而把更多笔墨用来赞扬《读例存疑》的伟大贡献，认为该书是薛允升"平生心力所萃"，成就斐然，"洵乎不

①　袁世凯：《读例存疑袁序》，《读例存疑》卷首。

朽之盛业，明允之龟鉴"。整体而言，袁世凯这篇序文对薛允升的评价中规中矩，不温不火，与前面几篇感情充沛之作相比，略显平淡，或系受请托具名而已。然而，这篇序文的独特价值在于，它可以帮助我们纠正一个流传已久的谬说。以往众多研究者论及《读例存疑》时，经常言其正式刊于1905年，想系根据沈家本作序时间——光绪甲辰年，而认为《读例存疑》刊于同年。但这篇"袁序"明确署作"光绪三十二年丙午春日"，也就是1906年春天。所以，我们可以断言：凡是带有"袁序"的《读例存疑》，其实际刊行皆在1906年春天之后，而非广泛流传的1905年。①

第五，宣统三年（1911）安徽桐城人姚永朴客居北京，于市肆中得到薛允升子薛浚所撰"薛允升行述"，"参以见闻"，写成《光禄大夫刑部尚书薛公状》（以下简称"姚文"）。其中言道：

> 公自入刑曹，即以刑名关民命，非他曹比。律例浩繁，不讲明切究之，何由决熟，乃悉心钩稽久之，触类贯通，有询者应，口诵无疑。其用之也，归于廉平。凡手定案牍，他人不能增损一字。长官倚重，有大狱，必属之。②

姚文重点谈到薛允升律学水平高超，不仅能够口诵律例，有问必答，随口因应，而且在司法实践中，能够尽量做到清正公平，文笔精湛，以致亲手所撰案牍，旁人不能再作任何修改。职是之故，薛允升特别受到刑部长官的看重，经常被委派处理大案要案。

在目前所见诸多有关薛允升史料中，姚文首次明白无误地告诉我们，

---

① 遗憾的是，黄静嘉先生点校所使用的底本也包含这篇"袁序"，但其前后介绍文字中始终言《读例存疑》刊于1905年，不审之甚。此外，或由于黄先生点校之书影响巨大，以致很多人以讹传讹，流漫至今。

② 姚永朴：《光禄大夫刑部尚书薛公状》，载闵尔昌纂：《碑传集补》卷四，第313页。

其最负盛名的四部作品——《汉律辑存》、《唐明律合编》、《服制备考》、《读例存疑》的成书顺序，以及撰著逻辑。其言曰：

> 公尝谓，乾隆以来，儒者嗜汉学。汉廷治狱，多援经义，其律在今，亦汉学也，何以忽诸？爰广为搜录，著《汉律辑存》六卷、《汉律决事比》四卷。又谓，唐律本于汉律，若明律，则多所更改。方今沿用明律，不如唐律远甚，乃辨其异同，而纠其谬误，著《唐明律合编》四十卷。又谓，刑律服制门所关尤要，著《服制备考》四卷。此外，尚有《读例存疑》五十四卷，由刑部进呈御览，刊行于世。①

阅读至此，薛允升从百余册积稿中，厘析出四部遗稿的先后顺序已经十分清楚：最早是《汉律辑存》，随后是《唐明律合编》和《服制备考》，然后才是《读例存疑》。然从《读例存疑》卷首"例言"第五条看，在《读例存疑》成书定稿之前，除其他三者外，似乎还有一部《定例汇编》，基本接近完成，只是尚未厘清卷次而已。随后拟以专文论述，故此不赘。

同时需要指出的是，姚永朴撰写该文之际（宣统三年），清朝尚未灭亡，而薛浚撰写其父"行述"，更在此之前。依惯常逻辑，将薛允升批评清律的事情一旦公开，恐怕会招致杀身之祸。但据姚文来看，不仅薛允升的著作过程基本是公开的，深受同僚瞩目，而且其用意十分显明：大家都很清楚，薛针对明律的批评，实际上就是在批评"今律"，即《大清律例》。职是之故，前述陶安所谓"彻底的分工体制"更显虚妄。

---

① 姚永朴：《光禄大夫刑部尚书薛公状》，载闵尔昌纂：《碑传集补》卷四，第316－317页。

第六，1916 年陕西督军陈树藩礼聘宋伯鲁①领衔续修《陕西通志》，其后几经周折，最终于 1934 年正式问世。该书卷七十四载有一篇薛允升小传，内云：

> （薛允升）咸丰六年成进士，以主事分刑部。甫任事，念刑名关人生命，非他曹比，精研律例，剖析毫芒，有心得及疑义，辄笔记之。用法廉平，所定案牍，明慎周详，不能增易一字。各长官皆倚重焉。尚书桑春荣谓，部中不可一日无此人。凡疑难大案，及各司不能讯结者，悉属之。每岁现审秋审案件千百起，皆一手核定，无顷刻闲。……在刑部垂四十年，判狱谳囚，无稍枉纵，务得情法之平，使天下无冤民，民称之曰"薛青天"。
>
> 允升貌清癯而撝谦，与人无争，至大廷建议，则持之以正，不为苟同。……自光绪癸未至乙未，七科殿廷考试，每派阅卷，无不与。戊子、甲午两典顺天乡试，得人称盛。尤好诱掖后进，成就颇多，如赵舒翘、沈家本、党蒙、吉同钧辈，乃门生故吏中之杰出者。其他不可枚举。盖人品清正，学识宏深，好善若渴，躁释矜平，处富贵如寒素，不仅以刑律见长也。②

其中对于薛允升精研律例、用法廉平，深受长官倚重之类的叙述和评价，与前引姚文如出一辙，惟特别提及刑部尚书桑春荣对他的高度评

---

① 宋伯鲁（1854-1932），陕西醴泉人，字芝栋，亦作子钝、芝洞、子栋，号芝田，晚年又号钝叟。光绪十二年（1886）进士，选庶吉士，散馆授编修。二十二年，任都察院山东道监察御史、掌印御史。二十四年正月，与李岳瑞等发起成立关西学会，随后康有为等人以关西学会为基础，成立"保国会"，积极宣扬维新变法。戊戌政变，外逃避匿，后入伊犁将军长庚幕，为撰《新疆建置志》、《新疆山脉志》。辛亥革命后，调停陕甘地方事务，宣力尤多，受邀主持续修《陕西通志》。1918 年，当选国会众议院议员。

② 宋伯鲁等：《续陕西通志稿》卷七十四，人物，薛允升，载中国西北文献丛书编辑委员会编：《西北稀见方志文献》第六卷，兰州：兰州古籍书店，1990 年，第 124-125 页。

价——"部中不可一日无此人",很值得注意。桑春荣（1802－1882），字柏侪，原籍浙江绍兴，寄籍顺天府宛平县。道光十二年（1832）进士，改翰林院庶吉士，历任国史馆总纂、起居注协修、河南道监察御史、四川道监察御史、云南府知府、贵州按察使、云南巡抚、兵部右侍郎、都察院左都御史、刑部尚书等职。桑春荣为同光年间著名法律专家，执掌刑部十余年，任内主审"杨乃武与小白菜"一案，平反冤狱，声名赫赫，并撰有《秋审实缓比较汇案》、《驳案续编》等律学名著。薛允升获得昔日长官如此之评语，足征其律学造诣精深，水平超群。

据此小传，薛允升不仅以律学见长，自光绪癸未至乙未——即1883－1895 年间更是屡次受命参与科举殿廷考试，先后于光绪十四年（戊子）、二十年（甲午）两次主持顺天乡试，同时因其长期在刑部任职，故而门生故吏众多。其中，以赵舒翘、沈家本、党蒙、吉同钧等人最为杰出。此前在《读例存疑》稿本中发现的郭昭、陈浏、史绪任、刘彭年、武玉润，以及刑部奏呈刊布《读例存疑》的疏文中所列众刑官，当然也都可以算入薛氏门生故吏之列。然而，并不能据此认为这些门生故吏——尤其非陕籍官员（如沈家本、陈浏、史绪任、刘彭年、武玉润）——皆是陕派律学人物。道理很简单，"门生故吏"只是基于业缘学缘形成的社会学概念，并非出自律学专业或司法风格之差异。

《续陕西通志稿》虽然正式刊印于 20 世纪 30 年代，但一则宋伯鲁为晚清著名陕籍御史，与薛允升曾同朝为官，颇有交往，二则该传文资料来源为"文献征集录及采访册"，三则前引该文部分内容与姚文相似度极高，故而可以视作晚清民初之稿。不仅如此，这篇小传对于薛允升四部律学作品的撰写顺序也有所交代，并且与姚文完全一致，可见其文献信而有征，大致不出薛浚所撰"行述"范围。

第七，宣统三年（1911）六月，李岳瑞①《春冰室野乘》在上海广智书局出版，其中有一篇专论《薛云阶司寇之法学》，言道：

> 长安薛云阶尚书允升，官提调十余年，始获外简。甫六岁，复内擢少司寇，洊长秋官，掌邦刑者，又二十年，终身此官。其律学之精，殆集古今之大成。秦汉至今，一人而已。尝著一书，以《大清律例》为主，而备述古今沿革，上泝经义，下逮胜朝，比其世轻世重之迹，求其所以然之故，而详箸其得失，以为后来因革之准。书凡数十册，册各厚寸许，卷帙繁重，竟无人能为任剞劂者，恐日久终不免佚阙矣。②

与前面诸文相比，李岳瑞此篇言简意赅，将对薛允升的律学评价提升到前所未有的高度，认为"其律学之精，殆集古今之大成。秦汉至今，一人而已"。并且，重点述及薛氏著述概况，据以可知：（1）薛氏生平所著原为"一书"，即一套大部头著作，"凡数十册，册各厚寸许，卷帙繁重"。（2）薛氏著述以《大清律例》为主干，备述古今沿革，上溯经义，下逮明清，"比其世轻世重之迹，求其所以然之故，而详箸其得失"，其目的在于为将来法律改革提供依据。（3）薛故去后，李岳瑞或曾亲眼目睹薛氏遗稿，或辗转听自旁人，知道大批遗稿得到保留，但无人进行整理，所以很担心未来会散佚。总之，这篇文章虽短，但李岳瑞以薛氏同乡身份，给予薛允升的评价极高，而且所提供的薛氏著述和遗

---

① 李岳瑞（1862－1927），字孟符，陕西咸阳人。幼从刘古愚读书受业，光绪九年（1883）中式，先后任翰林院编修、工部员外郎、总理衙门章京等职。戊戌年间，受光绪重用，负责接奉传旨，同宋伯鲁等人组织关西学会，积极参与变法运动，失败后革职赋闲。光绪三十年，任上海商务印书馆编辑。辛亥革命后，参与编纂《清史稿》。所刊《春冰室野乘》、《悔逸斋笔乘》等，为研究晚清民国历史重要史料。

② 李岳瑞（孟符）：《薛云阶司寇之法学》，《春冰室野乘》卷一，上海广智书局校印，宣统三年六月，第92页。

稿信息十分重要。

第八，吉同钧作为陕派律学的后起之秀，同时或许是薛允升门下最著名的弟子，曾在民国时期别出心裁地将两位陕籍先贤——薛允升和赵舒翘的人生行迹对比参观，撰有一篇《薛赵二大司寇合传》，对于薛允升的律学成就评价尤高。言道：

　　至咸同之时，长安薛允升出焉。……念刑法关系人命，精研法律，自清律而上，凡汉唐宋元明律书，无不博览贯通，故断狱平允，各上宪倚如左右手，谓刑部不可一日无此人。……当时历任刑尚者，如张之万、潘祖荫、刚毅、孙毓汶等，名位声望，加于一时，然皆推重薛侍郎。凡各司呈画稿件，或请派差，先让薛堂主持先划画，俗谓之开堂。如薛堂未画稿，诸公不肯先署，固由诸公虚心让贤，而云阶之法律精通，动人佩服，亦可见矣。后升尚书，凡外省巨案疑狱不能决者，或派云阶往鞫，或提京审讯。先后平反冤狱，不可枚举。[①]

揆其文辞，薛允升俨然刑部一大法学专家，不仅律学研究精湛，而且司法水平高超，深为同僚折服。在这篇传记里面，吉同钧特别列举了薛允升生前主持审判的三件著名刑案——江宁三牌楼案、河南王树汶案和太监李苌材案。这几件刑案关涉人物众多、官员层级较高，乃至牵动慈禧太后的敏感神经，影响朝堂政局，因而深受各界瞩目。作为主审法官的薛允升，在各方面巨大压力之下，不畏强御，坚持秉公断案，最终使凶犯受到严惩。连带及之，他所撰写的相关司法文牍，情法兼备，有力有节，成为很多刑部官员的学习范本。

关于薛允升的重要著作，吉同钧也有详细交代。其言曰：

---

① 吉同钧：《薛赵二大司寇合传》，《乐素堂文集》卷三，第19－20页。

至于著书，共分四种。尝谓刑法虽起于李悝，至汉始完全，大儒郑康成为之注释。乾嘉以来，俗儒多讲汉学，不知汉律为汉学中一大部分，读律而不通汉律，是数典而忘祖，因著《汉律辑存》。又谓汉律经六朝、北魏改革失真，至唐两次修正，始复其旧，明律虽本于唐，其中多参用金辽酷刑，又经明太祖修改，已非唐律真面目，因纠其谬戾，著《唐明律合编》。又刑律所以补助礼教之穷，礼为刑之本，而服制尤为礼之纲目，未有服制不明而用刑能允当者。当时欧风东扇，逆料后来新学变法，必将舍礼教而定刑法，故预著《服制备考》一书，以备后世修复礼教之根据，庶国粹不终于湮殁矣。①

比较奇怪的是，该文先是提及薛允升著书"共分四种"，接下来却仅列举《汉律辑存》、《唐明律合编》、《服制备考》三种，卷帙最为浩繁的《读例存疑》偏偏遭到遗漏，不知何故。此外，上述引文尚有两点值得注意：一、吉同钧所述《汉律辑存》、《唐明律合编》、《服制备考》三种著作的成书顺序，不仅与姚永朴的讲法大体一致，也与本文前面通过分析《读例存疑》和《唐明律合编》稿本得出的结论十分吻合。二、吉同钧言，薛允升鉴于当时欧风美雨不断侵袭，未来"新学变法，必将舍礼教而定刑法"，故而撰写《服制备考》，"以备后世修复礼教之根据，庶国粹不终于湮殁"。这样的说法前所未见，惟独吉同钧个人持此议论。笔者臆测，这种想法可能出自薛允升本人，也可能是吉同钧作为清末民初著名的法律保守派，其个人亟欲保守中华礼教心理的一种反映。

第九，继宋伯鲁、李岳瑞、吉同钧之后，另外一位陕籍人士也对薛允升的律学成就给予高度评价。1935 年 2 月 12 日《西北文化日报》上

---

① 吉同钧：《薛赵二大司寇合传》，《乐素堂文集》卷三，第 21 页。

载有一篇名为《萧筱梅先生印象记》的报道文章，作者倪紫萱。其言谓："先生谓当日官刑部，同僚多陕籍，而陕〔官〕之著绩者，亦多在刑部。谓薛云阶先生法理精微，聪明天亹，汉唐而后，集法学之大成者，薛公一人而已。"① 窥其文辞，一则所述晚清著名陕籍官员多出刑部，与刘古愚所撰"薛允升墓志铭"相关说法较类似，二则"汉唐而后，集法学之大成者，薛公一人而已"，与李岳瑞"殆集古今之大成。秦汉至今，一人而已"的评价也十分雷同。但能否据此认为，这位"萧筱梅先生"只知道蹈袭旧说，毫无新意呢？答案当然是否定的。因为萧筱梅实际上是晚清刑部陕籍官员中相当活跃的一分子，是位道地的"内幕知情人士"。

萧筱梅，本名萧之葆（1869－1945），陕西三水人，字养泉，筱梅乃其号。据"萧之葆履历单"可知，其于光绪二十一年（1895）考中进士，改翰林院庶吉士。散馆后，以部属用，签分刑部，派充奉天司主稿。二十六年九月，赴陕西行在报到，兼秋审处行走。二十八年，派充四川司正主稿。三十二年，派充秋审处总看、减等；六月，补授陕西司主事，因回避本省，调补贵州司主事，并派充秋审处坐办。三十三年，派充法部承政厅会办；七月，题升制勘司员外郎；十二月，题升审录司郎中。宣统元年（1909），奏保左右参议；二年六月，派充云南法官考试官。② 辛亥革命后，长期归隐乡里，不问时政。期间，曾受邀担任《续修陕西通志稿》分纂，并纂修《旬邑县志》。1941 年，受陕甘宁边区参议会参议员之聘，并被选为边区政府委员。

揆诸光绪二十九年刑部奏呈《读例存疑》疏文，萧之葆作为刑部额外主事，赫然出现于参与整理刊印薛允升遗稿之 20 位刑官之列。从其履历来看，萧不仅属于薛之"门生故吏"，更因其籍贯陕西，与薛有

---

① 倪紫萱：《萧筱梅先生印象记》，《西北文化日报》1935 年 2 月 12 日，第 8 版。
② 秦国经等：《清代官员履历档案全编》第 8 册，萧之葆履历单，第 744 页。

同乡之谊。与此同时，透过保存至今的《吉同钧生圹志铭》① 还可发现，当时在京陕籍刑官中，萧与陕派律学传人、薛允升的著名弟子吉同钧交往很密切，而其对于吉同钧律学评价也相当之高。正是基于上述事实，萧之葆关于薛允升的律学评语，非但不应视作拾人牙慧，恰恰相反，更应看成彼时刑部官员某种程度的共识。

综观上述九种看法，大致以时间为序，虽出众人之手，但有两点共性值得注意：（1）对于薛允升的律学研究水平和各项著作，均"一边倒"地给予正面评价。至于负面评价，甚或微词，则不着一字。（2）作出上述评价者，基本为薛允升昔日同僚、门生故吏，乃至源自陕籍同乡或其身边之人（如薛允升长子薛浚所撰"行述"）。为求客观公正，我们理应兼听一些曾与薛允升同处一个时空之下，或在其去世未久，由其他省份人士作出的评语。经过搜索，我们获得下面两种略显不同的声音。

第十，光绪二十三年（1897）九月初三日，吏部上奏处分若干刑部官员，其中拟议刑部尚书薛允升降三级调用。十一月初一日，薛连降三级，调补宗人府府丞。② 遭到处分后，薛允升称病请假，杜门不出。次年春节，特于门前悬一对联，上书"一官如系，有诗书以寓目；大隐在朝，无案牍之劳形"，颇含牢骚之意。当此之际，昔日刑部僚属、直隶盐山人唐烜（1855－?）③ 不以薛被降职为意，遵循惯例，仍来薛府拜年。归家后，唐在日记中写下大段文字，以表心迹：

---

① 萧之葆：《吉同钧生圹志铭》，中国国家图书馆藏"碑帖菁华"，墓志 4661。

② 除薛允升外，同时受到处分者尚有：刑部郎中党蒙，降一级留任；刑部郎中英瑞、定成、熊起磻，罚俸一年；前刑部尚书调补工部尚书松溎、刑部左侍郎阿克丹、前刑部左侍郎调补仓场侍郎李端棻、刑部右侍郎文琳、前署刑部右侍郎调补吏部右侍郎徐树铭，均罚俸六个月；薛允升子、内阁侍读薛浚，罚俸九个月。关于薛允升降职详细经过，参见王雁：《薛允升降职问题考辨》，《史林》2016 年第 2 期，第 135－142 页。

③ 唐烜（1855－?），字照青，号留荪，晚号渤海芸叟，直隶燕山人。据履历单，光绪己丑进士，以主事签分刑部。二十二年，充山东司正主稿。三十一年二月，派充工巡总局发审处委员；五月，补四川司主事；九月，借充民政部预审厅委员。三十二年四月，补福建司员外郎，充奉天司会看，并秋审处兼行；十月，奏调大理院，后派充刑科第三庭正审官。（《清代官员履历档案全编》第 8 册，唐烜履历单，第 417 页）

尚书在刑部数十年，精详谙练，前后无出其右。近年办事有议
其骄纵者，大概请托苞苴，时亦不免，署中派委差使，往往不公。
秋审处提、坐、减等，以至提牢各乌布，大半由夤缘而得。……尚
书自以为刑名老手，大小事件，无不亲自裁决，司官绝不能高下其
手，虽有陋劣者滥厕其间，亦不至有害于政，故乐得藉此送人情
耳。然得意者白昼骄人，失意者逢人诉苦，一唱百和，传闻失实，
几成大狱，非无因也。

去岁张次山侍御奏参，而同乡蒋艺圃侍御继之，……盖慕丈向
官刑部时，在奉天司主稿，为尚书撤去差使，衔恨甚深且久。张、
蒋之疏，皆慕丈一人之所怂恿也。……阖署无不知为李慕丈所为
者。①

唐烜在日记中详细交代了薛允升降职原委，其直接原因在于，直隶官员
李慕皋（念兹，1837－1909）公报私怨，唆使御史张仲炘、给事中蒋
式芬先后上章弹劾，根本原因在于薛允升长期在刑部主政，办事难免存
在不公，遭人嫉恨，"议其骄纵"，"一唱百和，传闻失实，几成大狱"。
参诸《唐烜日记》其他记录可知，直隶籍刑官在刑部乃至朝堂之上具
有重要影响，内外勾连，协同运作，小至弥缝案件，大至弹劾部院属
官，其作用不容小觑。薛允升此番降职，便是直隶籍刑官实力的一次集
中展现。

唐烜虽来自薛允升"对立阵营"——直隶刑官群体，却对深陷人
生低谷的旧长官，不改礼敬交往之道，足见其秉性醇正，君子操守。正
因为此，他对薛允升律学成就之评价——"在刑部数十年，精详谙练，
前后无出其右"，比那些与薛允升关系密切的刑官或同乡人物更具有说

① 唐烜：《唐烜日记》，光绪二十四年一月初五日，赵阳阳、马梅玉整理，南京：凤凰出版
社，2017年，第71－72页。

服力。

第十一，1925 年费行简以笔名"沃丘仲子"在上海中原书局出版《近代名人小传》，在当今近代史学界仍具影响。关于费行简的籍贯，历来有两种说法，一说其为江苏武进人，一说为浙江湖州人，限于文献，未知究以何者为是，但有一点可以肯定，他既不是薛允升门生故吏之辈，也非陕籍人士，故其论断具有相当参考价值。该书之中有一篇文字，专记薛允升生平，并给予个人评价。其中言道：

> 允升长身瘦削，而意气勤恳，有关中故家之风。掌秋曹日，所属多以律书求解，辄为解导，不惮烦也。然俗学无识，立朝未尝建白，复私乡谊，卒被弹去。①

此段文字虽短，但意涵丰富，大致可从正反两方面理解：一方面，薛允升工作勤恳努力，有"关中故家之风"，即带有陕西地方笃实刚方本色。而且其律学水平高超，僚属经常向其咨询请教，薛则不惮其烦，耐心讲解。以上属于正面评价。另一方面，在费行简看来，薛允升只是律学专家，在政治上缺乏大作为（"俗学无识，立朝未尝建白"），而且对于陕籍同乡过于关照，不够正大无私，最终被劾去官。这样的负面评价，初看有些不可思议，但并非无因，一个直接证据便是，光绪二十三年九至十一月与薛允升同时遭到处分的刑部官员中，就包含其同乡后进、著名的刑部郎中党蒙——"降一级，留用"。② 即便如此，若将正反两面评价综合来看，费行简虽对薛直白表达了批评和讥刺之意，但对其卓越的律学水平，仍是相当肯定的。

---

① 沃丘仲子（费行简）：《薛允升》，《近代名人小传·官吏》，上海中原书局，1925 年，第 105 页。
② 中国第一历史档案馆编：《光绪宣统朝上谕档》第 23 册，桂林：广西师范大学出版社，1996 年，第 220 – 221 页。

上述 11 种史料，肯定无法囊括关于薛允升律学成就评价之全部，①但足使我们发现：不论是薛允升之门生故吏、陕籍同乡，还是来自其他地方之官场人物，不论是与其大致生活在同一时代者，还是"余生也晚"之学界后进，对其律学成就皆充满肯定和赞扬。诚如已故法史学家黄静嘉先生所言，薛允升作为中国传统律学之殿后人当之无愧，而其毕生心血凝成之律学巨著——《读例存疑》作为清代律学的扛鼎之作，亦绝非过誉。

（二）从《读例存疑》看晚清刑部之律学创作

上述关于薛允升及其律学之评价，使我们更加清楚三点：（1）薛允升一生律学成就高超，在晚清法律界具有权威和影响力；（2）薛允升的律学著作规模十分庞大，而且创作周期相当漫长；（3）薛允升的律学创作过程，不仅广为所知，而且有很多刑部官员曾经参与其中。下面，谨以《读例存疑》为例，对晚清刑部律学创作过程从侧面加以蠡测。

结合此前对北京、东京、上海三地馆藏《读例存疑》稿本的分析讨论，我们大致可将该书创作成书过程分为前后连续的三个阶段：

首先，百余册著述底稿阶段。薛允升咸丰六年（1856）科举中式，以主事签分刑部。据刘古愚、沈家本等人讲，薛自官西曹，便开始精研律例，随时将心得或所发现疑义，记录下来。其著述原来自成体系，大致以《大清律例》为纲，备述古今沿革，上及两汉儒家经义、决事案例，下逮唐、宋、元、明、清各朝法律变化，"比其世轻世重之迹，求

---

① 例如，董康在在 1942 年刊《清秋审条例》"绪言"中，特别提到旧时刑部存在陕派和豫派律学一事，其言谓："凡隶秋曹者，争自磨砺，且视为专门绝学。同光之际，分为陕豫两派，人才尤盛。如薛允升云阶、沈家本子惇、英瑞凤冈，皆一时之俊佼者"。（董康：《清秋审条例》，绪言，北京：中国书店，2007 年影印版）足见其对薛允升、沈家本等前辈秋审方面成绩，亦推崇备至。

其所以然之故，而详箸其得失，以为后来因革之准。书凡数十册，册各厚寸许，卷帙繁重"。（李岳瑞语）此番律学创作历时三四十年，体大思精，在刑部官员中备受瞩目。部分陕籍人士认为，"汉唐而后，集法学之大成者"，薛允升为第一人。沈家本作为晚清修律大臣、顶尖法律专家，也对薛氏著述极力推崇，认为其足与吴坛《大清律例通考》相颉颃，蔚为鸿篇巨制。

这一阶段，曾经协助薛允升搜集资料、贡献学术见解，甚或帮其抄录著作底稿的刑部官员为数众多。目前所知，除沈家本外，至少还有郭昭、陈浏、史绪任、刘彭年、武玉润等几位著名人物。另从仁井田文库所藏八册《读例存疑》稿本之上，还可发现其他18位佚名人士的抄录笔迹。三者合计，至少有24位人士曾经参与其中，为薛允升著述底稿的形成贡献过心力。然而北京、东京、上海三地现存16册《读例存疑》稿本，毕竟只是部分残稿，在业经散佚的其他稿本之上，想必还有不少其他人物的功劳。若将《唐明律合编》、《服制备考》、《汉律辑存》、《定例汇编》等几种稿本考虑在内，曾经参与薛允升百余册著述底稿创作的刑部官员人数，保守估计至少应在50名开外。

其次，删削形成《唐明律合编》、《读例存疑》等独立著作阶段。对于这一阶段工作，沈家本略显轻描淡写地说，"司寇复以卷帙繁重，手自删削，勒成定本，编为《汉律辑存》、《唐明律合刻》、《读例存疑》、《服制备考》，各若干卷"。① 综观现存《读例存疑》、《唐明律合编》、《服制备考》、《汉律辑存》各书稿本，在多人抄录的著述底稿上，存在大量薛允升亲笔修改补充、删削剪裁、拼接粘贴痕迹，而且在相应页眉处，薛还特别标注意见，以提醒未来出版者加以注意，诸如抬格、空格、字号大小等。所以，这一"手自删削，勒成定本"过程，大致如沈家本所言，基本是由薛允升独立完成的。

---

① 沈家本：《读例存疑序》，《读例存疑》卷首。

但沈家本并未清晰交代这四部著作的成书先后，甚至有意无意淆乱了他们的成书次序。根据此前所引姚永朴《光禄大夫刑部尚书薛公状》，以及《续陕西通志稿》收载的薛允升小传可知，在薛允升四部遗著中，《汉律辑存》成书最早，其次为《唐明律合编》，再次为《服制备考》，最后方为《读例存疑》。上述说法，通过我们对《唐明律合编》与《读例存疑》两种稿本的对比分析，业已得到验证。

我们大致还可确定，薛允升着手从百余册底稿中厘析部分内容，用以编订《唐明律合编》，实在 1890 年沈家本校订重刊《唐律疏议》之后，而早于 1900 年完成《读例存疑》自序、出都奔赴西安以前。另据《读例存疑》卷首"例言"第五条和第六条可知，在这期间，继《唐明律合编》之后，薛允升至少还完成了两部书稿——《服制备考》和《定例汇编》的"删削"编辑工作。如果把《汉律辑存》纳入一并考虑，窃以为，薛允升从著述底稿中分析出这部书稿的时间，虽比《唐明律合编》稍早，但也不会太早，大致应在 1890 年之前一二年间。因此，或可以说，薛允升律学创作的第一阶段，即著述底稿积累时间较长。如果从其 1856 年进入刑部算起，大约三十来年。而自 1890 年左右，薛方才开始改变原来写作计划，从卷帙繁重的著述底稿中，根据主题重新分类，编订成 4－5 种内容相对集中、形式较为独立的著作稿本。

此外，我们业已言及，通过仔细研读《宝坻档案》中《读例存疑》稿本（编号 28－1－54－40）发现，在原作者薛允升和主持整理者沈家本的删改、编校痕迹之外，还有一种特别的签条，出自某位佚名人物之手，指示抄录底稿中部分内容，另成一种书籍——即《定例汇编》。由此可知，尽管薛允升针对百余册著述底稿，亲力亲为，进行删削修改，但并非单纯由个人完成全部工作——事实上亦不太可能，仍存在其他人的协助因素。

再次，整理出版《读例存疑》阶段。前一阶段，虽说薛允升将《汉律辑存》、《唐明律合编》、《服制备考》、《读例存疑》（及《定例汇编》），"手自删削，勒成定本"，但从目前所见几种稿本来看，其文本内容、样式皆显粗糙，尚未达到排校清样水平。即便如此，刑部同僚认为，这些律学作品价值巨大，"洵律学之大成，而读律者之圭臬"，乃商量共同筹资，将之付梓。不幸的是，准备工作刚刚就绪，庚子事变爆发，北京失守，官员四散，此事只能暂停。揆诸现有记录，沈家本似未深度参与此一过程，因为彼时他正在保定知府任上。1900年10月联军占领保定，沈家本更被囚禁数月之久。

1901年2月14日，沈家本方才得以离开保定，九死一生，来到西安，与此前赶赴行在的薛允升相遇。互道离情之余，沈家本问及各书稿状况。薛允升告知，当时只有《汉律辑存》一种"存亡未卜"，其他稿本随身携带，并无大恙。和议达成后，薛允升等人奉命扈驾回銮，沈家本先行，临别之际，薛以著述相托，约回京后再商出版之事，并希望沈家本助其达成夙愿。孰料薛允升年逾耄耋，行抵河南开封，匆匆故去。其随身携带各书稿，惟有《读例存疑》稿本被刑部同人带至北京，其余诸稿——包括《唐明律合编》、《服制备考》、《汉律辑存》等稿本在内——则被方连轸携去安徽。也就是在这之后，薛允升各种著述遗稿的命运发生严重分歧，正所谓"同源不同命"。

其中，《读例存疑》一书命运最为光明。薛允升故去后，因为只有这一部书稿被带回京师，以致沈家本在该书序文中用了"亟谋刊行"四字，表示整理刊布薛氏遗稿一事迫在眉睫。待该书于光绪二十九年整理校订完毕，沈家本在刑部上呈该书的正式公文中，更使用了一种充满感情的表达方式——"齐普松武等旧在属官，凤聆绪论，抚读遗编，不忍听其湮没"。即此可见，齐普松武等20位刑部寅僚，不仅对昔日长官薛允升充满怀念之情，而且公认应将薛氏遗著整理刊布，传诸后世。当然，这里所谓"20位刑部寅僚"，主要指参与该部遗稿整理校订之人，尚不包括全面主持整理校订工作的沈家本。此外，事实上曾经参与该书整理校订，但并未在刑部疏文中出现名字的刑部属官应该大有人在。

在上列"20 + 1"位刑部寅僚中，贡献特别突出者至少有以下三位：

第一位，当然是沈家本（1840－1913）。前面曾多次指出，薛允升故去后，沈家本事实上负责和主导了《读例存疑》遗稿的编校整理工作，不仅大规模修正文本内容、规范出版体例，更将若干个人律学见解直接植入《读例存疑》当中，既充分尊重原作者著述本意，又使该书学术质量更趋上乘。

第二位，则是段书云，即段少沧（1856－1924）。① 据沈家本《薛大司寇遗稿序》介绍，在整理刊刻《读例存疑》一书过程中，段曾担任筹款工作。不仅如此，在该书正式出版后，他更以刑部秋审处司员名义，将《读例存疑》向各地方政府推广。今于光绪三十二年九月二十一日（1906年11月7日）上海《新闻报》上发现一则特别的公文报道，题目作《饬属分购〈读例存疑〉》。内中云：

> 署苏藩朱金殿方伯接准刑部秋审处司员段书云等来文，以原任刑部尚书薛大司寇久在秋曹，究心法律，生平著有《读例存疑》一书，共五十四卷，旁搜博引，疏证详明，洵属有裨刑政。兹已悉心校对，刊印成帙，允宜遍发各省，转发所属，俾司狱者各置一编，得以晨夕揣摩，有所依据。兹特函送一百部，计每部工价库银十六两，请饬属分购参考等因。当经会同署臬陆申甫廉访，详请抚宪，准由司库先将此项书银一千六百两，于闲项下如数筹垫解还，

---

① 段书云（1856－1924），字少沧，安徽萧县人。乙酉科拔贡，光绪十二年朝考一等，奉旨以七品小京官用，签分刑部直隶司行走。十六年十一月，作为额外主事。十九年七月，考取军机章京，奉旨记名。二十三年，派充帮主稿，次年派充正主稿。二十六年四月，派充秋审处减刑；九月，派充总看减等；十二月，秋审处坐办。二十八年三月，不江西司主事。二十九年闰五月，题升浙江司郎中。三十一年二月，刑部派充律例馆帮提调，军机处派充领班。次年二月，署理外城巡警总厅厅丞；三月，补授广东琼崖道；八月，署广东提学使。宣统元年，补授直隶清河道。（《清代官员履历档案全编》第7册，段书云履历单，第365－366页）

一面将是书分饬各府州县厅分购，俟解到之款，再行归垫云。①

该篇报道，虽属公文，但不啻为一则销售广告。据以可知：（1）由于薛允升的巨大影响，段书云等人向江苏销售《读例存疑》的计划十分成功，很快得到江苏巡抚的支持认可，并在一百部书未经全部售出之际，率先获得书款一千六百两库平银。（2）《读例存疑》全书五十四卷，一般装订成四十册。按照当时物价水准，每部工价为库平银十六两，价格实属不菲。（3）这篇报道的刊发时间（光绪三十二年九月二十一日），比袁世凯为《读例存疑》一书作序晚了大约半年左右。由此更可确定，该书正式刊印发行当在光绪三十二年，而非通常所说的光绪三十一年（1905）。

第三位贡献突出者，当属许世英（1873－1964）。前曾言及，在《读例存疑》整理出版过程中，许世英担任全书校雠工作。许氏对此工作颇觉满意，以致在部分书籍上特别钤盖"后学建德许世英僎人校正"长条朱文印记。但需注意的是：一方面，沈家本主持全部遗稿整理，除了修正内容、规范体例外，亦曾将该书"校雠一过"。② 另一方面，光绪三十二年《读例存疑》刊本，存在不少字词讹误。若将之与现存《读例存疑》稿本比对，则可发现：这些刊本中的字词讹误，部分由于整理者误会作者原意，部分因为校对不够细致所导致。③ 当然，考虑到该书底稿参差不齐，错讹在所难免，亦无须深究，只要多加留意即可。

行文至此，有必要附带论及一个重要的近代法律史议题，即晚清陕派、豫派律学之分野。最早揭示晚清刑部中存在陕派律学和豫派律学者，可能是宣统元年（1909）六月沈家本《大清律例讲义序》中的一

---

① 《饬属分购〈读例存疑〉》，《新闻报》第四千九百十七号，光绪三十二年九月二十一日（1906 年 11 月 7 日），第 10 版。

② 沈家本：《读例存疑沈序》，《读例存疑》卷首。

③ 例如《读例存疑》刊本卷三十二，条例 385－35 下按语交代立法沿革时，将道光二十三年犯名"宋志忠"误作"宋忠"。

段话。其言道：

> 律例为专门之学，人多惮其难，故虽著讲读之律，而世之所从事斯学者实鲜。官西曹者，职守所关，尚多相与讨论。当光绪之初，有豫陕两派。豫人以陈雅侬、田雨田为最著，陕则长安薛大司寇为一大家，余若故尚书赵公，及张麟阁总厅丞，于《律例》一书，固皆读之讲之而会通之。余尝周旋其间，自视弗如也。近则豫派渐衰矣，陕则承其乡先达之流风遗韵，尤多精此学者。①

另外，沈家本昔日手下、晚清法律改革健将董康（1867－1947），至少有三次公开提及陕派和豫派律学。其一为 1920 年 10 月，署理司法总长董康在征取淹通旧律人员史绪任的呈文中，特别提及"向时刑曹精研法理者，分豫陕两派，该员为豫派领袖，笃于孝行，履蹈清严"。②据此，我们对于豫派律学的认知，除沈家本所提及的陈雅侬、田雨田外，多了一位领袖人物——史绪任，有助于我们打开视野，进一步发现豫派律学之真相。其二，1934 年董康时任上海大学法学院教授，在《法学杂志》上连续刊出《我国法律教育之历史谭》长文，其中指出，清代新科进士或拔贡小京官签分到刑部后，一般会被安排向前辈刑官学习，一边读律，一边治事，而"部中向分陕豫两系，豫主简练，陕主精核，以劳勚而擢升秋审提、坐等职，且有储为尚侍之选者。如阮葵生、薛允升、赵舒翘、沈家本皆一代著名之法律大家也"。③ 其三，1942 年董康身任日伪司法总长期间，特别采用蓝印线装形式出版《清秋审条例》。在该书"绪言"中，重点谈到晚清刑部的陕豫两派，其言谓："凡

---

① 沈家本：《大清律例讲义序》，《历代刑法考》附《寄簃文存》卷六，第 2232 页。
② 《署司法总长董康呈大总统拟请征请淹通旧律人员史绪任等调部任用以资补助文》，《政府公报》第一千七百一号，民国九年十一月十日。
③ 董康：《我国法律教育之历史谭（五续前）》，《法学杂志》1934 年第 7 卷第 6 期，第 4 页。

隶秋曹者，争自磨砺，且视为专门绝学。同光之际，分为陕豫两派，人才尤盛。如薛允升_{云阶}、沈家本_{子惇}、英瑞_{凤冈}，皆一时之佼佼者"。①

以上关于晚清刑部陕派和豫派律学的四条直接史料，除了史绪任一条很少为人所知外，随着近年陕派律学重新回归法史研究视野，其余三条经常被一些学者引用或提及。然而，综合考察以往讨论陕豫两派律学之作，对于上述史料深究不够，乃至缺乏基本常识和历史事实作为支撑，逻辑欠通之论所在多有。限于篇幅，谨提出下列五点，希望有助于廓清迷雾，不再以讹传讹，更为详细之论证，则待将来以专论形式展开。

一、陕派和豫派律学之分野，具有很强地域特征，但只知道以地域特征分别人物归属，明显与实际不符，逻辑上亦难自洽。目前豫派人物所知有限，暂且不提。仅从陕派一方面言，部分学者动辄将籍贯浙江的沈家本归入陕派律学，理由便很不充分。前曾言及，《续陕西通志稿》所云"（薛允升）尤好诱掖后进，成就颇多，如赵舒翘、沈家本、党蒙、吉同钧辈，乃门生故吏中之杰出者"②，该句意思重点在基于业缘学缘形成的"门生故吏"关系，并没有深入到律学学术派别之分野。再者，若将上述董康所言"同光之际，分为陕豫两派，人才尤盛。如薛允升_{云阶}、沈家本_{子惇}、英瑞_{凤冈}，皆一时之佼佼者"一语，认作沈家本属于陕派律学之史料支撑，那么其中出身旗籍的著名刑官英瑞③，便成为另一个难以逾越的逻辑障碍。最后，回到沈家本关于陕派和豫派律

---

① 董康：《清秋审条例》，绪言。

② 宋伯鲁等：《续陕西通志稿》卷七十四，人物，薛允升，第125页。

③ 英瑞（1846－?），出身满洲正白旗，由文生员报捐候选员外郎。同治六年，乡试中式。光绪十二年七月，调补刑部员外郎。十四年五月，派掌督催所关防；十至十二月，相继署江西司、广西司印钥。十五年三月，派掌广东司印钥，兼秋审处行走；十二月，调掌陕西司印钥。十七年十一月，调掌四川司印钥，并充秋审处坐办。十九年三月，派充律例馆帮办提调，管理赃罚库；五月，补授郎中。二十年五月，派充律例馆管理提调。二十三年，京察一等，记名以道府用。二十四年三月，掌奉天司印钥；七月，补授直隶霸昌道。二十六年七月，庚子事变，岔道迎驾，筹款报效。二十七年十二月，补授山东盐运使。三十一年正月，迁湖南布政使。三十三年七月，升任大理院卿；九月，与俞廉三同日补授修订法律大臣。著有十二卷本《秋审类辑》，内容精湛，取材丰富。

学的叙述，其言"余尝周旋其间，自视弗如也。近则豫派渐衰矣，陕则承其乡先达之流风遗韵，尤多精此学者"，丝毫没有将自己归入任何一派的意思。既如此，当以不将沈家本归入陕派律学为是。其他各省人物，如无直接证据，亦当类此处理。一言以蔽之，陕派律学不等于陕西籍刑官群体，豫派律学也不等于河南籍刑官群体。大家在讨论陕豫两派律学时，有必要先学会将"陕派"、"陕籍"、"豫派"、"豫籍"等基本概念区分清楚。

二、晚清陕派和豫派律学形成于特定时空条件之下，不能妄加引申，任意比附。参诸沈家本、董康上述说法，陕派和豫派律学之明显分野，大致出现在同治、光绪年间。虽然刘古愚在薛允升"墓志铭"中提到，有清一代陕籍官员多起家刑部，但逻辑上不能就此反推，认为凡在刑部任职之陕西籍官员，即属陕派律学中人物。因为陕派之所以成立，必须有一个逻辑前提存在，即豫派或其他律学派别与之对立，否则陕派不可能独自成为一派。所以，欲图突破同治、光绪二朝时空界限，往后延伸，探索陕豫两派律学之流风余韵，完全可以，也理应如此，但若追溯过于往前，乃至将顺、康、雍、乾等朝之陕籍刑官都纳入"陕派律学"，未免有些荒腔走板。

三、在整个社会缺乏研读法律风气之下，晚清刑部陕豫两派人物仍能坚持研究律学，各有独到见解，十分难能可贵。但是，陕豫两派之真正学术分野，并不表现在一般司法领域，而是特别集中于当时司法专业化要求最高，也最为繁难的秋审司法上面。正如董康所说，"凡隶秋曹者，争自磨砺，且视为专门绝学。同光之际，分为陕豫两派"，而其所举代表人物，如阮葵生、薛允升、沈家本、英瑞等人，皆在秋审司法领域具有突出成绩，乃至留下传世名作。惟独赵舒翘，没有留下关于秋审司法的著作，但从其刑部任职期间所撰《提牢笔记》来看，显然也是秋曹老手，对于秋审司法驾轻就熟。然而，陕豫两派律学分野究竟何在？董康所谓"豫主简练，陕主精核"这八个字，便成为破解历史迷题的关键。如果不能破解这"八字谜题",而只知道从陕豫两地人物风土特征进行解读,则始终有隔靴搔痒之感。此外,董康口称史绪任为昔日豫派律学领袖人物,若能结合陈雅侬、田雨田等著名人物资料进行系统研究,随着对于豫派律学了解逐渐深入,也将有助于我们更好地认识陕派律学,重新理解陕豫两派律学出现之时代意义。

四、需要特别指出的一个基本事实是,晚清刑部当中之所以出现陕派和豫派律学,形成双峰并峙局面,绝非陕西籍和河南籍刑官数量突出,而是一种相对的"以质取胜"。笔者曾据同治至光绪朝历年刊布的《爵秩全览》、《缙绅全书》,将同治四年至光绪二十七年陕西(陕)、河南(豫)、浙江(浙)、直隶(直)四省在刑部担任正式职务的官员数量进行统计,得到表 1 - 9。

根据表 1 - 9,我们可以得到如下示意图(图 1 - 33),内中情况更加显明。

表 1 - 9　1865 - 1901 年刑部陕、豫、浙、直四省任职人员数量统计

年份	陕	豫	浙	直
1865 夏	0	4	8	17
1866 春	1	3	5	16
1867 春	2	3	6	17
1869 冬	2	1	9	16
1870 春	2	1	9	17
1871 春	3	2	8	15
1872 夏	3	3	7	18
1873 冬	3	3	12	15
1874 夏	2	4	11	16
1875 秋	2	5	10	16
1876 冬	2	6	9	15
1877 夏	1	5	8	15
1877 秋	1	6	10	15

年份	陕	豫	浙	直
1878 冬	2	3	10	13
1879 冬	3	2	8	13
1881 冬	5	3	9	11
1882 冬	3	3	3	12
1884 夏	3	6	7	15
1885 秋	4	8	7	17
1886 夏	3	7	7	16
1887 夏	2	7	8	19
1888 夏	2	7	9	21
1889 冬	3	7	6	18
1890 春	4	7	7	18
1892 春	4	4	8	17
1893 春	3	5	11	15
1894 秋	4	4	13	14
1895 春	4	6	12	13
1896 春	3	5	12	15
1897 冬	5	2	11	15
1898 冬	6	2	14	16
1899 冬	6	3	15	15
1900 夏	6	4	14	13
1901 春	5	4	14	15

资料来源：《清代缙绅录集成》，郑州：大象出版社，2008 年。此表仅为部分统计，采用数据标准大致为：若每年四季存在多种记录，优先采用陕西、河南籍刑官较多者。如若四季信息一致，则优先采用时间更早者。

　　结合图表可知，同治、光绪年间在刑部任职的陕西和河南籍官员数量其实并不算多，甚至远远落后于浙江、直隶二省。即便在陕西、河南二省当中，河南籍刑官数量也往往比陕西籍刑官更多，只有在 1869 - 1871、1879 - 1881、1894 - 1901 年短暂的时间区间，河南籍刑官数量略处弱势。至于沈家本的故乡浙江省，在刑部正式任职的官员数量更是常在陕西、河南二省之上。与陕西、河南二省相比，直隶省籍刑部官员数量则多得惊人。与此同时，如果我们记得，光绪二十三年秋天刑部尚书薛允升被御史弹劾，连降三级，实是昔日直隶籍刑官李念兹背后所为，便丝毫不应低估直隶刑官的政治影响力。总之，无数事实告诉我们，在探讨晚清陕派律学和豫派律学时，有必要明白一个道理：陕派和豫派之所以能够成立，在晚清司法领域表现突出，绝非因为这两个省的刑部官员在数量上占据优势，关键是各有杰出的律学专家（如薛允升、赵舒翘、陈雅侬、田雨田、史绪任等），在刑部引领律学研究风潮所致。

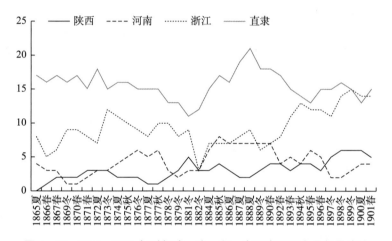

图 1-33　1865-1901 年刑部陕、豫、浙、直四省任职人员数量统计

　　五、在讨论陕派和豫派律学分野之时，应该同时注意陕派和豫派人物之间的互动关系。比如前面谈到的史绪任，作为豫派律学领袖人物，实际上曾经受知于陕派律学大师薛允升。再如，另外一位豫派律学杰出代表者田雨田（1843-1895）[①] 英年早逝后，陕派律学名家、后来的刑

---

　　① 据《河南开封大梁田氏族谱》"世系"记载：田雨田，名我霖，字少坪，雨田乃其号。邑庠生，同治甲子举人，辛未进士，历任刑部主事、员外郎、郎中，山东道、江南道御史，内阁侍读学士，通政司参议，鸿胪寺少卿，光禄寺少卿，太仆寺少卿，诰授中宪大夫，晋封资政大夫。

部尚书赵舒翘，曾经为其撰写墓志铭，高度赞扬其律学成就，并述及彼此交往，其言谓："舒翘通籍，观政于刑部，……同曹相切劘，其觊我多者，惟雨田田公为最。"[①] 由此可见，豫派人物对于陕派律学亦有反哺培化之功。所谓陕派律学和豫派律学，虽然在司法上各具特点、各成气候，但更像是一种律学学术上的竞争关系，绝非对立冲突的双方，而且彼此之间长期保持着良性互动，十分值得关注。

不仅如此，前曾指出，在 20 位具名参与《读例存疑》整理校订的刑部寅僚中，属于旗籍者 3 人，来自陕西、河南、山西者各 3 人，来自江西、直隶者各 2 人，其余 4 人分别来自湖南、四川、江苏和安徽。加上全面主持遗稿整理校订工作、来自浙江的沈家本，有案可稽者共计 21 人。从这些人物不同的籍贯比例来看，薛允升作为一代律学宗师，在晚清刑部具有十分广泛的人脉和影响力，绝不仅限陕西一省一籍之范围。另外，我们在沈家本《薛大司寇遗稿序》中读到一段耐人寻味的文字。其言谓：

> 凡此诸人之不惜心力以董其成者，岂独有私于公哉？良以法家者言，非浅学所能道，世间传述之书，既不多觏，如此鸿篇巨帙，其饷遗我后人者，固非独为一家一人之事，而实于政治大有关系者也。当此法治时代，若但征之今而不考之古，但推崇西法而不探讨中法，则法学不全，又安能会而通之，以推行于世。然则今日之刻公书也，固将使世人之群讲求法家之学，以有裨于政治，岂独有私于公哉？[②]

在这里面，沈家本指出：大家之所以想方设法，筹钱出力，尽量促成《读例存疑》一书出版，不仅因为这些人与薛允升有私交，更主要的原

---

① 赵舒翘：《雨田公墓志铭》，载《河南开封大梁田氏族谱》，1921 年，第 169 – 173 页。

② 沈家本：《薛大司寇遗稿序》，《历代刑法考》附《寄簃文存》卷六，第 2223 页。

因在于，律学专著历来难得，尤其像《读例存疑》这样的鸿篇巨制，其未来影响绝不限于一家一姓，于国家政治紧密相关。借此机会，沈家本更是谈到，在法治昌明时代，国人应该尽力明晓古今中西法律变化。如果法学知识残缺不全，却想会通中西，将中国法律推行于世，注定没法成功。所以，在晚清法律改革背景之下，大家共襄盛举，将《读例存疑》刊刻成书，从小处言，是基于对故去长官的怀念与交情；从大处言，却是为了国家政治前途考虑。沈家本等人这种远见卓识、理想担当，已经远超出一般意义上的律学研究范畴。

接下来，我们继续讨论薛允升身后其他遗稿的命运。遗憾的是，除光绪三十二年《读例存疑》付梓刊行外，其余遗稿命运实在多舛，长期未得整理刊布，乃至散佚严重。

其中，《汉律辑存》一书际遇最称离奇。光绪辛丑（1901）仲春，沈家本与薛允升在西安劫后重逢，当沈问及各书稿状况，薛惟独预感此书"存亡未卜"。以理推测，薛允升离开北京以前，该稿似乎已不在手中，而是被人借走阅看，或交付他人帮忙整理。在时局变乱之际，个人命运况且朝不保夕，著述又岂能冀望保全？数年以后，沈家本为《薛大司寇遗稿》撰写序文，言及"公所著《汉律辑存》，庚子逸于京师，传闻为某舍人所获，秘不肯出"。[①] 在其世前一年——1912 年 8 月 8 日，沈家本于《汉律摭遗自序》中更是强调，《汉律辑存》"业经写定，将付手民，庚子之变，为某舍人所得，匿不肯出，百计图之，竟未珠还，良可惋惜"。[②] 惋惜愤怒之情，溢于言表，但并没有点出该"舍人"姓名，难免引人猜测。

近年有幸得见陈浏所撰笔记史料——《振雅堂三事》，内中回忆晚清刑部情事甚详，有意无意间透露该"舍人"姓徐。[③] 随后翻查光绪

---

① 沈家本：《薛大司寇遗稿序》，《历代刑法考》附《寄簃文存》卷六，第 2223 页。
② 沈家本：《汉律摭遗自序》，《历代刑法考》附《寄簃文存》卷六，第 2230 页。
③ 陈浏：《振雅堂三事》，《瓷香馆杂俎》第四卷，寂园志第五，宣统二年刊本。

二十六年至宣统三年间各种《爵秩全览》、《缙绅全书》，大致确定此人当为直隶天津人徐谦（1859—?）。徐于光绪八年中式，殿试二甲，朝考二等，奉旨以部属用，签分刑部。二十三年十月，补奉天司主事。二十四年二月，题升河南司员外郎。二十七年，奉旨以御史记名；七月，题升江苏司郎中。二十八年三月，因在善后局营务公所当差，保加三品衔，旋补江南道监察御史。① 据其履历，徐谦长期在刑部当差，庚子前后，又曾担任刑部河南司员外郎、江苏司郎中等职，与薛允升存在密切交往之可能。另一方面，虽然光绪二十三年薛氏被劾去职，与直隶盐山人李念兹有密切关系，但并未影响其他直隶籍刑官（如唐烜）与薛的私人交往。根据《唐烜日记》记载可知，当时甚至有很多直隶籍官员对李念兹等人纠弹之举深表不满。所以，徐谦在 1900 年庚子事变前，凭借往日公交私谊，继续获得薛允升信任，代为掌管——或受托帮助校订——《汉律辑存》稿本，完全是有可能的。

进而笔者推测，沈家本之所以两次三番没有直接点出该人姓名，或许与彼时直隶刑官群体政治影响力依旧庞大很有关系。至少光绪二十八年徐谦开始担任江南道监察御史，有风闻言事之权，以致他不得不有所顾忌。从其所言"百计图之，竟未珠还，良可惋惜"来看，沈家本似乎尝试过各种办法，但都没有成功，难免令人失望。当然，也可能仅仅因为沈是谦谦君子，不愿公开揭人之短，故意没有点出该人姓名。

不管怎样，徐氏匿藏起来的《汉律辑存》稿本长期湮没无闻。直至 20 世纪 30 年代，署名"汉律稿本"的部分薛允升著述遗稿出现于书肆冷摊之上。结果，其中部分《汉律辑存》稿本，被日本东方文化事业委员会捷足先得，几经辗转，最终入藏台湾傅斯年图书馆。20 世纪80 年代，经日本堀毅教授发现整理，重新为世人所知。然而根据堀毅、曹旅宁、张忠纬等人文章介绍，尤其透过张忠纬《〈汉律辑存〉稿本

---

① 秦国经等：《清代官员履历档案全编》第 6 册，徐谦履历单，第 763 – 764 页。

跋》文末所附《汉律辑存》书影来看，与北京、东京两地馆藏《读例存疑》稿本相比，傅图所藏《汉律辑存》稿本的内容完整性和格式规范性均显不足，很难将之看成一部已经编定的书稿。因而，该《汉律辑存》稿本与徐氏匿藏起来的《汉律辑存》是否为同一之物，十分令人怀疑。另外一个重要疑点是，据顾廷龙先生文章叙述，该《汉律辑存》稿本与三册《服制备考》稿本、六册《读例存疑》稿本、一册《唐明律合编》稿本同时出现。参诸其他稿本现存样貌，似可认为这批遗稿形成时间大致接近，但与各书定稿皆存较大距离。此外，在北京大学图书馆善本部存有一册《汉律辑存》黑格抄本，半页 10 行，该馆著录书稿作者为薛允升。与傅图所藏《汉律辑存》稿本相比，此稿较为清楚整齐，但显然既非定本，亦非足本，或许为较晚抄录之部分底稿。此稿是否即为当年徐氏匿藏之物，或与后者存在某种关联，尚属未知。

1901 年薛允升逝世后，《唐明律合编》与《服制备考》两种稿本，曾与其他一些薛氏遗稿，由方连轸携至安徽，后又带回京师，但这两部书稿的命运也截然不同。在某种目前无法确知的情况下，《唐明律合编》全部稿本从方连轸转移至董康手中，但后者似乎认为奇货可居，迟迟没有将之整理刊布。直到 1922 年，薛允升昔日门生、大总统徐世昌将其从董康手中借出，在曹秉章的协助下，将该书整理出版。此时距离全书定稿，已经过去二十多年。然在该书正式刊刻后，著述底稿则被曹秉章据为己有。随后——不知具体何时，部分稿本流落东洋，入藏日本汉学家内藤湖南的恭仁山庄。2003 年，这部分《唐明律合编》稿本采用黑白影印出版，方才得以重现。

至于《服制备考》，薛允升生前大致厘定为四卷，但当 20 世纪 30 年代该书与《汉律辑存》、《唐明律合编》、《读例存疑》等稿本再度出现时，内容已有些混乱。顾廷龙先生购藏后，订成三册，后来又连同六册《读例存疑》稿本、一册《唐明律合编》稿本——以《唐明律合刻原稿残本》之名——捐给上海图书馆，保存至今，未得出版，亦罕有人问津。

即此统观傅斯年图书馆藏《汉律辑存》稿本，与上海图书馆藏《唐明律合编》、《读例存疑》、《服制备考》诸稿本，笔者认为，这批当年以"汉律稿本"之名出现于书肆的薛氏稿本，应该属于方连轸曾经带往安徽的部分遗稿。主要基于以下两方面考虑：一、当年沈家本屡次明言，某舍人所匿藏者为《汉律辑存》，并未涉及任何其他薛氏遗稿。然而，这批遗稿不仅同时出现，更明确包含沈家本曾经提及，由方连轸带往安徽的《唐明律合编》与《服制备考》稿本。二、这批遗稿中包含的六册《读例存疑》稿本，没有沈家本任何批注校改痕迹，因此并非1906年刊《读例存疑》的工作底本。将之与北京、东京两地馆藏《读例存疑》稿本仔细比对，更可发现，这六册遗稿的成稿时间明显早于前者，也就是说，距离成书尚远。由此可以推知，方连轸当年携往皖江的薛允升遗稿内容较为驳杂，不仅部分内容与携回北京的《读例存疑》稿本重合，而且与某舍人匿藏的《汉律辑存》也存在雷同之处。整体而言，除了《唐明律合编》、《服制备考》外，方连轸所携带的其他薛氏遗稿，包含了为数众多的著述底稿或过程稿。或许，失传已久的薛允升《定例汇编》稿本，也曾被裹挟其中。

然而一方面，上述讨论之《读例存疑》、《汉律辑存》、《唐明律合编》、《服制备考》，以及《定例汇编》，仅是薛允升生前根据数十年积累之百余册著述底稿删削编订而成。以理推测，在原来百余册著述底稿中，是否还可以选辑出其他主题鲜明、内容较成体系的律学著作，并非没有可能。另一方面，即便这百余册著述底稿集薛氏数十年律学创作之大成，但绝非其一生著述之全部。借用沈家本的话说，这些只是薛允升"所甚注意者"。[①] 除这些著名作品外，薛允升还留下大量公牍文字、司法记录，生前不甚注意，亦无心整理出版，但对于后来者而言，却具有

---

① 沈家本：《薛大司寇遗稿序》，《历代刑法考》附《寄簃文存》卷六，第2223页。

相当重要的参考价值。职是之故，在薛允升去世后，除了刑部同仁集体促成《读例存疑》的尽快问世，沈家本还计划随后出版两卷《薛大司寇遗稿》，"前卷乃宪牍之圭臬，后卷亦一代典章之所系"。① 而作为陕派律学传人的吉同钧，在宣统元年（1909）更是以个人名义整理出版了《薛赵二尚书遗稿》，收录薛允升和赵舒翘生前所拟"奏疏及驳外省题咨稿件"（共 16 件），皆为吉同钧本人"昔年手录"。②

正如某些传记文字所言，薛允升不仅律学水平高超，而且心胸开阔，好善若渴，尤其注意奖掖后进。若干年前，笔者在北京大学图书馆中发现一厚册稿本《秋审分类批辞》，封面署名"云亭笨吏"，其实为薛允升手写未定之稿，专记秋审文牍写作技巧。薛允升随身携带该书多年，屡有增补，后来赠给陕籍同乡、门生郭昭，供其学习参考。我们通过研究分析《读例存疑》各种稿本可知，郭昭在该书创作过程中出力尤多，帮助薛允升抄录了大量的著作底稿，也算是对于乃师一种行动上的报答。此外，笔者曾通过研读多种馆藏文献，大致勾勒出薛允升另外一部重要律学著作——《秋审略例》的散佚和传播过程。③ 按照沈家本的说法，《秋审分类批辞》和《秋审略例》均属薛允升"不甚注意"的律学作品，前者被薛允升直接赠给门生故吏郭昭，后者则被门生故吏们不断传抄，乃至很多人渐渐遗忘该书的原始作者是薛允升。④ 尽管这两种律学著作——前者迄今未得刊印，后者存世数量相当有限，以致未

---

① 沈家本：《薛大司寇遗稿序》，《历代刑法考》附《寄簃文存》卷六，第 2223 页。
② 吉同钧：《薛赵二尚书遗稿》卷首，自序，宣统元年油印本，不分卷。
③ 孙家红：《历尽劫灰望云阶：薛允升遗著〈秋审略例〉的散佚与重现》，（台湾）中国法制史学会、中研院历史语言研究所主编：《法制研究》第二十四期，2013 年 12 月，第 289－307 页。
④ 前文叙述已极详细，近在《唐烜日记》中发现一新例证。光绪二十四年正月初五日记载，当日唐烜嘱托朋友代觅抄书人，"为写借阅魏汉章主政《秋审例略》。此书系看秋审册格式事宜，及标首、案身、查笔、除笔、各案程样，分类编辑，颇称详赅。向来叙雪堂提调、坐办诸君，奉为秘本，不肯轻以告人。此册乃汉章借自其同乡张翰卿西园郎中者，予向曾见别本，皆不及此册之明括"。（《唐烜日记》，第 70－71 页）据此，唐烜不仅将该书《秋审略例》名称误记为《秋审例略》，而且似乎也不知道该书原作者实为薛允升。

能得到研究者足够重视，但毫无疑问，他们不仅是薛允升数十年秋审司法实践的知识智慧结晶，更直接反映出薛允升在清代秋审司法领域高超的法律实践水平，以及这两部优秀律学作品在彼时刑部寅僚中所产生的广泛深远影响。同时，正是因为薛允升对于这两部著作"不甚在意"，抱持极大开放态度，根本上促进了长期被奉为"枕中秘宝"、以秋审司法为代表的精深法律专业知识，在刑部内外不断传播，乃至因为不断有人传抄《秋审略例》一书，最终在薛允升原稿散失不全的状况下，竟以若干改头换面的抄本、稿本形式保留下来。或许，对于薛允升本人而言，这种意外的结果也远远超出他"独乐乐不如众乐乐"的虚怀初衷。

最后，在阅读完上述冗长繁复的分析论证后，有的读者可能会说：在晚清刑部，薛允升不过是一个个案，其人生际遇有极大特殊性。其律学水平固然高超，但毕竟属于特例。笔者的回答是：的确如此。在晚清七十年，乃至中华数千年律学发展历史进程中，薛允升绝对是一个特例，但薛允升这一特例的存在，却具有相当普遍的意义。薛允升作为一位划时代的律学大师，集中代表了那个时代最高律学水平。他不仅通过持续数十年的律学研究著述，完成了一部部伟大的律学作品，更通过丰富高超的法律实践，言传身教，在晚清刑部形成研究法律、砥砺学问的活跃风气。或可以说，正是在薛允升律学成就的巨大影响感召下，才真正形成了陕派律学，并开启了陕派律学的黄金时代，促成陕豫两派律学之间的互动竞争，为数千年中华传统律学打开了崭新局面。而在传统家国秩序风雨飘摇之际，随着他的离世，这段传统律学的神奇佳话也正式宣告终结。

因此，我们今天通过分析研究北京、东京、上海三地馆藏《读例存疑》稿本，揭示这部鸿篇巨制以及其他律学作品的创作形成过程，不仅是对近代法律历史的一种重新探知，更是对于以薛允升、沈家本等人为代表的晚清杰出法律人物的一种集体缅怀。由于目前所能见到的薛允升著作和遗稿毕竟有限，对于薛允升著述和遗稿的探佚研究，也仅仅是个开始。要想完整讲述薛允升生前身后发生的动人法律故事，更属任重道远。总之，我们的研究虽然至此不得不画上一个句号，但围绕薛允升及其时代法律历史的重新研究并没有终结，或更准确地说：一切刚刚开始。

第二章

薛允升《定例汇编》之重见

——兼论田藏《唐明清三律汇编》之文献属性

（一） 田藏《唐明清三律汇编》及其由来

已故法史文献学家田涛先生（1946－2013）曾经藏有一部薛允升遗稿，后经点校整理，2002 年以《唐明清三律汇编》（以下简称《汇编》）之名在黑龙江人民出版社正式出版。据该书卷首田涛、马志冰两位先生联合撰写的"点校说明"① 可知，此稿本大部分用清末北京"宝文斋"红格稿纸抄写，"字迹工整清秀"。现存共 20 册，每册封面上编有序号——即第 1－10、12－21 册，而无第 11 册，半页 9 行，每行 25 字，每册 50－60 页不等。

据该书"点校说明"，1998 年该部遗稿正式入藏信吾是斋，起初疑为沈家本稿本，"后经有关专家一起研究，推知此书当在薛氏著《读例存疑》之后，并晚于《唐明律合编》，其著作年代大约在光绪中期。"② 至于命名由来，该"点校说明"从考察薛允升各种著作开始，曾给予详细交代，但里面存在若干瑕疵，给阅读理解带来不便。谨循该文思路，略作揭示如下：

首先，该"点校说明"指出薛允升已经刊行、"为世人所知"的两部著作——《读例存疑》和《唐明律合编》，而与上述"有关专家"思路基本一致的是，先是认为《唐明律合编》的成书时间晚于《读例存疑》，却在该文后半部分言道：

> 薛允升撰著的《唐明律合编》时，主要是以唐、明二律的律文部分为研究对象进行比较立论的，……但例毕竟不是该书研究的基本对象。……对于清朝的例进行认真地比较研究，就成为研究清朝法律的一项重要任务。正是基于这一需要，薛允升在假以明律内

---

① 田涛、马志冰：《唐明清三律汇编》"点校说明"，载田涛、马志冰点校：《唐明清三律汇编》卷首，哈尔滨：黑龙江人民出版社，2002 年，第 1－6 页。

② 田涛、马志冰：《唐明清三律汇编》"点校说明"，第 1 页。

容完成对清律律文的简介研究评论之际，又进而对清律附例进行直接地专门研究，并辑成《读例存疑》一书。[①]

据此可知，两位作者似乎又认为《读例存疑》成书当在《唐明律合编》之后。前后参观，逻辑上明显存在矛盾。揆诸薛允升《读例存疑》自序，其中则言："至于律，仍用前明之旧，余另有《唐明律合刻》，已详为之说矣"，可知《唐明律合刻》（即《唐明律合编》）完成实在《读例存疑》之前。或许，上述自相矛盾之表述，是由于对薛允升著述研究不够深入、表达不清所致。

无独有偶，该"点校说明"第4页言道，"由于不便直接对本朝法律进行批评指责或品头论足，他（薛允升）转而采取唐、明二律比较研究的方式，对清律所承袭的《明律》进行了系统的评论指摘。《唐明律合编》就是致力于实现此项意图的产物"。[②] 此种逻辑，在中国法史学界并不鲜见。陶安教授在讨论上海图书馆藏薛允升《读例存疑》和《唐明律合编》稿本过程中，更将之定义为一种"彻底的分工体制"，大致认为：薛允升在律学创作过程中，因为惮于清朝政治高压，不敢对清律直接进行批判，转而通过撰述《唐明律合编》，尊崇唐律，贬抑明律——同时因为人们习惯性认为"清律即是明律之翻版"，藉以达到批判清律之目的。至于批评清朝条例的任务，则藉由《读例存疑》集中完成。[③] 对于此种"彻底的分工体制"的说法或者逻辑，前已论证指摘其谬误，故此不赘。

其次，除《唐明律合编》、《读例存疑》二书外，该"点校说明"

---

① 田涛、马志冰：《唐明清三律汇编》"点校说明"，第4-5页。

② 田涛、马志冰：《唐明清三律汇编》"点校说明"，第2页。

③ 陶安：《关于上海图书馆藏薛允升〈唐明律合刻〉手稿本》，《中国古代法律文献研究》第四辑，北京：法律出版社，2011年，第340-356页。该文日文原版《上海图书馆所藏の薛允升『唐明律合刻』手稿本について》，刊于日本《法史学研究会会报》第14号（2010年3月）。

亦曾提及，"薛氏作品见于记录的尚有《服制备考》四卷，《汉律决事比》四卷，及《汇编》一部"①，并引用1935年顾廷龙先生发表在《图书季刊》上的文章《薛允升〈服制备考〉稿本之发见》，但误题作《薛允升遗稿〈服制备考〉发现始末》。值得注意的是：（1）《服制备考》（三册）早年为顾先生购藏，并最终捐赠给上海图书馆，保存至今。或许由于当年网络检索不便，田、马二位先生并不知其下落，只言"今不知所藏"。（2）顾先生文章中所提及，而为日本东方文化事业委员会捷足先登的薛允升"汉律稿本"，其实并非《汉律决事比》，而是《汉律辑存》。关于此点，顾先生文中所引法学家李祖荫的说法、台湾傅斯年图书馆现存图书目录，以及日本堀毅教授整理《汉律辑存》时所撰整理说明，皆资验证。至于《汉律决事比》与《汉律辑存》是否为同一书籍，究否尚存世间，则是另外的问题。

再次，至于"整理说明"中所言薛氏"《汇编》一部"，全名应作《定例汇编》。该"点校说明"介绍云：

> 内容不清，百余年来不为世人所见。直到此次获这一部薛氏手稿，方睹其面目。盖此即沈家本等人所称之《汇编》。现存书稿自"八议"起至"刑部"止，其内容为将唐、明、清等不同历史时期的部分法律条文加以汇辑比较，是继其《唐明律合编》之后的又一部力著，且其内容较《唐明律合编》更为翔实，实为我国传统法律著作的精华巨著。②

并谈及其与《唐明律合编》一书的不同"写作方法"：

> 综观《唐明清三律汇编》的写作方法，与《唐明律合编》如

---

① 田涛、马志冰：《唐明清三律汇编》"点校说明"，第4—5页。
② 田涛、马志冰：《唐明清三律汇编》"点校说明"，第3页。

出一辙，唯其具体内容方面略有差异。其一，《合编》的撰写体例，是以《唐律》十二篇为顺序，先依次列出律文内容及"疏议"要义，再征引《明律》有关条目与之比较，《汇编》则改为以《明律》七篇为顺序，先简略援引《唐律》有关条目及其"疏议"要义，而不再胪列《明律》正文内容，只比较二者之轻重宽严，其间许多按语评论与《合编》完全相同。其二，《合编》的研究方法，重在比较唐、明二律的律文内容，《汇编》则在其后大量胪列清朝律例，其中又以例文内容占主要篇幅，并叙述其源流发展，分析其利弊得失。因此，《汇编》实际是清朝律例尤其是例为研究重点，而它征引唐、明二律并加以比较，只是为了追溯或探讨其历史渊源与发展脉络。①

最后，言及《唐明清三律汇编》命名缘由：

> 此书原作著录为《汇编》，大体表示了作者将唐、明、清三代的法律汇集比较之意，且以研究清代律例发展为主，征引唐、明两律，只是论及渊源发展。或者此即是薛允升在继《唐明律合编》之后的姊妹篇。考虑到在古籍中称为《汇编》的作品较多，为了读者便于利用，此次将这部手稿定名为《唐明清三律汇编》。②

上述三段引文，除了涉及这部薛允升遗稿的内容构成，同时涉及该书的"写作方法"，但一个不容忽视的根本问题是：内中对于《定例汇编》一书的介绍是相当错误的。目前所知，最早提及——也是唯一一处集中提及《定例汇编》的文献，便是《读例存疑》。其中，大致包含三条相关记录：

---

① 田涛、马志冰：《唐明清三律汇编》"点校说明"，第5页。
② 田涛、马志冰：《唐明清三律汇编》"点校说明"，第6页。

其一，薛允升在《读例存疑自序》中言，"同治九年修例时，余亦滥厕其间，然不过遵照前次小修成法，于钦奉谕旨及内外臣工所奏准者，依类编入，其旧例仍存而弗论。自时厥后，不特未大修也，即小修亦迄未举行。<u>廿年以来，耿耿于怀，屡欲将素所记注者汇为一编，以备大修之用</u>。甫有头绪，而余又不在其位矣，然此志犹未已也。后有任修例之责者，以是编为孤竹之老马也可，或以覆子云之酱瓿也，亦无不可"。① 由此可见，薛允升"欲将素所记注汇为一编"者，一则出于对同治九年（1870）修例工作之不满，二则内中纯是关于修例之内容，三则专门为了将来修例之用。但这段文字并没有明确交代所欲"汇为一编"者，究竟采用何种命名方式。因此，笔者倾向认为，真正的《汇编》应指下条所涉之未刊遗稿。

其二，《读例存疑》"例言"一共有六条，最后两条先后提到两部薛氏未刊著作——《定例汇编》和《服制备考》。其中第五条"例言"云：

> 一、前明原例及后来修改续纂者，亦云多矣。其因何纂定之处，按语内并不详叙。今详加考究，乾隆十五年以后原奏，尚十存八九。以前则漫无稽考矣，广为搜罗，止得十之四五。若不再为裒集，窃恐现存者亦俱散亡矣。兹特分门别类，就例文之次序，汇集于此编之后，共为□□□卷，仍其旧名，曰《定例汇编》。俾学此者得以悉其源流，亦不无小补云尔。其无所考者仍阙焉，如后有得，再行补入。②

据此可知，此薛允升未刊遗著全名应作《定例汇编》，并非只是"汇编"二字。不仅如此，该书并非"点校说明"作者所说那样"内容不清"，恰恰相反，有着十分明确的内容定位，即集中收录清代例文纂定

---

① 薛允升：《读例存疑自序》，《读例存疑》卷首。
② 薛允升：《读例存疑例言》，《读例存疑》卷首。

修改相关"原奏"之作。从所收集"原奏"之时间段限看，乾隆十五年以后原奏"十存八九"，在此之前者"止得十之四五"。另据薛氏自言，该书编纂之出发点，并不在于研究或者评论，而更在于汇辑和记录相关文献，防止散失，供学习法律者通过研读，"得以悉其源流"。

上段文字，是目前所见关于《定例汇编》一书介绍最为直接，也最为权威的记录，因为其出自薛允升笔下，并非出自沈家本或其他人之口。另外值得注意的是，遍阅沈家本目前所见全部著作——包括他以刑部名义为进呈薛允升《读例存疑》撰写的奏折，以及为该书特意撰写的序文，我们并没有发现他曾提及薛允升的遗稿《定例汇编》。上段"例文"提及《定例汇编》时，也未明确标出卷数，但从字里行间隐约可以知道，在《读例存疑》完成前，《定例汇编》与《服制备考》大致皆已独立成稿。

至于该"例言"末尾，尚有一则按语文字，言及《定例汇编》和《服制备考》"均俟续刊"。基本可以认定，这是沈家本等人整理出版《读例存疑》时所为，故而我们勉强可以将之视作沈家本或其他整理者关于《定例汇编》的第三条记录。但这条记录除了点出该部遗稿的正确命名外，对于本讨论的参考价值殊为有限。

进而，可以发现：田、马二先生撰写的"点校说明"中，虽屡次言及《定例汇编》，但对薛允升编辑该书之真实用意，以及该书主要内容，并非十分清楚，甚至误认为该书"大体表示了作者将唐、明、清三代的法律汇集比较之意"，"其内容为将唐、明、清等不同历史时期的部分法律条文加以汇辑比较"。这不能不说是一种"历史的误会"。

基于上述误会，"点校说明"对于该书"写作方法"的分析——尤其与《唐明律合编》一书之比较，便成了无本之末。但将该书命名为《唐明清三律汇编》，究否合适？如果不合适，该书又将如何命名？我们有没有可能证明这部遗稿其实就是薛允升的《定例汇编》呢？要想回答上述问题，必须从最基本的内容分析入手。如果能够解开这部书稿的内容构成之谜，明确这部书稿的文献属性，或许就可以回答上述问题了。

然在进入对《汇编》一书内容结构的正式分析前，谨此特别申明：

（1）对于已故田涛先生在法史文献收藏和整理方面的历史性贡献，应该给予足够的肯定和尊重。即以这部《汇编》为例，不管"点校说明"中存在多少硬伤，也不论其所点校整理的文本中存在多少讹误，都丝毫不影响田先生鉴别收藏薛允升遗稿的远见卓识，并将之迅速整理刊布、化身千百的公益之心。① 对于该"点校说明"中个别问题之纠谬指疵，并无责备贤者之意。只是觉得，一代学者自有一代学者之学术使命。作为法史学界之年轻后进，必须敢于在前辈学者贡献基础之上，不断更新认知，提高研究水平，而不是故步自封，画地为牢，自我设置认识之坎陷。只有在"同情式理解"基础上有所创新，精益求精，才是对开辟榛莽者最好的致敬。

（2）由于田涛先生 2013 年猝然离世，欲向田先生当面请益，或找来该书原稿，仔细研读，已不可得。下面分析讨论所用之本，乃是田涛、马志冰两位先生点校整理，于 2002 年正式出版的《唐明清三律汇编》——有类"悬丝诊脉"，故而笔者肯定无法充分揭示该部遗稿所蕴含之丰富历史信息。② 但即便如此，相信读者会从下面的分析讨论中发现，目前略显粗糙之点校整理版，已经足够帮助我们揭开这部书稿的庐山真面目。

（二）《唐明清三律汇编》与《唐明律合编》、《读例存疑》之关联

我们一旦完成了北京、东京、上海三地馆藏《读例存疑》稿本的

---

① 据该书"点校说明"，这 20 册遗稿于 1998 年入藏田先生信吾是斋，经过点校整理，2002年便由黑龙江人民出版社正式出版。其整理点校出版之速度，足可惊人，而其中存在若干讹误，亦完全可以理解。

② 例如该书"点校说明"中言，书中原本夹有白色、红色"批条"，因为无缘得见稿本真容，便无从判断其笔迹特征和写作背景。

分析论证，再来破解田藏《汇编》的内容结构之谜，其实并非难事。首先，我们不妨看一下该书收载的第一则记录，可以大致将之分成三个段落。

A——

名例

应议者犯罪

B——

唐律：诸八议者，犯死罪，皆条所坐及应议之状，先奏　请议，议定奏裁；议者，原情议罪，称定刑之律而不正决之。

流罪以下，减一等。其犯十恶者，不用此律。

（1）死罪上请，流罪减一等，皆所以优恤八议之人也。明律无"减一等"之文，则"犯十恶者不用此律"一句，专为上请言之矣。

疏议曰：犯十恶者，死罪不得上请，流罪以下不得减罪。

（2）汉宣帝黄龙元年，诏吏六百石，位大夫，有罪先请。

（3）应议之人有犯，即便拿问，照杂犯绞。见事应奏不奏。

C——

一、凡宗室犯案到官，该衙门先讯取大概情形，罪在军流以上者，随时具奏。如在徒杖以下，咨送宗人府，会同刑部审明，照例定拟。罪应拟徒者，归入刑部，按季汇题。罪应笞杖者，即照例完结，均毋庸具奏。若到官时未经具奏之案，审明后，罪在军流以上者，仍奏明请旨。

此条系嘉庆十三年钦奉上谕，纂辑为例。

一、凡宗室、觉罗妇女出名具控案件，除系呈送忤逆，照例讯办外，其余概不准理。如有擅受，照例参处。倘实有冤抑，许令成丁弟兄、子侄，或母家至戚抱告。无亲丁者，令其家人抱告，官为审理。如审系虚诬，罪坐抱告之人。若妇女自行出名刁控，或令人抱告后，复自行赴案逞刁，拟结后渎控者，无论所控曲直，均照违制律治罪。有夫男者，罪坐夫男；无夫男者，罪坐本身，折罚钱粮。

此条系道光六年宗人府具奏，饬禁宗室、觉罗妇女呈控，并酌定惩处专条一折，纂辑为例。①

其中，A 段落属于律目标题，可免而不论。B 段落中，除划线三句外，其余明显出自《唐律疏议》。经查，第一句划线者与《唐明律合编》卷二"应议者犯罪"条下按语文字完全相同，第二句则完整载于下一条律文"职官有犯"的注语之中。第三句虽不见于《唐明律合编》正式刊本，但根据以往研究经验，基本可以认定，它与上述几部分内容一样，属于《唐明律合编》某一阶段之稿本，后经删削，以致不见。C 段落——或许令某些读者感到意外的是，实际上出自《读例存疑》。具体言之，他们是律文"004 应议者犯罪"下的两条例文 004–04、004–08，及其附带的两句注语。② 由此可见，《汇编》的第一条记录，至少包含了两大内容来源：《唐明律合编》和《读例存疑》。

对于《汇编》与《唐明律合编》部分内容之雷同，在田涛、马志冰两位先生撰写的"点校说明"中曾经有所提及，谓"其间许多按语评论与《合编》完全相同"③，但是对于前者与《读例存疑》存在部分雷同的现象，却不着只字。为探知个中真相，笔者将《唐明律合编》、《读例存疑》二书之稿本、刊本，与《汇编》逐行逐段进行比对，得到如下统计结果：全书主体内容计有 646 页，以每页 16 行计，共 10336

---

① 薛允升：《唐明清三律汇编》，第 1–2 页。

② 参见黄静嘉：《读例存疑重刊本》卷一，例文 004–04、004–08，台北：成文出版社，1970 年，第 22–23 页。

③ 田涛、马志冰：《唐明清三律汇编》"点校说明"，第 5 页。

行。在这其中，与《唐明律合编》雷同的内容总计大约 2151 行，与《读例存疑》内容雷同者约有 663 行。当然，每行文字有多有少，少则二三字，多则三四十字，以行数比例作为统计标准，只能得到一个相当粗略的结果，但大致可以反映出该书内容构成比例，即与《唐明律合编》雷同的内容约占全书 20%，而与《读例存疑》雷同者约占 6%。显而易见，即便将二者加起来，在《汇编》一书中所占比例也不算大。

与此同时，我们将《汇编》部分内容与前述《读例存疑》稿本进行对比，发现前者与后者之雷同程度足可惊人。例如，东京仁井田文库保存的《读例存疑》稿本第一册收载律文"062 制书有违"相关内容——如图 2-1、图 2-2 所示，与《汇编》第 131 页所载内容（图2-3）几乎完全一致。

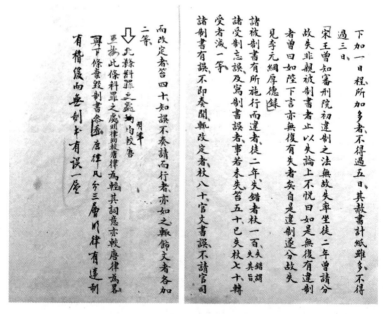

图 2-1、图 2-2　仁井田文库《读例存疑》稿本"062 制书有违"部分残稿

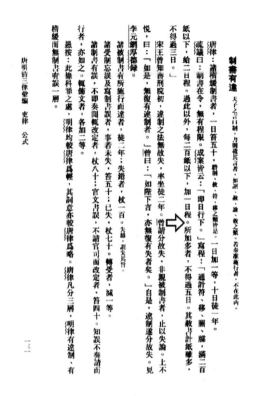

图 2 - 3　《唐明清三律汇编》第 131 页所载"制书有违"条

由图可见，《读例存疑》稿本中的两页残稿，其文本内容与《汇编》第
131 页自箭头指示处开始，直至段末完全相同。但将后者与日本关西大
学藏《唐明律合编》稿本及 1922 年徐氏退耕堂刊本两相对照，则发现
《唐明律合编》律文后的按语和注语文字，其实比《汇编》篇幅更长，
内容也更丰富。即以"按语"文字论，《唐明律合编》中与之相对应
者，则作："愚按：此亦较唐律治罪为轻，而词意则较唐律为更略。唐
律凡分四层，明律有违制，有稽缓，而无受制忘误、制书有误各层"。
此外，《唐明律合编》中"按语"部分尚有百余字，并不见于《汇编》
之中。很显然，《唐明律合编》在薛允升后来的编撰过程中有所增改，
乃至有些文字内核尚在，但已容颜变换，并不容易鉴识了。

相反，我们从图2-2所呈现的《读例存疑》残稿中发现，不仅薛允升亲笔补上了末尾一句，而且正如箭头处所示，这页稿本曾经过剪裁后再度拼接，以致文字笔画有些错位，最后——或许不得已，将之重新抄录，以成目前之按语文字。然在重新抄录过程中，文字似乎经过再度加工，以致不得不将"明律均较唐律"六字写得相对褊狭。与此同时，揆诸该页底稿上所呈现的各种拼接删改痕迹，其所代表的各种编辑意图，皆在《汇编》（图2-3）中得到了贯彻落实。所以，与其说图2-3中的文字内容与《唐明律合编》稿本或抄本存在部分雷同，不如说这些就是根据图2-1、图2-2抄录而成。

推而广之，我们将《汇编》与目前北京、东京、上海三地馆藏《读例存疑》稿本相关内容进行对比——包括其中所收录汉律、唐律、元律、明律等在内，可以很容易发现，二者内容雷同或相似程度远远超过其与《唐明律合编》稿本、刊本的雷同或相似程度。另在东京仁井田文库《读例存疑》稿本下函第八册中，沈家本在底稿基础上，于每条律文之下所增写，诸如"此仍明律，顺治三年添入小注，雍正三年改定"之类规范化表述（参见图2-4），在《汇编》中皆被完整抄录。由此，我们可以得出一个基本结论：《汇编》其实是薛允升系列著述底稿的一个抄录本，而且显然是在前述《读例存疑》稿本经过薛允升、沈家本增删改削之后，据以抄录而成，但与《唐明律合编》稿本和正式刊本尚存相当距离，不可同日而语。

我们透过《汇编》还可发现，《唐明律合编》与《读例存疑》二书即便各自独立成书，但彼此之间依旧存在部分内容雷同。即如该书律文"官文书稽程"之下，有这样一段文字：

《唐律疏议》："官文书，谓在曹常行，非制敕奏抄者。依令，小事五日程，中事十日程，大事二十日程。徒以上狱案，辩定须断者，三十日程。若有机速，不在此例。"律所谓程，即指此也。例

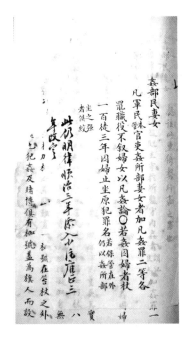

图 2-4　仁井田文库《读例存疑》稿本

似本于此，而无徒以上狱案一层。刑部案件，笞杖限十日，徒流以
上限二十日，死罪限三十日，与此不同。即外省审限，亦未照此办
理。此条亦系具文。①

经过比对可知，上段引文划线部分不仅出现在《唐明律合编》稿本和
刊本之中②，也出现在《读例存疑》卷八"吏律二公式"例文 067-01
按语中，但后者不仅包含上述划线部分，更一字不漏地包含了整段引
文。③参诸《读例存疑》稿本，亦复如此。（见图 2-5）这种状况再度
说明，《唐明律合编》和《读例存疑》存在密切的"同源"关系。当

---

①　薛允升：《唐明清三律汇编》，第 142 页。

②　薛允升：《唐明律合编稿本》上册，第 191-192 页；《唐明律合编》卷十，官文书稽程。

③　黄静嘉：《读例存疑重刊本》卷八，例文 067-01，第 215 页。

然，这也表明，薛允升在刑部经营垂四十年，律学著述体系宏大而驳杂，欲图在多年以来积攒起来的百余册底稿中，分析出内容独立而又相对完整的两部或多部书籍，且彼此不发生交叉关联，其实并不容易。

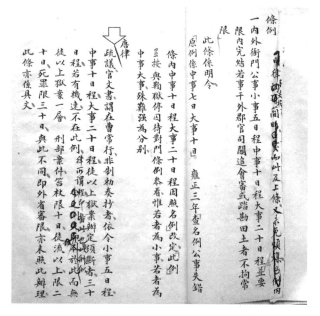

图 2-5　仁井田文库《读例存疑》稿本例文 067-01 之一页

（三）《定例汇编》：破解《唐明清三律汇编》内容之谜

在讨论完《汇编》与《唐明律合编》、《读例存疑》二书之内容关联后，我们有必要集中精力，对占据该书 74% 篇幅的剩余内容展开全新讨论。有了前面的研究作铺垫，这一问题不难迎刃而解。

在此，我们不妨先从"剩余内容"中摘录两段文字，观其大概。如下：

乾隆三十四年三月间，刑部议奏：据都察院左都御史素尔讷奏称，办理词讼，承审之员理宜秉公研讯，不得任情轩轾，致有冤抑。而闾阎呈控，有不待地方官审讯，不赴各上司申诉，辄于刑部、都察院等衙门具呈告者。若不行接受办理，诚恐下情不能上达。若概行准理，但据一面之词，无从定其虚实。及至审明诬陷，而拖累已多。若不酌定明条，无以儆刁风而安善良。请嗣后外省民人，凡有控告事件，必其曾由州县具控，而州县判断不公，赴该管各上司暨督抚衙门控诉，仍不准理者，核其情节，奏请查办。其未经在督抚衙门控告有案者，将原呈发还等因。具奏，奉旨：依议。钦此。

乾隆四十八年二月间，钦奉上谕：嗣后旗人若有应告地亩之事，各在该旗佐领处呈追查办。如该佐领不办，在部及提督衙门呈追可也。此内若有关涉民人事件，部内行文严查办理，有何不能明白之处。自此晓谕之后，仍若在地方官滥行呈追者，将违制之人从重治罪外，该管官员俱各严行议处，断不姑容。将此通谕八旗各营知道。钦此。钦遵在案，因恭纂为例。[①]

经与中国第一历史档案馆藏《宝坻档案》中编号为 28 - 1 - 54 - 40 的一册《读例存疑》稿本（此下简称"宝坻档"）核对发现，上述两段文字直接涉及《读例存疑》正式刊本卷三十九"刑律十五·诉讼之一"下律文"332 越诉"，并应分别系于例文 332 - 15 和 332 - 16 之下。[②] 二者较为详细地记录了乾隆三十四年和乾隆四十八年两次例文修改经过，而在行文内容和格式上，与此前薛允升编纂《定例汇编》的说法十分接近。为此，我们按照律例条目，将《汇编》与该册"宝坻档"进行详细比对，除将前者所含唐律、清律及按语、注语等内容简单标注所在

---

① 薛允升：《唐明清三律汇编》，第 572 页。两段文字经与《宝坻档案》中编号 28 - 1 - 54 - 40 之《读例存疑》稿本核对，其中明显错讹者，径改之，不另出注。

② 黄静嘉：《读例存疑重刊本》卷三十九，例文 332 - 15、332 - 16，第 982 - 983 页。

页码外，主要注意力集中在与上述两段性质类似的文字上面。于是，我们有了以下惊人发现。

表 2－1　《唐明清三律汇编》与"宝坻档"28－1－54－40 之对比

《唐明清三律汇编》				宝坻档	备注
律目	内容	时间	页码	页码	
332 越诉	唐律	——	569－570	4－8	签条不见。
	汇编	乾隆六年五月	570－572	35－36	签条："乾隆六年五月"起，至第二篇"依议"。另抄一本。
		乾隆三十四年三月间	572	39－40	签条："乾隆三十四年三月间"起，至"因纂为例"止。另抄一本。
		乾隆四十八年二月间	572	42－43	签条："乾隆四十八年二月间"起，至"因纂为例"止。另抄一本。
		嘉庆五年	573－574	44－45	签条："嘉庆五年，步军统领衙门"起，至第二篇"恭纂为例"止。另抄一本。
		嘉庆十九年六月间	574	48	签条："嘉庆十九年六月间"起，至"因纂为例"止。（误置于第49页）
		嘉庆十年四月间	574	53	签条："嘉庆十年四月间，刑部奏请，定接收呈请"起，至"恭纂为例"止。另抄一本。
		嘉庆十五年七月间	575	55	签条不见。
		嘉庆二十年十月间	575－576	62－63	签条："嘉庆二十年十月间"起，至第二篇"则例遵行钦此"止。另抄一本。
		嘉庆二十四年闰四月	576	64－65	签条："嘉庆二十四年闰四月，[钦]奉上谕"起，至"颁发遵行钦此"止。另抄一本。

《唐明清三律汇编》				宝坻档	备注
律目	内容	时间	页码	页码	
333 投匿名文书告人罪	唐律	——	576	72	签条不见。
	按语	——	576–577	72	签条不见。
	汇编	乾隆五年	577	73	签条："乾隆五年，钦遵康熙十四年十月间奉上谕，投贴"起，至"恭纂为例"止。另抄一本。（误置于第75页）
		嘉庆十九年六月间 嘉庆十三年	577–578	82–83	签条："嘉庆九年六月间"起，至"纂定此例"止。又，"嘉庆十三年，［钦］奉上谕，御史"起，至"恭纂为例"止。另纂一本。（一条两例）
		嘉庆二十三年四月间	578	85	签条："嘉庆二十三年四月间"起，至"密办钦此"止。另抄一本。（同条，又："唐律"起，至"之意暗合"止。与唐明律同抄。）
334 告状不受理	清律	——	579	86–88	签条："告状不受理"起，至"罪抵徒流"，又至"改定"止。
	唐律	——	579–580	88–92	签条："唐律，知谋反及大逆者"起，至第二篇"为人杀私和"止。（囊括按语文字）
	按语	——	580–581	92	末一句按语，为薛允升后来手写补充。田藏本与之一致。
	汇编	雍正元年十二月间	581 页	95	签条："雍正元年十二月间"起，至"纂定为例"止。另抄一本。（误置于第96页）

续表

《唐明清三律汇编》				宝坻档	备注
律目	内容	时间	页码	页码	
334 告状 不受理		雍正七年九月间	581-582	108	签条:"雍正七年九月间"起,至"纂定为例"止。另抄一本。
		乾隆十九年十一月间	582	106-107	签条不见。
		乾隆二十二年十二月间	582-583	102-103	签条:"乾隆二十二年十二月间,〔钦〕奉上谕,州县"起,至"恭纂为例"止。另抄一本。
		乾隆二十六年七月间	583	99-100	签条:"乾隆二十六年七月间,大学士"起,至"并纂为例"止。另抄一本。
		乾隆二十九年 八月初九日	584	109	签条:"乾隆二十九年八月初九日,吏部"起,至"因纂为例"止。另抄一本。
335 听讼回避	按语	——	584-585	110	签条:"听讼回避"起,起至"降叙"止。翻篇"既有成律"起,至"歧异之处"止。

此前在讨论《宝坻档案》中编号为28-1-54-40的一册《读例存疑》稿本时,我们曾经指出:与其他十余册稿本相比,该册稿本有一个特别难得,也最令人难以琢磨的地方在于,书中夹有某人用毛笔书写的若干签条。其中,少部分签条指示抄录稿本中的唐律、清律或按语、注语等文字,大部分则指示将稿本中关于修例的奏疏、谕旨等内容(一般在原稿中为双行小字)单独抄录,以成另外一本。并且,据以推测,其所欲抄录之内容理应属于《定例汇编》,最终成稿之书也将以此命名。如今,前项表格更为上述推理提供了有力的证据支撑。

首先,通过比对可知,包括上述两段引文在内,《汇编》中共收录

18 则与定例（或修例）相关之奏疏、谕旨。其中 16 则与"宝坻档"稿本中签条所指示抄录的信息完全对应，惟独"332 越诉"（嘉庆十五年七月间）、"334 告状不受理"（乾隆十九年十一月间）下各有 1 则，在稿本中未见对应签条，显系丢失所致。与此同时，我们发现，部分签条在稿本中摆放位置明显不合理，或先或后，但参阅正文，仍可找到相应段落。

其次，表中所见 18 则与定例（或修例）相关之奏疏、谕旨，并没有严格按照时间顺序排列。为什么会如此排列？其内在逻辑何在？反观"宝坻档"中该册《读例存疑》稿本，答案则显而易见。这些与定例（或修例）相关之奏疏、谕旨，完全以其在《读例存疑》稿本中相关条例出现的顺序为准据。换句话说，这些内容之所以出现在《读例存疑》稿本当中，完全是为了记录或厘清相关条例的立法或修改过程。因为条例次序有先后，所以这些与定例（或修例）相关之奏疏、谕旨出现也有先后。而所谓《汇编》收录的这些与定例（或修例）相关之奏疏、谕旨，乃就前述《读例存疑》稿本抄录而成，故而它们出现在该书中的顺序，明显带有《读例存疑》——也就是《大清律例》——律例条文的编目烙印。

据此我们亦可推知，律文"334 告状不受理"下面，有 4 则与定例（或修例）相关之奏疏、谕旨，在《汇编》整理版中以时间为序排列，分别为：雍正七年九月、乾隆十九年十一月、乾隆二十二年十二月、乾隆二十六年七月。但在"宝坻档"中的对应页码，则分别为：第 108 页、第 106 - 107 页、第 102 - 103 页、第 99 - 100 页。以笔者所见，二者排序之所以产生差异，问题并不出在原稿本身，而是因为整理者并不知道这些与定例（或修例）相关之奏疏、谕旨的排列逻辑，完全依托于相关例文在《读例存疑》稿本中之顺序，而误以为按照时间顺序排列才是最合理的顺序，故而刻意调整成现在的样子。

再次，我们在比对中发现，固然这些签条所指示抄录的内容大部分与定例（或修例）相关之奏疏、谕旨相关，但少部分则指示抄录稿本中相应唐律、清律乃至其后所附的注语、按语等文字。而事实上，另一方面，凡是有签条明确指示抄录的内容，基本都会一字不差地出现在《汇编》当中。故而，在《汇编》中事实存在的某些唐律、清律文本，乃至其后所附注语、按语，尽管我们从现存"宝坻档"中无法找到对应签条，或明确的指示抄录信息，笔者仍倾向认为，主要是这些签条丢失所致，而并非由于其他方面原因。如果上述观点无误，则所谓薛允升《汇编》遗稿，极有可能是在与"宝坻档"类似的《读例存疑》稿本基础上，根据"某人"的签条指示，逐一抄录而成。

在将"宝坻档"与《汇编》比较分析之后，我们将东京仁井田文库所藏八册《读例存疑》稿本与《汇编》也进行了详细比对。但因二者皆非全本，尤其与仁井田文库稿本上函第六至七册相关法律内容，在《汇编》中正好缺失，故而二者可资比对之内容主要集中在上函第一至五册。然而通过比对发现，除了仁井田文库稿本上函第五册所含律例条目与《汇编》完全对应外，在仁井田文库稿本第一至四册中，竟然有20条律目为后者所无。谨列表如下（见表2-2）。

表2-2 仁井田文库稿本上函第一至四册比《唐明清三律汇编》多出律目

函册	门类	律目	数量
上函第一册	吏律公式	069 磨勘卷宗	3
		072 封掌印信	
		073 漏使印信	
上函第二册	户律户役	075 脱漏户口	6
		077 私创庵院及私度僧道	
		082 隐蔽差役	
		083 禁革主保里长	
		085 点差狱卒	
		089 收养孤老	
上函第三册	户律仓库上	122 揽纳税粮	4
		123 虚出通关朱钞	

续表

函册	门类	律目	数量
上函第三册	户律仓库上	124 附余钱粮私下补数	
		126 私借官物	
上函第四册	户律仓库下	128 库秤雇役侵欺	7
		129 冒支官粮	
		130 钱粮互相觉察	
		131 仓库不觉被盗	
		132 守支钱粮及擅开官封	
		135 起解金银足色	
		139 守掌在官财物	

为什么会发生如此状况？若从主要构成《定例汇编》，与定例（或修例）相关之奏疏、谕旨角度言，其中律文"069 磨勘卷宗"、"072 封掌印信"、"082 隐蔽差役"、"085 点差狱卒"、"124 附余钱粮私下补数"、"126 私借官物"、"129 冒支官粮"、"132 守支钱粮及擅开官封"、"135 起解金银足色"之下皆无条例存在，也就没有与定例（或修例）相关之奏疏、谕旨可供收辑。其余律文之后，虽然附有条例，但在编辑者眼里，或许并没有与定例（或修例）相关之奏疏、谕旨可采。甚或在薛允升原稿之中，根本没有记录与定例（或修例）相关之奏疏、谕旨，也完全可能。

然而，问题似乎又没这么简单。因为我们在将仁井田文库《读例存疑》稿本下函第八册，与《汇编》进行比对时发现，该册各律文之下例文参差不齐，基本无与定例（或修例）相关之奏疏、谕旨可采，但并不影响从中相应抄录唐律、清律及其注语、按语等文字，进入到《汇编》当中。所以，尽管直接属于《定例汇编》的内容，在现今以《唐明清三律汇编》命名的稿本中占据74%的比例，但并不能以此为唯一标准，来衡量其与《读例存疑》稿本之间的内容参差现象。以笔者揣度，在《汇编》一书中，不仅将大量与定例（或修例）相关之奏疏、谕旨收录进来，更将与《唐明律合编》、《读例存疑》相雷同或近似的文本同时抄录，或许薛允升另有宗旨所在，而缺失不见之内容与编纂宗旨不合，因而遭到弃置，未予抄录。但目前没有其他材料佐证，只是一种猜测。

即便有上述内容参差，为了破解《汇编》内容之谜，我们仍须将注意力转移至文本分析上来。按照此前所举例证，我们将《汇编》一书全面检阅，从中检出大量理应属于《定例汇编》，与定例（或修例）相关之奏疏、谕旨。具体数量统计，请见表2-3。

表2-3　《唐明清三律汇编》中所见《定例汇编》内容统计

门类	律目	则数	门类	律目	则数
名例律上	009 犯罪免发遣	3	礼律仪制	173 禁止迎送	3
	015 流囚家属	10		175 服舍违式	3
	016 常赦所不原	6		179 匿父母夫丧	5
	017 流犯在道会赦	2		180 弃亲之任	1
名例律下	022 老小废疾收赎	8	刑律贼盗	270 盗马牛畜产	1
	024 给没赃物	7		271 盗田野谷麦	1
	025 犯罪自首	5		272 亲属相盗	1
	030 共犯罪分首从	1		273 恐吓取财	9
	031 犯罪事发在逃	5		274 诈欺官私取财	4
	035 本条别有罪名	24		275 略人略卖人	11
吏律职制	047 官员袭荫	3		276 发冢	3
	051 信牌	1		277 夜无故入人家	2
	052 贡举非其人	2		278 盗贼窝主	5
	053 举用有过官吏	4		281 起除刺字	8
	055 官员赴任过限	2		282 谋杀人	5
	059 交结近侍官员	1		284 谋杀祖父母父母	3
吏律公式	063 弃毁制书印信	2	刑律人命	285 杀死奸夫	14
	065 事应奏不奏	3		287 杀一家三人	6
	067 官文书稽程	5		290 斗殴及故杀人	10

续表

门类	律目	则数	门类	律目	则数
吏律公式	068 照刷文卷	3	刑律人命	292 戏杀误杀过失杀伤人	7
	070 回俸代判署文书	1		299 威逼人致死	9
户律田宅	091 检踏灾伤钱粮	10		300 尊长为人杀私和	2
	093 盗卖田宅	2	刑律斗殴	302 斗殴	3
	094 任所置买田宅	3		303 保辜限期	6
	095 典卖田宅	8		304 宫内忿争	1
	098 弃毁器物稼穑等	1		306 殴制使及本管长官	2
户律婚姻	109 娶亲属妻妾	3		311 殴受业师	2
	112 强占良家妻女	6		312 威力制缚人	1
	117 嫁娶违律主婚媒人罪	2		314 奴婢殴家长	12
户律仓库	119 收粮违限	3		315 妻妾殴夫	2
	120 多收税粮斛面	2		317 殴大功以下尊长	10
	121 隐匿费用税粮课物	5		318 殴期亲尊长	9
	125 私借钱粮	4		319 殴祖父母父母	15
	127 那移出纳	6		320 妻妾与夫亲属相殴	2
	133 出纳官物有违	1		323 父祖被殴	5
	137 转解官物	7	刑律诉讼	332 越诉	9
	140 隐瞒入官家产	4		333 投匿名文书告人罪	4
户律课程	141 盐法	11		334 告状不受理	6
户律钱债	149 违禁取利	2		336 诬告	12
	150 费用受寄财产	1		338 子孙违犯教令	2
户律市廛	152 私充牙行埠头	4		340 教唆词讼	5
	154 把持行市	1	刑律受赃	344 官吏受财	2
礼律祭祀	162 禁止师巫邪术	5	总计	—	412

　　以上共计 412 则与定例（或修例）相关之奏疏、谕旨，约占《汇编》全书 74% 篇幅，可谓该书内容之绝对主体。从中可见，除了兵律、工律外，这些内容涉及了清律绝大多数门类。而在不同门类、不同律目之下，与定例（或修例）相关之奏疏、谕旨的规模数量，也呈现规律性变化。一般而言，如果该门类在清代例文变化频繁，或律文后附有较

多例文，则与定例（或修例）相关之奏疏、谕旨往往更多，在《汇编》一书中所占据比重则更形庞大，反之亦然。

犹有进者，我们知道，田藏《汇编》稿本并非全璧——缺少第十一册。参照《读例存疑》正式刊本可知，所缺失者大致涵盖律文181－269部分。与此同时，仁井田文库《读例存疑》稿本下函第六至七册，以及"宝坻档"中编号为28－01－54－38的一册稿本，为前者所无。另外，参照《读例存疑》正式刊本可知，仁井田文库《读例存疑》稿本上函第六册起自律文"254谋反大逆"，终于"263盗园陵树木"；第七册起自律文"264监守自盗仓库钱粮"，而终于"266强盗"下第29条例文（266－29）。《宝坻档案》中编号28－01－54－38的一册稿本，则包含了该条律文余下20条例文。故而仿照前述标准，我们大致亦可从中检出理应归入《定例汇编》，而与定例（或修例）相关之奏疏、谕旨。谨列表2－4如下。

表2－4　仁井田文库《读例存疑》稿本下函第六至七册中《定例汇编》内容统计

	律目	汇编	数量
下函第六册刑律贼盗	254 谋反大逆	乾隆五十六年三月间，刑部题覆福建巡抚伍拉纳奏	9
		嘉庆二年，刑部题覆河南巡抚景安奏	
		嘉庆四年二月，刑部奏	
		道光十三年七月间，刑部奏	
		乾隆四十二年十月间，广东巡抚奏	
		乾隆三十四年十月间，大学士、九卿会同刑部议奏	
		乾隆四十六年九月间，刑部议覆江西巡抚郝硕奏	
		嘉庆四年二月间，刑部奏	
		乾隆五十九年七月，刑部奏	
	255 谋叛	嘉庆五年，福建台湾镇总兵爱新太等奏	7
		乾隆三十九年三月间，刑部奏	

续表

律目		汇编	数量
下函第六册 刑律贼盗	255 谋叛	嘉庆八年九月间，刑部奏	
		嘉庆十七年七月间，刑部议覆两广总督蒋攸铦等奏	
		雍正元年九月间，刑部议覆太常寺卿魏方太奏	
		道光九年正月，刑部议覆钦差大臣直隶总督那彦成奏	
		咸丰元年五月间，云贵总督张亮基奏	
	256 造妖书妖言	康熙五十三年五月间，礼部奏	1
	257 盗大祀神御物	——	——
	258 盗制书	——	
	259 盗印信	——	——
	260 盗内府财物	嘉庆四年十二月间，直隶总督胡季堂审奏	2
		同治元年四月间，刑部奏	
	261 盗城门钥	——	——
	262 盗军器	——	——
	263 盗园陵树木	道光二年五月间，遵旨议奏	6
		道光八年十月间，刑部议覆马兰镇总兵宝兴奏	
		道光二十七年四月间，刑部议覆马兰镇总兵庆锡奏	
		乾隆二十年十二月间，步军统领、大学士、忠勇公傅恒奏	
		乾隆四十五年四月间，刑部奏	
		乾隆二十四年十一月间，步军统领、大学士、忠勇公傅恒奏	
下函第七册 刑律贼盗	264 监守自盗仓库钱粮	——	——
	265 常人盗仓库钱粮	雍正七年五月间，刑部议奏	3
		乾隆二十七年六月间，刑部题	
		嘉庆十六年五月间，刑部遵旨酌议	
	266 强盗 （266 - 01 至 266 - 29）	康熙五十年四月间，刑部议覆安徽巡抚叶九思题	11
		嘉庆二十一年闰六月，刑部议覆福建巡抚王绍兰审题	

续表

律目		汇编	数量
下函第七册 刑律贼盗	266 强盗 （266-01 至 266-29）	乾隆二十九年六月间，刑部议奏	
		乾隆四年五月间，刑部题	
		乾隆四十年十一月间，刑部审拟	
		乾隆三十五年闰五月间，刑部题覆	
		嘉庆十九年八月间，广西巡抚台斐音奏	
		乾隆五十二年二月间，奉上谕	
		咸丰元年十一月间，刑部奏	
		嘉庆四年十二月间，刑部议覆	
		嘉庆十六年九月间，刑部遵旨	
宝坻档	266 强盗 （266-30 至 266-49）	嘉庆八年三月将，江苏巡抚岳起题	16
		嘉庆十六年七月间，遵旨议准	
		道光十六年三月间，大学士、军机大臣会通户部、刑部议覆	
		道光二十五年八月间，刑部议覆山东巡抚觉罗崇恩奏	
		咸丰八年八月间，成都将军兼署四川总督宗室有凤奏	
		道光二十五年六月间，刑部议覆两广总督宗室耆英奏	
		咸丰三年四月间，刑部议奏	
		同治九年五月间，刑部议奏	
		乾隆九年十二月间，刑部议奏	
		乾隆四十四年十月间，刑部议奏	
		乾隆四年九月间，刑部议覆广东省题	
		乾隆二十六年四月间，大学士会同刑部议覆两江总督尹继善条奏	
		康熙三十九年四月间，刑部题	
		同治二年五月间，议覆御史胡庆源条奏	
		同治二年三月间，刑部议奏	
		咸丰二年九月间，刑部议准	
总计	——	——	55

通过上表可见，除律文"257 盗大祀神御物"、"258 盗制书"、"259 盗印信"、"261 盗城门钥"、"262 盗军器"、"264 监守自盗仓库钱粮"下并无与定例（或修例）相关之奏疏、谕旨外，大致得到 55 则可入《定例汇编》之素材。其中，律文"266 强盗"占据较大比重——共计 27 则，这与该条律文之后附有规模空前的例文数量（共 49 条）直接相关。

尽管有上述预拟表格之补充，但显而易见，目前仍无法完全添补《汇编》第十一册稿本之失。因为，至少我们没有见到律文 181 – 254、267 – 268，及其附带例文之真容，故而只能勉为其难地提供一个大致的备选方案。但一方面，我们通过《读例存疑》刊本可知，律文 183 – 185、188 – 194、196、198 – 201、203 – 204、216、221 – 223、226、230、232、234、236 – 237、239、241、245、247、253 之下皆无例文存在，故而若欲补足《定例汇编》，这些律文基本可以忽略不计。另一方面，《汇编》"点校说明"言，该书稿本现存 20 册，每册不过 50 – 60 页，以半页 9 行，每行 25 字计算，每册大致 27000 字。即此而论，上述在仁井田文库稿本下函第六至七册、宝坻档《读例存疑》稿本中所见 55 则理应归入《定例汇编》，与定例（或修例）相关之奏疏、谕旨，其字数业已超过该册篇幅之半。至此，我们基本可以认为，虽然《汇编》稿本第十一册已经丢失，但其中大部分内容至今仍处可见状态。

最后，为了结束上面略显繁琐的分析考察，我们不妨就此打住，给出简短结论：

田涛先生当年收藏整理，并命名的《唐明清三律汇编》，其文本内容主要由三部分构成：《定例汇编》，以及与《唐明律合编》、《读例存疑》大致雷同的一些文本内容。其中，《定例汇编》占据绝大比重（74%），与《唐明律合编》雷同者次之（20%），与《读例存疑》雷同者更次之。三者皆脱胎于与北京、东京二地馆藏《读例存疑》稿本大致同一阶段的薛允升著述底本，不仅体现了原作者的撰著修改意图，更遵循了某位佚名签条作者的指示信息。若从该书稿以《定例汇编》为内容主体的角度看，以"汇编"命名并非不合理，但或许改作《定例汇编》更为合适。

这部《定例汇编》属于薛允升散佚之稿，在其去世后，蒙尘甚久，但似有神灵护佑，长存天壤之间，最终为著名藏书家田涛先生所得，并点校整理出版，得以广泛传播。虽然命名或有不当，但其中所蕴含之法律历史信息大致完整，为我们阅读理解一代律学大师薛允升丰富多彩之法律人生，领略其博大精深之律学著述体系，以及重新认识清代律学知识的创作传播，提供了十分难得的机会。

第三章

沈家本《薛大司寇遗稿序》之生成

——兼论晚清刑部官员之律学研习

（一）一个偶然发现

回望晚清法律改革前后，所涌现的杰出法律人物灿若繁星。在这其中，薛允升与沈家本二人峭拔挺立，声名卓著，先后为法界领袖，影响广众，而且彼此交谊深厚，关联密切。结合此前研究，我们知道：沈家本作为薛允升之后学晚辈，虽非出身陕籍，但在刑部任职期间，受到薛允升长期奖掖提携，并且深度参与《读例存疑》、《唐明律合编》等律学名著创作过程。甚至 1890 年沈氏主持重刻的《唐律疏议》，因为质量精良，直接为薛允升所用，成为《唐明律合编》一书的工作底本。而在薛允升去世后，沈家本全面主导了《读例存疑》一书整理出版工作，不仅使全书体例格式更趋规范，更将个人律学见解融入其中，为这部律学名著最终问世作出巨大贡献。

众多迹象表明，薛允升系列律学研究成果，既代表了晚清律学研究的最高水平，更有大量刑部官员不同程度参与其中，并在薛去世后，多方合力将之整理出版，因此也意味着晚清刑部官员中间存在某种学术共识。更为要紧的是，薛允升的系统性、批判性律学研究成果，为晚清——尤其 1906 年宣布"君主立宪"以前的法律改革做了相当扎实的知识储备，甚至为某些旧律条文的修订改革指明方向。事实上，沈家本自 1902 年临危受命担任修订法律大臣起，便不断从薛允升的研究成果中汲取知识营养，从大规模抄录《读例存疑》内容，参以个人看法，撰写而成《律例校勘记》，到 1903 年删定颁布《大清删除新律例》，从详细签注 1906 年《刑律草案》稿本，到主持出台 1910 年《大清现行刑律》，无不带有薛允升《读例存疑》的知识印记。因此，在某种意义上，沈家本虽然不是晚清陕派律学人物，但藉由修订法律大臣的身份优势，却将薛允升积四十年而成之律学成果不断付诸实践，在晚清最后十年国运转折、吐故纳新之际，既彰显了传统中华律学的独特魅力，更使其本人不折不扣地成为薛氏律学研究事业的重要继承人和法律革新理论的坚强实践者。

此前我们在研究讨论晚清法律改革或其关键人物沈家本过程中，经常会提到沈家本曾经撰写的一篇文章——《薛大司寇遗稿序》（以下简称《遗稿序》）。这篇序文收录于沈氏生前自编文集《寄簃文存》①，是该书中与薛允升最为相关的两篇文章之一；另外一篇，则是同样被引用多次的《读例存疑序》（以下简称《存疑序》）。虽然二者皆为沈家本亲撰序文，但《遗稿序》不仅在形式上显得特别，而且文本内容存在颇多疑点，值得注意。试言之如下：

首先，假设《读例存疑》、《薛大司寇遗稿》均在薛允升去世之后整理出版，在概念上，二者皆在薛氏"遗稿"之列。但众所周知，《读例存疑》与《汉律辑存》、《唐明律合编》、《服制备考》（及《定例汇编》），共同源自薛氏积四十年律学研究经验而成之百余册著述底稿，是其毕生律学研究之精粹所在。而且，上述作品经过作者本人删削修改，在其去世前业已基本成型。相比之下，《薛大司寇遗稿》所收内容，借用沈家本的话说，向来仅有同官传抄之本，大都不是薛允升平时特别注意的文字：该书大致分作两卷，前卷是薛允升所拟各类司法文牍，后卷则关于各种典章制度。② 因此，《薛大司寇遗稿》与《读例存疑》虽然同为薛氏"遗稿"，但在薛允升个人律学著述体系中的分量不可同日而语。

其次，尽管《薛大司寇遗稿》所收内容并非薛氏生前特别注意的律学作品，沈家本等人作为薛允升的门生故吏，同样不忍令其湮没，故而在《读例存疑》付梓后，陆续将之搜集整理。由此引发的一个问题是：为什么在沈家本《寄簃文存》中仅有《存疑序》和《遗稿序》两

---

① 沈氏去世前曾于光绪丁未（1907）仲冬和宣统辛亥（1911）先后刊有《寄簃文存》两册、《寄簃文存二编》一册，后皆收入《沈寄簃先生遗书》甲编，但不再分别初编和二编。经查，《读例存疑序》和《薛大司寇遗稿序》最初皆收录于1907年刊印的《寄簃文存》。

② 沈家本：《薛大司寇遗稿序》，《历代刑法考》附《寄簃文存》卷六，第2223页。

篇序文，而不见其为薛氏其他律学作品撰写序言？或者，在整理出版
《读例存疑》之后，沈家本等人为什么不继续整理出版《汉律辑存》、
《唐明律合编》、《服制备考》或《定例汇编》等薛允升特别看重的律
学作品，却转而搜集整理《薛大司寇遗稿》呢？以笔者所见，直接而
最为可能的原因在于，当时上述稿本并不在沈家本掌握之中。最为典型
的例子，莫过于《汉律辑存》一书。该稿"庚子逸于京师，传闻为某
舍人所获，秘不肯出"，直到沈家本去世，此事始终未能解决。1912 年
秋天，沈在《汉律摭遗自序》中旧事重提，言其"百计图之，竟未珠
还"①，惋惜之情溢于言表。至于其他遗稿，辛丑年薛允升扈驾回京，
病逝于开封，《唐明律合编》、《服制备考》、《定例汇编》等书稿，则被
薛生前极为信赖的僚属方连轸（坤吾）带往安徽，只有《读例存疑》
一部书稿被刑部同人带归京师。想必在沈家本拟欲整理《薛大司寇遗
稿》之时，方连轸尚未回京，至少没有将其所掌握的薛氏遗稿交付沈
手。在此之后，由于各种因缘际会，这些书稿命运差别极大，除 1922
年《唐明律合编》一书在徐世昌主持下得以刊刻外，其余薛氏遗稿则
如泥牛入海，流散各方。

　　再次，基于上述原因，搜集整理《薛大司寇遗稿》便有了一层特
殊含义。如果说整理出版《读例存疑》，主要出于沈家本等门生故吏对
薛允升的怀念景仰，那么《薛大司寇遗稿》的搜集整理，则更体现出
刑部同人对于古今法学著述及其社会功能的一种价值认可。在该序文
中，沈家本先是谈到，中国古代长期以来往往只有官员担任司法职务
后，才开始讲究法律之学。《四库全书》收录书籍浩如烟海，甚至稗官
小说也有所著录，但法学作品却寥寥可数。因此，人们难免怀疑：是大
家鄙弃法学研究，从而不愿从事此一行当，还是有所讨论著述，却无人
进行表彰，以致法学书籍少之又少呢？但不管出于何种原因，薛允升平

---

① 沈家本：《汉律摭遗自序》，《历代刑法考》附《寄簃文存》卷六，第 2230 页。

生所积累的大量律学著述，无疑是一笔难得的知识财富。

在沈家本看来，刑部同人之所以对薛允升的律学著述如此看重，不仅在于律学著述十分难得，"非浅学所能道"，更在于律学著述"于政治大有关系"。尤其在整个社会汲汲追求法治的新时代，"若但征之今而不考之古，但推崇西法而不探讨中法，则法学不全，又安能会而通之，以推行于世"。① 故而，大家群策群力，整理出版《读例存疑》，既有对昔日长官的感情因素，更有对于律学著述的价值认可：不仅希望藉此促进整个社会讲求法律学术，会通中西古今，更在于通过昌明法律之学，以辅助国家早日步入法治正轨。一言以蔽之，沈家本等人整理出版《读例存疑》和《薛大司寇遗稿》，既出于刑部同僚间的某种私情寅谊，更在于面向国家社会的道德公益。

即此反观沈家本为《读例存疑》所撰序言，其绝大部分篇幅用来叙述历代成文法律演变，介绍薛允升律学研究著述概况，交代该书整理刊刻缘起，仅于文末言及该书在未来变法修律中的实用价值，"一笔一削，将奉此为准绳，庶几轻重密疏罔弗当"。相比之下，该文中规中矩，"新意"则略显逊色。当然，由此也可看出前后两篇序文的不同写作背景：《存疑序》作于法律改革之初，彼时沈家本心目中的法律改革，主要就是落实薛允升在《读例存疑》中提出的各项修律主张，故而《读例存疑》成为沈家本法律改革初期的实践指导用书。《遗稿序》则大致作于清廷宣布预备立宪之后，此时"法治"俨然成为官方主流话语，单纯在旧律框架下进行改革，改重为轻，或简单删削旧律，已不济实用，必须改弦更张，以"会通中西古今法律"为崭新宗旨。

最后，《遗稿序》与《存疑序》相比，有两点最大不同：（1）后者写作时间大致明确（即光绪甲辰冬十月），前者写作时间背景则不甚清晰。（2）1906 年《读例存疑》刊本尽管数量有限，但在一些图书馆中

---

① 沈家本：《薛大司寇遗稿序》，《历代刑法考》附《寄簃文存》卷六，第 2223 页。

毕竟可见，乃至现今在北京、东京、上海等地仍藏有不同数量的稿本，但所谓《薛大司寇遗稿》二卷，至今遍寻不见。揆诸中华书局根据《沈寄簃先生遗书》点校整理之《寄簃文存》卷六，共收沈氏自撰序文21 篇，其中没有署明写作时间者不在少数，但由于各书刊本大致可见，故发现或考订这些序文的写作时间并非难事。然而截至目前，《薛大司寇遗稿》在海内外各大图书馆或私人藏书中皆不曾见著录，而该序文末尾亦未署明写作年月，这一点十分令人费解。考求数年，访诸名山，尽皆空手而归，有时难免令人怀疑：该书是否真正存在过呢？

　　然而，世事机缘莫测，围绕《薛大司寇遗稿》而生的种种问题，在笔者心头萦绕多年，竟于最近在不经意间露出线索。日前撰写《北京、东京上海三地馆藏〈读例存疑〉稿本发现与研究》书稿既毕，尚觉对于沈家本著作挖掘不够彻底，料想其中必有关于薛允升之史料或史料线索。于是，将沈厚铎先生多年前赠送的五函《沈家本手稿》影印本①（以下简称"手稿"）从尘封的书架上取下翻阅，全面进行检索。待阅至手稿第一函所收《妇女实发律例汇说》时，在该册正文标题下赫然发现"长安薛允升撰 归安沈家本参订"字样，前所未见。粗读之下，知其原系薛允升底稿，后经沈家本参订辑补而成。另外，该册卷首附有一篇序文——《妇女实发律例汇说序》（以下简称《汇说序》），内中文字却似曾相识。转而将之与《遗稿序》仔细核对，发现二者竟然几乎一致，仅有一处文字略显不同。《汇说序》临近末尾处有一句文字，云"是编虽非公精意所存，然亦一代之典章所系，不可忽也"。在《遗稿序》中，类似内容则作"是编二卷，虽非公精意所存，然前卷乃宪牍之圭臬，后卷亦一代之典章所系也"。很明显，后者是在前者基础上修改而成：增加"二卷前卷乃宪牍之圭臬后卷"共 12 字，同时删去

---

① 该书全名《沈厚铎藏沈家本手稿》，共 5 函 27 册，为沈厚铎先生收藏沈家本手稿之全部，于 2013 年 7 月由西泠印社出版社彩色影印出版。承蒙沈老师数年前厚爱馈赠，于平日研读沈家本生平著述颇有助益。

"不可忽"三字。具体情形,参见下列图3-1、图3-2、图3-3、图3-4画线部分。

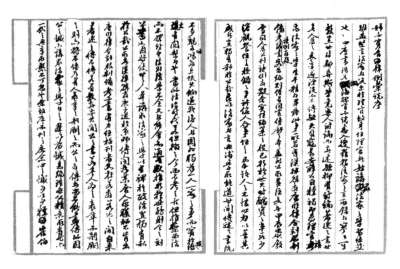

图3-1、图3-2　沈家本撰《妇女实发律例汇说序》(局部)

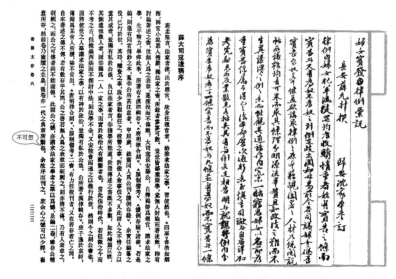

图3-3　(右)《妇女实发律例汇说》正文首页

图3-4　(左)《薛大司寇遗稿序》(局部,中华书局《寄簃文存》点校本)

经由对比，基本可以判定：《薛大司寇遗稿序》原本就是《妇女实发律例汇说序》，只不过在改换标题同时，做了十分轻微的文字修改。然而，沈家本为什么会将专门为《妇女实发律例汇说》撰写的序文，改作《薛大司寇遗稿序》呢？《妇女实发律例汇说》与《薛大司寇遗稿》之间具有何种关联？《妇女实发律例汇说》又是怎样一部书呢？薛允升和沈家本在该书形成过程中，又各自扮演了何种角色？为了解答这一系列问题，我们有必要从梳理《妇女实发律例汇说》的成书经过谈起。

（二）从《妇女实发律例汇说》到《薛大司寇遗稿》

藉由《妇女实发律例汇说》一书正文前薛允升所作"缘起"，以及文内附录的三段沈家本关键按语，结合相关历史背景，我们基本可以理清该书创作经过。沈家本其中一段按语云：

> 光绪壬午、癸未间，司寇薛公在西曹谕令各司，将妇女应否实发各条，各抒所见，呈递说帖，公亲自评其得失。时天水尚书尚在律例馆，因取公说，汇为是编。余于友人处抄此本，其中尚遗漏若干条，未知传抄之所逸欤？抑为编辑之偶略欤？官事冗迫，未获向公讨论之也。兹补录如左。①

据此可知，光绪壬午、癸未年间——即光绪八、九年间（1882－1883），薛允升时任刑部左侍郎，"谕令各司，将妇女应否实发各条，各抒所见，呈递说帖"，由薛允升亲自评骘优劣，检讨得失。随后，"天水尚书"——即赵舒翘，将薛允升的各种批评意见汇集起来，编成一册。至于沈家本，虽然于光绪九年（1883）方考中进士，但自同治初年捐

① 沈家本：《妇女实发律例汇说》，按语，《沈家本全集》第二卷，第252页。《沈家本全集》文字句读错讹较多，令人遗憾。今所援引者，皆与《沈家本手稿》（第一册）详细核对，不一一注明。

纳入部，此时已在刑部历练多年，担任刑部额外司员，"以律鸣于时"，故亦有机会参与其中，并在赵舒翘将薛允升原稿汇集成册后，得以从"友人处"抄录全稿。然在同样作为一流法律专家的沈家本看来，其中收录的妇女实发律例尚显不足，故而后续补录若干，并逐条加以按语，以求完善。

沈家本的上述说法，可在薛允升所撰"缘起"中得到验证。薛云：

> 律例内犯军流徒罪，均准收赎，情重者始有实发之条。而实发者，又有为奴、不为奴之别，例文歧出，周知非易。前令各司议妇女应否实发为奴若干条，盖欲讲求律例之原本，藉觇阖署之人材。乃统阅说帖所议，虽均有可采，而求其条理分明，源流毕贯，且知改法之难而不生异议，得定例之意而能观其通，诸作内究未一睹。窃思妇女以名节为重，实发系属不得已之法。本部历次通行，意至慎重，司谳者自应详加考究。鄙见所及，业散见各批矣。其有与例意足相发明者，就现行例内分为实发为奴者二十一条，实发而不为奴者九条，并有为奴而不实发者一条，略汇前说，逐注条末，存以俟考。[①]

据以可知，薛允升命令刑部各司员摘选《大清律例》中关于妇女实发律例条文，进行法理讨论，含有特别用意：一则号召大家讲求法律之学，考究定律本原；二则藉此考察各位司员律学水平之优劣。随着各司员将说帖陆续上呈，薛允升逐一批注意见，但很显然，考察结果并不理想，"虽均有可采，而求其条理分明，源流毕贯，且知改法之难而不生异议，得定例之意而能观其通，诸作内究未一睹"。面对此种情况，薛

---

① 薛允升：《妇女实发律例汇说》，缘起，《沈家本全集》第二卷，第247-248页。参见赵舒翘《代核妇女实发例议》，《慎斋文集》卷四，西安：西山书局，民国十三年，第9-16页。

允升择取其中可"与例意足相发明者"（共 31 条），分门别类，将个人意见注于每条之末，以供大家参考。在此之后，也就有了赵舒翘将之汇集成册、沈家本抄录补辑等故事。

从时间上看，沈家本抄录补辑该书的行为发生较早，大致在赵舒翘将原稿汇集成册之后不久。在该书末尾倒数第二段，沈家本夹注一长条按语，其中有云：

> 此编将实发各律例汇为一卷，条理分明，而尤以轻改成法为戒，盖慎之也。读是编者，甄其异同，以考其得失，庶可得律例之原本而观其通欤。光绪甲申长夏，家本记。①

"光绪甲申"即光绪十年（1884）夏季，当为沈家本完成薛允升原稿补辑工作——亦即《妇女实发律例汇说》一书完稿大致时间。然沈家本抄录补辑完成后，并没有立即将之公布于众，只是"藏弄箧衍"，前后长达二十余年。1907 年仲冬时节，沈家本整理出版《寄簃文存》，一并将该稿从箱箧中取出，重加校订，"将付手民，以备考证之助"。②（参见图 3-5、图 3-6、图 3-7）也就是在此过程中，沈家本先是特别撰写了序文，但出于某种考虑，复将之改作《薛大司寇遗稿序》，正式收录于同年出版的《寄簃文存》（卷四）。由此可知，沈家本撰写《薛大司寇遗稿序》，大致亦在光绪丁未（1907）年冬季，比撰写《读例存疑序》晚两年左右，但在《寄簃文存》付梓之前，而且距离该书正式付梓时间很近。

进而，引发一个新问题：为什么沈家本在《妇女实发律例汇说序》撰写完成后，很快便将之改作《薛大司寇遗稿序》呢？结合后者对前者文句的唯一一处改动来看，似乎可以笼统回答说，因为沈家本的编纂

---

① 沈家本：《妇女实发律例汇说》，按语，《沈家本全集》第二卷，第 257 页。
② 沈家本：《妇女实发律例汇说》，按语，《沈家本全集》第二卷，第 257 页。

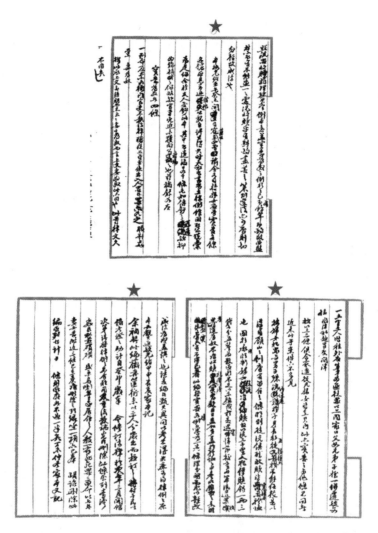

图3-5、图3-6、图3-7 《妇女实发律例汇说》中沈家本三段关键按语（带★者）

计划已经发生改变。具体而言，1907年冬天沈家本将该书重新校订，本拟将之单行问世，故撰写序文之际，尚名之为《妇女实发律例汇说序》。但在序文撰写过程中，沈家本激于时势，情不自禁地将薛允升律学著作的整理出版工作，提升到会通古今中西法律、关系国家政治前途、建设未来法治社会的高度，远远超出"一人一家"范畴。故在律文撰写完毕后，沈家本有心将薛允升其他平时"不甚注意"之未刊遗稿，加以搜罗整理，刊行问世。并且，根据修订后的序文可知，沈家本业已拟定编写计划——全书分成两卷，前卷收载薛氏司法公牍，后卷收录有关典章制度类著述。如果不出意外，已经重新校订整理之《妇女实发律例汇说》，肯定会被收录其中，且归属于后卷。

但如前言，沈家本整理出版薛允升遗稿的宏伟计划究竟实现没有，至今成谜。不过，从《薛大司寇遗稿序》改名如此仓促来看，至少有一点可以肯定：在1907年冬天《寄簃文存》付梓之际，该书仅是一个美丽愿景，尚未成稿。另外，结合下面三种文献的研读经验，笔者认为，所谓《薛大司寇遗稿》很可能最终并未成书，而是被另外一种书籍所取代。

首先，国家图书馆古籍部藏有一册名为《妇女实发律例汇说》的晚清抄本（编号49699），一册一函。该馆著录此书作者为"薛允升撰，沈家本参订"。经查，该书封面原题一书名，但签条残损，仅剩一大写"薛"字；现存纸面上，另题"法家言"三字。但不论是《法家言》，还是《妇女实发律例汇说》，作为书名，均欠妥当，因为二者皆只是该抄本部分内容。

通观全册，该书大致由以下几部分抄录而成：（1）《妇女实发律例汇说》。经核对，除缺少卷首沈家本序文外，该篇与《沈家本手稿》中的《妇女实发律例汇说》原稿正文完全相同。但与沈氏原稿略为不同的是，或许出于政治忌讳，沈氏原稿中仅用"天水尚书"四字代指赵舒翘，此书抄录者则在"天水尚书"旁边直接标注"赵舒翘"三字。（2）律例馆提调吉同钧拟驳案稿尾两件，末尾注云"此吉石翁去岁派充律例馆提调时驳案稿尾"。所谓"吉石翁"，应是该书抄录者对吉同钧的尊称。（3）光绪二十二年（1896）薛允升亲拟太监李苌材案奏折两件。因为在审理此案过程中，薛允升力主将违法太监李苌材斩首示众，惊动朝野。薛氏亲撰此案奏牍两件，委婉曲折，绵里藏针，具见功力，为刑部同僚所重。陕派后学吉同钧曾将之油印成册，并附三段评语。其中有谓"前后二折，委曲详尽之中，仍寓刚直不挠之气，卒使凶阉伏诛，纲纪肃然"，评价极高。（4）《请减轻刑法说帖》一件。经核对，其与吉同钧《乐素堂文集》卷七《上刑部长官减轻刑法书》一文完全相同。（5）魏源、贺长龄所辑《皇朝经世文编》"刑政类"部分文章摘抄，大致包含王明德《刑名八字义序》、潘杓灿《刑名十六字义》、姚文然《律意律心说》、徐宏先《修律自愧文》4篇。（6）《冯景立控司书程福善判》一则，抄录自晚清著名官员樊增祥的《樊山批判》。（7）《法家言》，摘抄自刚毅的《审看拟式》，内中包括论叙供、叙供法、论命案、论盗案、论奸情、论杂案、论律义共7篇。此外，又从晚清《法部律学馆课卷》第一集中，抄录教习吉同钧的"拟作"（即所拟写法学范文）三则，分别题作"律有加等之法"、"律有减等之法"、"律有累犯并科再科之别"。据抄录者云，这些内容足与律义相发明，"因录于后，以归一类"。

综上可见，这册名为《妇女实发律例汇说》的抄本实为一个大杂烩。该书抄录者或为晚清籍隶陕西的一名低级刑官，或因听过吉同钧讲解法律而与之存在师生雅谊。书中仅见其自署"晚翠轩主人"，但该人究竟姓甚名谁，暂时无法悬揣。即便如此，这册抄本足以告诉我们：（1）沈家本增补编校的薛允升《妇女实发律例汇说》稿本，除原撰序文经过改头换面，收入《寄簃文存》，于1907年率先问世外，该书正文部分——包含薛允升原稿和沈家本新增按语，尽管长期没有刊刻，但已在部分刑官中得以公开，乃至不胫而走，被人纷纷抄录。（2）光绪二十二年薛允升审拟太监李苌材案，在当时社会上影响巨大，薛氏所撰两件奏折更为时人所重。随着吉同钧将之整理油印，连同吉同钧的评注按语一道，传播相当广泛。故而，若言沈家本意欲编辑的《薛大司寇遗稿》前卷收录薛允升"宪牍之圭臬"，则此两件奏折理应收录其中。

其次，在中国人民大学图书馆古籍部保存有一册名为《薛赵二尚书遗稿》的油印本。现存该书有封面，无封底，全书约有百页，刷印于宣统元年（1909）秋季。在该书卷首，有吉同钧序文一篇。其中言道：

> 此乡先正薛赵二尚书遗稿也。二公均由刑部律例馆提调简任太守，历陟封疆，先后入长西曹，平生于法律一道，殚精竭虑，直入萧曹杜郭之室。展如先生领刑曹仅四年，云阶先生领刑曹二十余年，尤饶于著述，《读例存疑》，其一种也。二公所拟奏疏，及驳外省题咨稿件，不下千数百起。其中关系政教大端，有裨世道人心者，不可以数计。庚子变故，大半失遗无存。兹编系昔年手录，虽片羽吉光，仅全豹之一斑，不足尽先生之底蕴。然司法君子，得此一编，而玩索之，不难解类旁通，举一反三，则于办案拟稿之道，思过半矣。
>
> 宣统元年中秋后乡后学法部郎中吉同钧谨述①

据此可知，该书为时任法部郎中的吉同钧以薛允升和赵舒翘的"乡后学"身份，将往日亲自抄录的薛、赵二人遗稿整理刊印，以求为当时司法界人士提供参考，帮助大家熟悉"办案拟稿之道"。

吉同钧还在一些奏折后面详细交代了部分奏折的写作背景。诸如第8和第9件奏折后附按语云：

> 以上二稿，系先生面命手示之件。先生有云，此等案件，犹作八股之枯窘题。当时派审提调诸君，平日均称作手，一遇此案，群相束手无策，不过以缉获另结等词了之。因走笔为此，似于案情曲折，颇能详尽，可余存之，勿以寻常咨稿而轻心掉之，云云。钧受

---

① 吉同钧：《薛赵二尚书遗稿序》，《薛赵二尚书遗稿》卷首，宣统元年油印本，不分卷。

而读之，奉为枕中鸿宝。后经庚子乱离，书籍全失，此本犹携诸怀袖，不敢稍忘。今夏从敝麓中检出，覆阅一遍，犹如亲先生馨欬。亟付刷印，公诸同好，并记数语于末，以志向往。[①]

根据吉同钧此番讲述，可知这些奏稿不仅在薛允升（和赵舒翘）多年司法实践中具有代表性，且历经无数兵燹战乱，竟得保存，尤属不易。

该书共收载各类奏折 15 件，而且几乎每件奏折末尾都附有吉同钧的精炼评语。其中，第 1 至第 2 件为光绪二十二年薛允升审办太监李苌材案亲撰奏折，附有吉同钧评语三段。与前书第（2）部分相较，文字内容几无二致。由此推测，前书可能据此抄录而成，或者至少二者有共同的文献来源。第 3 至第 10 件奏折，也都是薛允升所撰；其余 5 件，则出自赵舒翘之手。今将其中 8 件薛允升所拟奏折的信息汇列如表 3-1。

表 3-1 《薛赵二尚书遗稿》中薛允升部分拟稿信息（第 3 至第 10 折）

	案首语	大致年份	涉案者
第 3 折	奏为旗妇冒领诰封，比律定拟，恭折仰祈圣鉴事	光绪二十一年	旗妇乌桂氏
第 4 折	刑部谨奏为遵旨查明言官参奏各情均多不实，谨将讯出情形，先行据实具奏，仰祈圣鉴事	光绪二十二年	御史敬祐
第 5 折	刑部谨奏为交审续获人犯狡供卸罪，酌拟监禁待质，恭折奏祈圣鉴事	光绪二十二年	山东邢二
第 6 折	谨奏为交审人犯并无抢夺情形，系由事主气愤妄指，按律酌量定拟，恭折奏祈圣鉴事	光绪二十二年	山东李伏起
第 7 折	谨奏为审明谋杀大员伤而未死人犯，遵旨按律加等定拟，恭折奏祈圣鉴事	光绪二十二年	已革马甲林光
第 8 折	呈为咨送事，准西城察院移送张占奎报伊子张兆祥被赶驴人张锁接走后被淹身死一案	光绪二十二年	张兆祥

---

① 吉同钧：《薛赵二尚书遗稿》，第 9 折后按语。

	案首语	大致年份	涉案者
第9折	准步军统领衙门咨送睿王府太监刘进祥家看房二人不知被何人杀伤身死一案	光绪二十二年	刘进祥
第10折	刑部谨奏为审明迭次结伙持械行窃得赃各犯，按例分别定拟，恭折仰祈圣鉴事	光绪二十二年	奚进镕等

从时间上看，以上 8 起案件，除第 3 起发生在光绪二十一年（1895）外，其余均发生在光绪二十二年，彼时薛允升正担任刑部尚书。这些案件率皆经过薛允升亲自审理，并由其本人撰写了相应司法文牍。参照前述沈家本《薛大司寇遗稿序》中提及的采择标准，这些奏牍文字理应属于后卷——"宪牍之圭臬"，但沈家本是否同意吉同钧关于各折之评语，则无法臆测。

另外，《薛赵二尚书遗稿》的刊印时间，也很值得注意。根据前引吉同钧序文可知，该书大致刊印于宣统元年即 1909 年秋季，距离沈家本校订《妇女实发律例汇说》并撰写序文，乃至《寄簃文存》正式付梓（1907 年冬）为时甚近。以理度之，沈家本编校辑补的薛允升遗稿《妇女实发律例汇说》，在刑部官员中早已公开，并不是什么秘密，吉同钧作为与沈家本交往密切之人，不可能不知道此书存在。但很显然，吉同钧无意将之收入《薛赵二尚书遗稿》。以笔者猜测，或许《妇女实发律例汇说》虽以薛氏遗稿为基础，但经过沈家本增辑参订，业已成为一部独立著作，故而不便纳入《薛赵二尚书遗稿》。再者，吉同钧所编之书虽名"遗稿"，但内容相对单一，皆为其昔日抄录的薛、赵二人司法文牍，并不包含其他类型的薛氏遗稿。

另一方面，由于薛允升在刑部具有长期而广泛影响，不排除吉同钧所抄录的上述薛允升稿——如影响极大的审办太监李苌材案奏牍，也被其他刑官（包括沈家本在内）传抄记录，用作学习参考。所以，沈家本彼时完全有可能通过吉同钧或其他渠道，获得这些奏牍文稿，辑入

《薛大司寇遗稿》。按照常理，如果沈家本在吉同钧编校油印《薛赵二尚书遗稿》之前，业将《薛大司寇遗稿》一书付梓，吉同钧似乎没有必要在两年之后再将这些奏牍文稿重复出版。即便他觉得有必要将个人平日抄录积累的薛、赵二人奏牍遗稿整理出版，在其序文当中，对于沈辑《薛大司寇遗稿》似乎也没有不提之理。

职是之故，笔者推测，情况大致应是这样：1907 年冬沈家本拟定编辑《薛大司寇遗稿》计划，并已着手进行，但两年左右时间里，由于各种原因，并未编校完竣。待至 1909 年秋，吉同钧出于对乡前辈的景仰遥念，将自己平日抄录积累的薛、赵二人司法奏牍加以董理，汇成一册，油印出版。在这之后，沈家本反倒觉得没有必要重复出版《薛大司寇遗稿》，以致原定计划最终搁浅。我们今天也只能在《寄簃文存》中见到由《妇女实发律例汇说序》改成的序文，却找不到该书半点影子。①

再次，首都图书馆古籍阅览室保存有一册油印本，封面题作《薛大司寇审办太监李苌材等奏底》，共计 16 页。据馆方著录信息，该书成于光绪二十二年，但显然这只是薛允升审办李苌材案的时间。笔者注意到该馆藏有另外一册晚清油印本——《秋审应入可矜人犯酌拟随案减等条款》，其封面题字与《薛大司寇审办太监李苌材等奏底》书法极为相近，且封面及内文用纸皆属同一时期。该书所收录条款的批准时间，则为光绪三十二年十二月二十二日，故前述《薛大司寇审办太监李苌材等奏底》的刷印时间亦大致在此前后——即 1906–1907 年间，并非馆方著录的光绪二十二年（1896）。

经过比对发现，该油印本《薛大司寇审办太监李苌材等奏底》与前述《薛赵二尚书遗稿》所收第 1 至第 2 件奏稿内容完全相同，且均附

---

① 其中并不排除晚清法律改革背景下，沈家本作为修律大臣的迅速崛起，以及新兴法政人才、国外法律专家的不断引入，给刑部原本复杂的人事关系带来冲击。尤其随着“部院之争”，以及围绕《大清新刑律草案》引发严重争议，沈家本计划中的《薛大司寇遗稿》本属陈年故迹，是否还有编辑出版之必要，不无疑问。

带吉同钧所作评语。稍显不同的是：（1）两书所载吉同钧三段评语次序并不一致。即如《薛大司寇审办太监李苌材等奏底》末尾一段按语（参见图 3 - 8、图 3 - 9、图 3 - 10），在《薛赵二尚书遗稿》中位列二

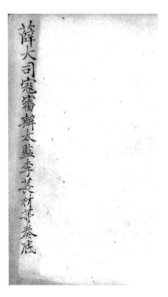

图 3 - 8、图 3 - 9、图 3 - 10　《薛大司寇审办太监李苌材等奏底》扉页、首页及末页

段按语最前;(2)吉同钧两处按语署名方式略异,《薛大司寇审办太监李苌材等奏底》一书分别作"后学同钧又志"和"吉同钧谨具",《薛赵二尚书遗稿》对应处则作"同钧又志"和"吉同钧谨注"。由此可见,尽管二者皆为晚清油印之本,内容文字颇显雷同,但并非出自同一版本。以理推测,首都图书馆所藏单行油印之《薛大司寇审办太监李苌材等奏底》,应该早于1909年秋天出版的《薛赵二尚书遗稿》。而且,从前后两书所附评语来看,首都图书馆保存的这册油印《薛大司寇审办太监李苌材等奏底》,似乎也是吉同钧所为。当然,这一册《薛大司寇审办太监李苌材等奏底》得以单行出版,再次说明当年薛允升审办此案造成的社会影响极大,该奏稿中所体现出来的深厚律学修为、刚直严明的司法品格,为刑部寅僚们所折服倾倒。

(三)从《妇女实发律例汇说》看晚清刑部官员之律学研习

但凡一时代某种学问风气之养成,或某种学术流派之突起,皆离不开著名学术人物之开辟引领。宣统元年(1909)六月,沈家本在给吉同钧《大清律例讲义》所写序文中谈到,律例为专门之学,人多惮其繁难,故虽在《大清律例》中明确定有官员必须"讲读律令"的法律专条,但真正从事该项学问者很少,然"当光绪之初,有豫陕两派,豫人以陈雅侬、田雨田为最著,陕则长安薛大司寇为一大家。余若故尚书赵公,及张麟阁总厅丞,于律例一书,固皆读之讲之而会通之"。[1]中华民国三十一年(1942),晚清法律改革派健将董康也在《清秋审条例》一书"绪言"中,重点谈到晚清刑部的陕豫两派,其言谓:"凡隶秋曹者,争自磨砺,且视为专门绝学。同光之际,分为陕豫两派,人才尤盛。如薛允升云阶、沈家本子惇、英瑞凤冈,皆一时之佼佼者"。[2] 由此

---

① 沈家本:《大清律例讲义序》,《历代刑法考》附《寄簃文存》卷六,第2232页。

② 董康:《清秋审条例》,绪言,1942年原刊,北京:中国书店,2007年影印。

可以想见，晚清同光之际，中央刑部曾经兴起一股研读刑名律例之学的热潮，形成著名的陕豫两大律学流派，并且在秋审司法领域涌现出薛允升、沈家本、英瑞等杰出人物，蔚为大观。但在这种风潮之下，刑部官员的律学研读行为有哪些具体表现？薛允升、沈家本等著名人物，又起到何种作用？或笼而统之，晚清刑部官员的律学研究是如何开展的呢？遗憾的是，长期以来，我们对此不甚了了。如今借助分析《妇女实发律例汇说》一书之成书经过，或许可以帮助我们揭开上述问题的冰山一角。

首先，沈家本所作按语和薛允升卷首"缘起"文字告诉我们，《妇女实发律例汇说》一书，实际上源自 1882–1883 年间薛允升——作为刑部侍郎——对于各位司员的一次集体法律考察，命令各位司员将《大清律例》中有关妇女犯罪后实际发遣的律例条文逐一挑选出来，指摘其中利弊得失，乃至提出相应修改意见。显然，这一思路与薛允升本人的律学创作主张十分吻合，即通过研读成文法律之由来经过、法律原理，发现其中存在的问题，提出解决意见，为将来重启法律修订预先作出准备。

薛允升之所以有如此主张，与其心中蕴蓄多年的一桩憾事密切相关。其在《读例存疑自序》中言：

> 朝廷功令，凡条例之应增应减者，五年小修一次，十年及数十年大修一次，历经遵办在案。同治九年修例时，余亦滥厕其间，然不过遵照前次小修成法，于钦奉谕旨及内外臣工所奏准者，依类编入，其旧例仍存而弗论。自时厥后，不特未大修也，即小修亦迄未举行。廿年以来，耿耿于怀，屡欲将素所记注者汇为一编，以备大修之用。[1]

---

[1] 薛允升：《读例存疑自序》，《读例存疑》卷首。

原本自乾隆以后，清朝修订条例的工作，五年一小修，十年或数十年大修一次，十分规律，但自同治九年（1870）以后，却长期未有大规模律例之举，以致积累太多法律问题，亟待清厘。薛允升曾亲身参与同治九年的修例活动，但在他看来，当年修例效果很不理想，甚至造成许多新的法律问题。所以，他耿耿于怀二十多年，平日在研读《大清律例》过程中，将发现的各种法律问题（和解决问题的方法）随时记录下来，以备未来修律之用。由此，我们既可以看出薛允升作为一名刑部官员、律学专家的兢兢业业，不负厥职，也足以体现他作为一代律学宗师、法界钜子的高瞻宏图，深谋远略。

经过赵舒翘汇集整理的薛允升《妇女实发律例汇说》原稿，分为"为奴实发者"、"实发而不为奴者"、"为奴而不实发者"三类，共涉及31条律例。沈家本随后补辑者，则分成四类，共12条。二者合计，共有43条。大致情况，如表3-2所示。

表3-2 《妇女实发律例汇说》内容统计

作者	类别	条目数	备注
薛允升撰（沈家本按）	A. 为奴实发者	21条	第5条："惟广西司汤作最为得之。"
	B. 实发而不为奴者	9条	
	C. 为奴而不实发者	1条	
沈家本补	A. 实发为奴者	4条	
	B. 实发而非为奴者	2条	
	C. 徒流不收赎者	3条	
	D. 迁徙者	3条	
合计	——	43条	

如前所述，在薛允升看来，刑部各司员所上说帖绝大多数难言合格，甚至有些令人失望。我们看到，他在每条律例条文后所作评语，对于刑部各司员说帖基本持负面评价，惟独在"为奴实发者"第5条下，作出

了一次正面评价。其言谓：

> 查同治三年本部诵行章程，妇女犯积匪并窝留窃盗多案，犯该军罪以上，及屡次行凶讹诈拟军者，实发驻防为奴，本属过严。同治七年，略为变通，大约谓妇女犯积匪等项，如罪应拟外者，方行实发；军流以上者，仍准收赎，意在由重改轻，如无外遣罪名，即可不必实发。若实有不得不发之势，则必加重拟遣方可。此定例之苦心也。说帖多谓积匪及屡次讹诈无外遣专条，岂非刻舟求剑？惟<u>广西司汤作最为得之</u>。①

据此推测，"广西司汤"所作说帖，与薛允升的法律见解基本一致，因而在各司中脱颖而出，深获青睐。然而，遍查 1882 – 1883 年刑部实任及额外司员名单，并未发现广西司有汤姓刑官。我们仅在光绪十年（1885）以后刊印的《爵秩全览》和《缙绅全书》中，发现一名汤姓员外郎——汤似瑄②，但其任职并非在广西司，而是陕西司。笔者猜测，薛允升撰写原稿或赵舒翘编辑整理时可能有所混淆，当然也可能是沈家本后来抄录辑补时偶然造成的笔误。

至于 1882 – 1883 年间正在刑部担任额外司员的沈家本，我们并未在《妇女实发律例汇说》原稿中发现薛允升对其有所提及，然以理推测，沈家本应该是当事者之一。若言其系属额外司员，可能没有单独出具说帖的资格，但沈至少应是此事的重要见证者。同样可以肯定的是，该书所记录的只是薛允升担任刑部侍郎和尚书期间，对于刑部司员进行的一次

---

① 薛允升：《妇女实发律例汇说》，"为奴实发者"第 5 条下评语。

② 据《清代官员履历档案全编》可知汤似瑄大致履历，如下：汤似瑄（1834 – ?），直隶清苑人，祖籍江苏。咸丰九年中式，签分刑部。光绪五年九月，补陕西司主事。六年五月，补四川司员外郎。十年六月，补陕西司员外郎。十二年四月，补湖广司郎中。十五年七月，派充秋审处坐办。二十二年四月，补授湖南常德府知府。（秦国经等：《清代官员履历档案全编》第 5 册，汤似瑄履历单，第 609 页）

法律专业知识考察，类似的法律知识考察或集体研习活动应该不在少数。

与此同时，我们从赵舒翘后续对于薛允升原稿的整理编辑、沈家本的增补辑校等情况来看，薛允升带领大家进行的这场律例研习活动，虽然彼时各位司员的答卷不尽理想，但从长远来看，取得了相当积极的效果。尤为重要的是，这场律例研习活动对沈家本的触动很大，促使他在薛允升原稿基础上进行增补，并通过增加按语等方式，使关于妇女实发律例的专题研究更趋全面和深入。而且，据沈家本光绪三十三年仲冬所作按语，该书收罗《大清律例》中关于妇女实发律例共计 43 条，经他所主持的法律改革，由重改轻，删繁就简，"所存者不过一半"。由此来看，薛允升 1882－1883 年间进行的这场律例研习活动，有意无意地为晚清法律改革做了部分知识铺垫。

推而广之，以《读例存疑》为代表的薛允升律学著作，林林总总，主题多元，但其宗旨一以贯之，皆以检讨现行法律为出发点，质疑商榷，提出各种修改意见，为将来朝廷重启法律修订做好储备。即此可以断言，晚清法律改革固然存在来自外部的巨大政治和外交压力，但即便没有基于收回"治外法权"的直接动机，在清朝法律自身不断发展过程中，已然积蓄了相当雄厚的自我批判力量，只待修律时机一到，便会冲破闸门，倾泻而出，发挥其巨大的知识威力。

无独有偶，我们在晚清刑部官员唐烜的日记中发现，在薛允升之后担任刑部尚书的赵舒翘也曾专门考察刑部各司员法律知识，并带领大家进行律例研习。据唐烜光绪二十四年八月二十日日记，赵舒翘"少孤贫力学，中甲戌科进士，分刑部主事。授职后，即究心律例，受知于潘文勤公，派充提牢厅司员"，后外放安徽知府，洊升江苏巡抚。光绪二十三年，内召为刑部侍郎，未一年便升任刑部尚书，计释褐至任刑部尚书，"甫二十四年，汉人中所未有也"。①

---

① 唐烜：《唐烜日记》，光绪二十四年八月二十日，第 139 页。

光绪二十四年（1898）九月十二日，唐烜在日记中云"至署上堂，适赵展如尚书方共湖广司司员等讲究律例，立听久之"。次日，记云"月初赵堂传谕各司，凡司官常入署者，皆接见，并交印格本，令本官自书名字、籍贯、出身，名为《西曹寅谱》。每日一司上堂谒见，询以公事，或秋审，或现审律例中疑难处，然能对者恒少。尚书亦不甚苛责，唯极意劝勉。明日应轮到山东司接见之期。"又次日，"午前进署，同司到者已十数人，至十二钟到齐。上堂，逐人接见后，向予询及斗殴门'殴死缌麻兄妻'一条。此项在妻妾与夫亲属相殴门内，然律例皆无明文，唯注内有'大功以下兄弟妻，皆以凡论'之语，人往往习而不察。'以凡论'，人皆知之，而本条乃附在正文之小注内，则或忽之。若骤然一问，不能说出下落，岂非'以凡论'三字，竟无专条可引乎？予于前月内翻阅一条，曾留心查记，故于今日之问，确切指明，赵公颇有奖语，实意外之幸也。回司后，各寅好咸为推许，书吏等亦环向问讯。盖数日前，他司印稿无不为所窜者，故众人皆以为异事也。"①

由上可见，赵舒翘升任刑部尚书后，颇能励精图治，不仅加强对于各司职员考核了解，更与大家进行律例研习，切磋问难。从唐烜的记录来看，其所出问题似乎有些艰深，尤其《大清律例》中小注文字，常为刑官所忽视。唐烜也实在有些运气，正好在此之前翻阅过该条，并特别作了记录，因而非但没被赵舒翘问倒，反受到赵的嘉许。至于其他司员，便没那么幸运，几乎全军覆没，所以在唐烜受到表扬后，都来向其询问经验。但一方面，我们不能说赵舒翘故意提出刁钻法律问题，为难大家。因为唐烜说过，面对大家难以回答的窘境，"尚书亦不甚苛责，唯极意劝勉"，足征赵舒翘此举之主要目的，还是和大家切磋讨论，督促大家加强法律研习。另一方面，我们可以看出，赵舒翘和薛允升的法律修为极高，在刑部官员当中蔚为翘楚，甚

① 唐烜：《唐烜日记》，光绪二十四年九月十二日、十三日、十四日，第144—145页。

至他们可以做到傲视群雄，轻易发现僚属的知识谬误，或出题难倒大部分刑官。

与薛、赵二人类似，晚清法律改革时期的其他刑部堂官，也很喜欢通过考问律例的方式，督促各司职员加强法律专业学习，勤勉任职。即如光绪三十二年（1906）十月廿五日，唐烜在日记中载，"连日署内堂官面考各司实缺人员，闻系绍任廷侍郎主政，每人各一题，即照律例各门中摘取一二句，被考者往往不能成幅。盖门类条件太繁，不独素未披览者茫茫莫解，即日理刑名者，亦难随举无滞。合署实缺人员，往往有终年不到署者，因此颇以为苦"。十二月初九日，又记："绍任庭侍郎为予己丑同年，本日上堂时，雁行列坐，各授纸笔。侍郎起立云，诸君中陈老爷系山西司主稿，逐日晤谈，可毋庸与考，照青同年（按：即唐烜）亦天天入署办事者，二君先请回司可也。"① 此中"绍任廷"或"绍任庭"即觉罗绍昌（1857－1912），满洲正白旗人，光绪己丑（1889）进士，曾于光绪三十二年担任刑部左侍郎。官制改革后，继廷杰（1840－1911）任法部尚书。1911 年 5 月"皇族内阁"成立，绍昌出任司法大臣。辛亥后归隐，次年五月积郁成疾，猝然离世。

绍昌此番以律例考试各司实缺人员，虽然有点像是"例行公事"，却暴露出当时部分刑官中弥漫着一股懒散习气：每日坚持入署办公者，实在有限。有的实缺人员，甚至终年不到署办公。通过逐日逐员考察律例，或许风气能够有所改进。然在唐烜看来，因为律例内容太过繁琐，即便"日理刑名者"，也很难做到随举无滞，故而大家颇以为苦。至于唐烜本人，因为经常入署办公，众所共见，有幸获得免考。笔者曾据《唐烜日记》进行统计：现存日记基本涵盖光绪二十二至光绪三十三年，除去休沐等法定不入署办公外，应入署办公约为 1055 个工作日。唐烜入署办公记录，则有 910 日之多，约占前者之 86%，足征绍昌所

---

① 唐烜：《唐烜日记》，光绪三十二年十月廿五日、十二月初九日，第 254－255、268 页。

言不虚。唐炯受到免考优待，也算是德配其位。①

　　如果我们将上述薛允升、赵舒翘、绍昌三人作为刑部堂官考核下属官员法律专业知识，带领组织大家进行法律研习活动视作一类，称之为"在刑部长官主导带领下的律例研习"，那么在此之外，晚清刑部官员间自发进行法律研习和交流活动，互相砥砺律例之学，其实也相当普遍。即如沈家本1890年重刻《唐律疏议》正式付梓前，不仅请研究唐律二三十年的薛允升撰写序言一篇，其亲自撰写的《重刻唐律疏议》序文草稿，更是拿给同僚们审阅品鉴。我们在沈厚铎先生保存的《沈家本手稿》中，有幸发现该序文原始底稿，略如图3-11、图3-12、图3-13所示。

　　上列三页手稿的页眉处，先后写有"探原立论，体大思精"、"仁人之言"、"断语确凿不磨"、"此层万不可少"、"推阐尽致"等字样。文末则附有一长段按语，云"于律之源流利弊，洞澈靡遗，乃能有此一篇文字，勿以寻常法家言视之。拜服，拜服。年小弟徐兆丰读"，并钤一朱文方印（"乃秋"）。这些评语的作者徐兆丰（1835-1908），号乃秋，江苏江都县人。同治十三年（1874）中式，改翰林院庶吉士。光绪二年散馆，签分刑部。八年，派充提牢厅主事。九年十一月，题补安徽司主事，充奉天司正主稿，兼秋审处行走。十二年三月，题升福建司员外郎。十三年六月，题升河南司郎中。十四年九月，调补直隶司郎中；十二月，奉旨补授山西道监察御史。十五年十月，掌京畿道事务。十九年四月，补授浙江温州府知府。②

---

①　晚清刑官中，除薛允升、赵舒翘等人外，沈家本也是勤勉尽职的典范。我们在他的日记中发现，其入署办公记录频繁且连续。光绪癸未（1883）沈家本中式后，九月廿六日似乎有些倦勤，便没有入署办公。第二天，即遭到堂官薛允升当面询问，以致他大发感叹："此后竟有不能一日偷闲之势"。（《沈家本日记》，光绪癸未（1883）九月廿七日，《沈家本全集》第七卷，北京：中国政法大学出版社，2010年，第744页）

②　据《清代官员履历档案汇编》（第5册，徐兆丰履历单，第451页）及徐诵芳《皇清诰授资政大夫二品顶戴赏戴花翎福建延建邵兵备道显考乃秋府君行述》（光绪三十四年，石印本）。

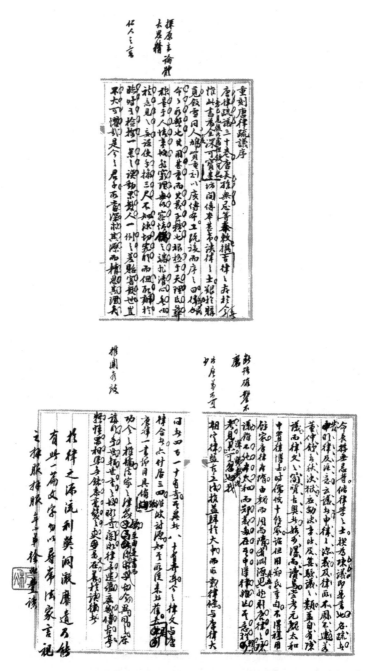

图 3-11、图 3-12、图 3-13　沈家本《重刻唐律疏议序》原稿局部

　　沈家本与徐兆丰（乃秋）大致相识订交于光绪九年（1883），即沈家本中式之年。当年九月三十日，沈家本日记云"堂派徐兆丰号乃秋来司办现审，李念兹号慕皋帮办现审"；十月初四日，复云"徐、李二君到司，现审有徐君办理，可以稍弛仔肩"。[1] 另外，翻查《沈家本日记》、《枕碧楼偶存稿》，及徐兆丰《香雪巢诗抄》（光绪丙戌刻本），可知二人平时诗酒交往频繁，关系密切。因而，沈家本在 1890 年重刻《唐律疏议》工作基本完竣后，将自己撰写的序文交给徐兆丰，请其提出批评意见，亦属合情合理。徐兆丰则在眉批和文末评语中，除了对沈家本给予赞扬和恭维外，诸如"断语确凿不磨"、"此层万不可少"等评语，还是体现了一位法律专业人士的知识评判。

　　另外，我们知道，沈家本生前有一部十卷本未刊著作——《秋谳须知》。虽然其为沈家本个人律学专著，但在该书现存稿本中，也可以看到刑部同僚们签注的大量参考意见，以供沈家本斟酌取舍。如在该书第五卷起首处，沈家本亲笔题注："此编系未成之书，其中不妥之处，须大加删改，请诸公细核。"[2] 所谓"诸公"，自然是给沈家本撰写该书提供参考意见的刑部同僚。因此我们说，与薛允升《读例存疑》等书类似，沈家本在撰写《秋谳须知》过程中，也大量吸收了刑部同僚们的知识和智慧。换句话说，正是通过诸如此类的律学研习交流活动，晚清刑部同僚们的集体法律知识智慧直接催生了一部部重要的律学作品。

　　上述刑部官员间自发进行的律学研习和交流活动，一直持续到晚清法律改革时期，乃至清朝灭亡前最后两年。即如 1909 – 1910 年沈家本以修订法律大臣名义发表的两篇著名论文《论故杀》和《故杀余论》[3]

---

① 《沈家本日记》，光绪癸未（1883）九月三十日、十月四日，《沈家本全集》第七卷，第744 页。

② 沈家本：《秋谳须知》卷五，卷首按语，《沈家本全集》第一卷，第 617 页。

③ 沈家本：《论故杀》（《北洋法政学报》第 105 册，第 1 – 24 页，宣统元年五月下旬），《故杀余论》（《北洋法政学报》第 130 册，第 1 – 10 页，宣统二年二月上旬），北洋官报总局印刷。前后两文，载于沈家本《历代刑法考》附《寄簃文存》卷二，第 2063 – 2083 页。

初稿完成，正式发表前，亦曾交由下属吉同钧等人加以评阅。两文正式发表时——应该是在沈家本特别授意下，将吉同钧的两段评语一并刊出。随后，沈家本更是将之收入个人文集《寄簃文存》中。所以，吉同钧的按语文字至今保留下来。（参见图 3-14、图 3-15、图 3-16）如此一来，不仅使原本带有一定私人交流性质，或相对限于职业范围内的律学研习交流活动，通过现代纸质媒体公之于众，更使今天的我们得以近距离感受晚清刑部（或法部）官员间律学研习活动的流风遗韵。

最后，从沈家本《寄簃文存》收录的部分文章可以看出，晚清刑部官员自发进行的律例研习活动不在少数，而且不时通过私人或集体性的律学研习活动，产生若干新的律学作品。其中，罗维垣便是一个十分典型的例子。

罗维垣（1858-?），号石帆，湖南善化人，光绪十六年（1890）会试中式，签分刑部。二十六年，充浙江司主稿、秋审处坐办。二十七年八月，补山西司主事。二十八年四月，经本部奏保随扈各员，赏加四品衔，同月题升贵州司员外郎。二十九年，充律例馆提调；五月，题升奉天司郎中。三十年，充律例馆总纂。三十一年俸满截取，经本部保送堪胜繁缺知府之任。五月初三日，由吏部带领引见，奉旨照例用。[①] 在光绪二十九年十一月二十九日（1904 年 1 月 16 日）刑部进呈薛允升《读例存疑》的奏折中，特别罗列参与该书整理的 20 位刑部职官姓名，罗维垣亦跻身其中。

宣统元年（1909）三月，沈家本在《罗石帆官司出入人罪减除折算表跋》中特别谈道：

> 罗石帆太守官西曹时，慨法家之言无人讨论，爰勾集同人，联

---

① 秦国经等：《清代官员履历档案全编》第 7 册，罗维垣履历单，第 490-491 页。

故殺餘論

前論故殺詳矣，而意尚有未盡者更條舉之（前論見本報一百五冊

闖津留難律云不顧風浪故行開船至中流停船勒要船錢因而殺人者以故

殺論舊注如中流要錢而爭角塍跌落水或中流停船時被風浪衝擊等項皆

殺傷之事也輯注事非故殺而得故殺之罪者以其故冒風浪停船嚇詐因致

殺人即是有意欲殺矣

按此係有心嚇詐重在勒要船錢初無殺人之意而亦以故殺論者為其明

知風浪之險而不顧風浪即有害心也輯注云卽是有如是心果乎況因要錢

無此意而強謂之為有意此以無為有法果有如是之虛誑者乎

而有意殺人乃律之謀殺因而得財害命自有專條乎此條故字

以臨時云十字解之萬不可通不若舊說知而犯之唐律疏議云有害心

為尤當也

故殺餘論　　　　修律大臣沈家本稿〔印〕　　一

故殺餘論　　六

人命者雖非當時殺訖，而存心欲殺已顯然應以故殺論觀於此謀則成

力殺人之應以故殺論前人已有言之者非今日一二人之私見而當日故

殺之案不拘拘於臨時欲殺之文（益可見矣

竊等引證詳博剖晰微至而論斷尤極精當非淺學所能道其隻字末後以獨

謀諸心及臨時有意欲殺皆以謀殺論故毆傷人及用刃傷人因而致死以故

殺論必有互圖之狀乃以圖殺論分作三層界限極為分明而列臨本意不然每

年秋讞聯篇無數實案不但與律減輕之宗旨不合且使煦仁子義之華反

可免然審酷拷之濫但如此變通將來攷訂新律似應將圖殺一項做照東西

各國一律改為故殺一項從前本有實緩之分現擬另訂條款分別實

緩辦理不必仍前一概入於故殺一項應於求生之意不然每

以我為作法於涼也吉同為識

附一跋

康熙雍正年間故殺之案不必皆有臨時起意欲殺之供秋審有經擬矜決者

並非一律入實均有成案可考乾隆年間始恪守律注尺寸不逾矜秋一槪入

實然其時每年秋審情實之案總有三百數十起圖殺之案辦理固嚴故殺之

案尚不為少嘉慶以後日趨於寬年故殺者有明是故殺實案一則惑於救

生不救死之說一則必須取起益致死之供懼惲其難也泛今已百數於秋

年議謹通必多譬議殘懷所編新律初禍擬改圖殺者一則擬流似涉太寬故殺則定實緩者殺〔

鄙意〕因圖殺中顏多應實之案若一槪擬流以涉太寬故殺者辦法必（

此議定稿則圖殺中情重者少可無虞其太寬故殺則定實緩緩辦法亦不虞其

太濫似尚不失並康雍年間故殺成案可以少省於將來罕刊之事且有圖殺記

與同人共商之（本又注〕

捧讀批示並康雍年間故殺成案數則足見向辦故殺原不拘泥律注十字必

閩吉郎中說帖

故殺餘論　　　　　　七

图3-14、图3-15、图3-16　沈家本《故殺餘論》局部（《北洋法政学报》第130册）

> 为律课，常以此律命题，人皆苦其艰晦。石帆竭币月之力，取减除折算法，条分缕析，列为三表，向之苦其艰晦，今开卷而瞭然，洵足备法家之讨论者矣。①

由此可见，罗维垣（石帆）不仅自身律学水平较高，而且在晚清刑部颇具影响力和公益心，看到当时律学研习风气低迷，感慨系之，集合刑部同人，共同研讨。并且，罗有时自己命题，供大家讨论切磋。"官员出入人罪减除折算"，更是他经常之首选。但是，这个题目似乎有些艰深，很多刑部同人理解不够准确，以致经常出错。于是，罗利用将近一个月的时间，将之条分缕析，制成三个表格，公布于众，供大家参考学习。一部崭新的律学著作，也由此诞生。然据笔者推测，该书作为表格，内容规模毕竟有限，很可能采用晚清开始流行的油印或铅印方式——与前面所举《薛大司寇审办太监李苌材等奏底》类似，主要提供给刑部（或法部）官员内部讨论商榷之用，因而印刷数量较少，以致我们今天难以窥见该书真容。

不管怎样，上述众多实际发生的例子告诉我们，晚清刑部官员自发组织的律学研习，与刑部长官主导带领下的律学研习一道，构成彼时中央司法官员提升法律专业修为的重要活动方式，经由一些法界领袖或杰出人物的组织引领，以及刑部职员彼此间切磋互动，不仅在一定程度上活跃了晚清刑部律学研习的学术空气，更在部分刑部职员身上产生积极影响。若从微观法史的视角来看，正是在薛允升、沈家本等人积极倡导和共同努力下，通过一系列个人或集体的律学研习活动，为晚清十年的法律改革运动蓄积了深厚的法律知识储备，面临欧风美雨的不断侵袭，在国家政权风雨飘摇之际，极力维持着传统中华法系这艘大船沿着固有航向前进，而不致彻底沦陷或者瞬间倾覆。这或许就是光绪三十三年仲

---

① 沈家本：《罗石帆官司出入人罪减除折算表跋》，《寄簃文存》卷八，第 2273 页。

冬时节，沈家本重新辑校《妇女实发律例汇说》、计划整理《薛大司寇遗稿》的深意所在——"当此法治时代，若但征之今而不考之古，但推崇西法而不探讨中法，则法学不全，又安能会而通之，以推行于世"呢？

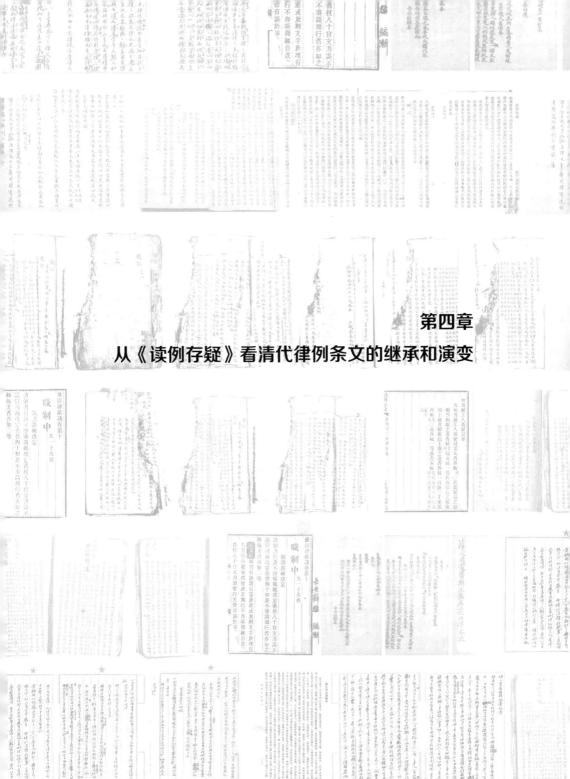

第四章
从《读例存疑》看清代律例条文的继承和演变

（一） 缘起与检讨

清代律例的继承演变是一项复杂的系统化工程。在清朝两百多年历史过程中，不仅律例条文对以往朝代有所继承，更基于大量司法实践，对国家核心成文法律不断进行因地制宜、因时制宜的调整，进而形成了较为成熟的法律编纂模式，以使其在保持法律稳定性的同时，更能适应纷繁变化的社会治理需要。然而，有清一代律例条文数目繁多，变化多端，不仅令当时无数法律界人士眼花缭乱，视为畏途，以至罕有精于全部律例条文的学问通家，更为今人精准掌握清代成文法律的演变实况留下各种各样待解的难题。

晚清著名法律专家薛允升是中国古代律学的集大成者。根据新近在北京、东京、上海三地发现的薛允升著述稿本可知，薛允升以其在刑部任职的便利和所积累的法律经验，数十年间从事律例之学的研究讨论，有志撰写一部规模空前庞大的法学著作。但由于其生命时间所限，薛允升去世前并未完成他的全部写作计划，只从他平生积攒的大量底稿中先后抽录编撰成四部重要的律学专著：《汉律辑存》（6 卷）、《唐明律合编》（40 卷）、《服制备考》（4 卷）和《读例存疑》（54 卷）。其中，《唐明律合编》由薛允升的门生徐世昌正式刊印于 20 世纪 20 年代，已在薛允升辞世 20 年之后。《读例存疑》则在 1906 年——也就是薛允升去世 6 年后，在修订法律大臣沈家本等人的主持操办下，第一次被刊印出来。这也是该书唯一一次采用传统的刻印方式出版。

以往较为流行的观点认为，薛允升在《唐明律合编》中，试图通过比较研究唐律和明律的得失，对清代律文编纂提出批评，部分因为在很多人的印象中清代律文基本是明代律文的"翻版"，所以薛允升对明律的批评，也就意味着对清代律文整体上抱持负面的评价。然而，或许薛允升刻意采用了"曲笔"的表达手法，以致我们在《唐明律合编》中几乎看不到他对清代律文直接的批评性观点，当然也无法从中窥见任何有关清代律文演变的历史线索。相比之下，在与《唐明律合编》系出同源的《读例存疑》中，薛允升对清朝的律例条文进行了空前全面的研究检讨。虽然根据该书命名，薛允升的研究重点在于清代成文法律变动最为频繁也最显著的例文部分，但其实该书也记录了清代律文演变的重要历史信息，为我们研究发现清代成文法律的演变规律，提供了一条并不容易通过、但毕竟客观存在的探索路径。

不仅如此，《读例存疑》作为晚清律学的"扛鼎之作"，有其特殊的史料价值。其与档案、实录、会典及会典则例（或事例）等史料相比，书中关于律例条文演变记录之详细程度，或不及前面数者，但记录律例条文演变经过之时间节点，具有相当的连续性和完整性，有过之而无不及，因为该书毕竟是在薛允升、沈家本等一流法律专家，参稽上述各种史料，去芜取精而成。另从我们新近发现的 16 册《读例存疑》稿本来看，该书原本对于各条律例沿革之根由、经过，保有较为完整详细之记录，只不过在后来正式刊印过程中予以节删，以致目前无法得其原貌。故而，与其认为与档案、实录、会典及会典则例（或事例）等史料相比，《读例存疑》的史料权威性稍差，不如承认在法律史料的专一性和精准性方面，《读例存疑》实则更胜一筹。

此前关于清代成文法律的研究中，对《读例存疑》一书所提供的关于清代律例继承演变的信息挖掘不够充分，部分因为大家习惯性地将该书仅视作一种具有学术权威的法史资料经常地加以援引，但对该书本身所蕴含的历史信息并未给以特别注意或重点开发；部分由于近年中国法律史学者的研究兴趣，更多转向较为热门的地方司法实践研究，对清代成文法律本身的研究兴趣日趋淡薄。当然，更主要的原因或许在于，透过这样一部卷帙浩繁的书籍来统计分析清代律例的继承演变本身是件"费力不讨好"的工作。

总体而言，截至目前，专门关于清代律例的优秀研究成果较为有限。其中颇具代表性的当属瞿同祖、郑秦、苏亦工等人之研究。1965

年瞿同祖回国后发表了屈指可数的几篇文章。1980 年他在《历史研究》上发表了一篇名为《清律的继承和变化》的论文。或许因为他在当时学术界的影响太过突出，以致该文的译文又被好事者收录于同年刊行的《中国社会科学》英文版。① 瞿同祖在这篇文章里对清代成文法律的演变进行了"一些分析和讨论"，但他所秉持的一些观点存在相当局限。例如，他在该文开头言道"顺治三年匆匆颁布的《大清律集解附例》……实际上仅删去关于钞法的三条（《漏用钞印》、《钞法》及《伪造宝钞》），增加一条（《边远充军》），将《公式》门的《信牌》移入《职制》门，《漏泄军情》移入《军政》门，其余无所更动"，却没有将顺治初年修律过程中，对于律文注解的大量添加修改视作成文法律的重大变化，更没有注意到顺治初年的律文修订工作，事实上为清朝后续两百多年的成文法典编纂指明了方向。此外，瞿同祖认为，"清条例虽多于明，但应指出有相当多的条例是采用明律原文，或根据明例加以修改补充的"。虽然在后续行文中，他曾举出若干例子，以为证明，但这样的说法缺乏足够的统计数据支撑，更像是一种学者的主观感觉。我们固然无法否认这些例子的客观存在，但一方面，我们同样可以找到不少清代自主新创的律例条文；另一方面，即便律条正文基本保持明朝样式，但因为增加小注和添附例文，事实上对原有律文的文本解读和司法适用业已形成新的"语境"。

另据笔者统计，《读例存疑》一书共收录律例条文 2340 条（律文 436 条，例文 1904 条），其中只有 15 条律文和 56 条例文直接承袭自明代，且迄至晚清未有改动，其实仅占很小的比例。再者，瞿先生认为"清律自雍正五年颁布以来即不再修订，就是实际上不引用的条文也不删除，仍保留在法典内，成为具文"。该种说法不仅对于清朝律文在司法实践中得到适用的情况基本上缺乏考察，更没有虑及清代雍正五年以

---

① 瞿同祖：《清律的继承和变化》，《历史研究》1980 年第 4 期。英文版名为 "Qing Law: an Analysis of Continuity and Change"，刊登于《中国社会科学》英文版，1980 年第 1 卷第 3 期。

后对于律文不断进行修正的历史事实。薛允升在《读例存疑》中给出的大量证据则表明，继雍正而起的乾隆朝便至少对 93 条律文进行了修订，乃至比较晚期的道光朝仍然修改了一条律文的小注文字。

郑秦关于清代律例的研究成果，集中体现为著名的"清律四考"，即关于清代顺治三年律、康熙现行则例、雍正三年律、乾隆五年律的四篇考据文字。① 其中涉及的问题较多，如顺治律的版本和颁布时间、康熙朝现行则例的修订过程、雍正三年对于律文的规整和集解、乾隆朝律例体系的变化和定型。一方面，这些文章涉及的问题多属宏观，对于律例条文的微观演变缺乏深入讨论；另一方面，郑秦在研究中利用了不少当时看来较为新颖的史料，但讨论问题的角度和所持观点根本上没有摆脱前人旧说之窠臼。例如，他在《顺治三年律考》一文中言，"虽然顺治律的附例比明律多了一些，但比较起来，没有什么大的变化，无论是律还是例，都仍是明律例的继续"。② 这种观点显然受到明末清初著名文人谈迁"大清律即大明律之改名"③ 的说法影响。然而《读例存疑》清楚地告诉我们，顺治初年对于明代律例（尤其小注文字）的增删修改十分显著，上述说法并不符合实际。

苏亦工对于清代律例的研究，大致与郑秦同时起步，且二人在各自研究成果中对彼此学术观点有所呼应。苏亦工曾发表一系列研究清律的论文，涉及清律的颁布和实施、顺治律的版本、明清两代的修例、条例的性质和作用、律例关系的辨析等众多议题。大致在 2000 年左右，这些文章经过修改，尽数收入他的学术专著《明清律典与条例》④。从该书内容来看，其实这也是他生平第一部关于明清法律研究的论文集。在这

---

① 这 4 篇文章曾经单独发表，后收入郑秦本人学术论文集《清代法律制度研究》（北京：中国政法大学出版社，2000 年，第 1－72 页）。

② 郑秦：《顺治三年律考》，《清代法律制度研究》，第 16 页。

③ 谈迁：《北游录》，纪闻下，大清律，北京：中华书局，1981 年，第 378 页。

④ 该书初版于 2000 年 1 月（中国政法大学出版社），2020 年 1 月新出"修订版"，但与本研究所涉部分改动不大，故仍采用旧版标注。

部论文集中，苏亦工所讨论的部分对象与郑秦有些接近，问题也多趋于宏观。其中对于律例条文继承演变的有限讨论，大致与前述瞿同祖和郑秦的做法相仿，即主要采用举例分析的方式进行论证。对于清代律例条文的整体演变，同样缺乏全面系统的统计分析。甚至对于同治九年以前所颁布的清代条例数量，也仅是通过"粗略统计"，得出"近2000条"的结论。[1] 然而，同治年间《大清律例》中所收条例总数为1892条，薛允升《读例存疑》收录的条例数量最多，也不过1904条，与2000条皆存在不小差距。

此外，陈煜和张田田分别对《大清律例》条文的"确定化"和清律的律目体系做了若干探究[2]，但有一点与瞿同祖、郑秦和苏亦工等人研究类似的是，我们可以明显感到：尽管前期研究者利用了大量原始材料来探讨清代法律的各种问题，但所作的举例论证数量十分有限，不仅在统计学上缺乏足够的说服力，更无法在研究中提供有关清代律例演变情况的整体样貌。当然，欲图通过以往学者所利用的各类法律史料，对清代律例的继承演变进行整体透视极富挑战性。幸运的是，薛允升在《读例存疑》中对清代律例演变轨迹逐条做了详细的标注辨析，尽管其所提供的信息本身也存在一定不完整性，但因其属于清代律学的殿后之作，且所记录律例演变信息空前丰富，为我们以统计分析方式重新认识清代律例的继承演变提供了难得的研究基础。有鉴于此，本处拟以《读例存疑》为考察中心，对清代律例条文的整体变迁进行梳理，希望藉此揭示清代成文法律演进过程中一些可能被忽视或被误解的方面。

（二）清代律文的继承和演变

清代律文的数量规模几经变迁，纵观顺治至同治年间各种清

---

[1] 苏亦工：《明清律典与条例》，北京：中国政法大学出版社，2000年，第227页。

[2] 陈煜：《略论〈大清律例〉的"确定化"》，《中国政法大学学报》2012年第4期。张田田：《〈大清律例〉律目研究》，北京：法律出版社，2017年。

律①文本，大致有 459、458、457、436 这样一组数字记录。其中，顺治朝律文 459 条，康熙四十五年（1706）《大清律集解附例》收载律文 458 条②。雍正三年（1725）内府刻本《大清律集解附例》卷首"凡例"，则言"原律"457 条，"历代相因"，与前说略有出入。雍正朝《大清律集解》收载律文 436 条，乾隆及以后版本皆为 436 条。此处有一个细节值得注意：雍正三年将原本属于"盐法"的 12 条律文删去 1 条，而将剩下的 11 条律文一并排列在"盐法门"下，这样的排列方式为乾隆及以后朝代所沿袭。因而，自雍正律后，当我们说清律律文数量固定在"436 条"时，其实更准确的说法应该是——清律的律文一共有"436 门"。但为了行文方便，在不至引起歧义的情况下，我们仍习惯性地以"条"来称呼。

关于清代律文对以前王朝法律的继承，薛允升和他最著名的弟子吉同钧皆认为，大清律的律文及其修订根源于《唐律疏议》，具有悠久的法律历史渊源。③ 沈家本也给出类似说法，"律文则因者多而革者少"。④由此引出一组问题：自顺治入关后，清律的律文究竟在多大程度上继承前朝？我们是否可以获得相对具体的统计数据？顺治以后，清律的律文曾发生哪些变化？这 436 条律文又最终在何时获得相对固定的律文形式，而不再发生修改或者变更？下面，我们尝试从《读例存疑》里面找到上述系列问题之答案。

薛允升《读例存疑》一书收录的清律律文共有 436 条，与雍正三年修律后确定的律文总数正好吻合。虽然与顺治、康熙朝大清律的律文

---

① 这里的"清律"是一个统称，包括顺治朝的《大清律集解附例》、雍正朝的《大清律集解》和乾隆朝的《钦定大清律例》，以及其他几位皇帝统治时期颁布的版本，并非特指某一版本，而更普遍地代指以《大清律例》律例合编形式展现的清代核心成文法律体系。

② 458 条系根据康熙四十五年《大清律集解附例》卷首"总目"统计得之。

③ 参见吉同钧《大清律例讲义》，自序，光绪三十四年法部律学馆铅印本；薛允升《读例存疑》卷首，总论，光绪三十二年京师刊本。

④ 沈家本：《大清律例讲义序》，《历代刑法考》附《寄簃文存》卷六，北京：中华书局，1985 年，第 2232 页。

数目存在出入，但在每条律文之后，薛允升都做了详细考订，以"注语"形式明确指出该条律文的法律渊源，或在何时进行过哪些主要的修改。即如律文"001 五刑"律文注云，"自名例至此，皆仍《明律》。其小注系国初及雍正三年、乾隆五年增删修改。'绞斩'下，国初律小注系'除罪应决不待时外，其余死罪人犯，抚按审明成招，具题部覆，奉旨依允监固，务于下次巡按御史再审，分别情真、矜疑两项，奏请定夺'，"雍正三年，以今无巡按御史（各省巡按御史，顺治十七年裁），因将'抚按审明'等句删改"。又如律文"015 流囚家属"注云，"此仍《明律》，其小注系顺治三年添入，雍正三年、乾隆五年修改"；"017 流犯在道会赦"注云，"此条律目、律文仍《明律》。国初增修，雍正三年删改，乾隆五年改定"。

与"001 五刑"的繁复注语相比，后两例（015、017）的注语更为简洁。通观《读例存疑》可以发现，这样一种比较简洁的注语形式远比繁复的注语更为普遍。不仅如此，我们根据新近获得的《读例存疑》稿本可知，这种简洁形式的律文注语很多并非薛允升的原文，而实际上出自沈家本的手笔。换句话说，沈家本在主持刊布《读例存疑》过程中，亲笔添加了大量批注，对薛允升的原稿注语进行不同程度的修改。例如律文"061 讲读律令"，薛允升原注云"此仍《明律》，无条例"。沈家本在稿本上则以签条形式批注云，"此仍《明律》，其小注系顺治三年添入，雍正三年修改"。律文"062 制书有违"，薛允升的原注亦为"此仍《明律》，无条例"，沈家本批注则云"其小注系顺治三年添入，雍正三年删定"。很明显，1906 年《读例存疑》的正式刊本最终采纳了沈家本的修改意见。相比而言，沈家本所作注语不仅对薛允升的注语有所补充，更具有统一规范的特点。因此可以说，沈家本在《读例存疑》的校订刊布过程中贡献巨大。

尽管在《读例存疑》律文的注语中薛允升与沈家本的意见略有不同，但二人论旨完全一致，并不妨碍我们据之获得关于清律律文继承和演变的轨迹信息。以前举"061 讲读律令"为例，根据律文注语可知，该条律文源自《明律》，顺治三年（1646）添入律文小注，雍正三年（1725）经过修改之后，形式基本确定下来。律文"062 制书有违"注语给出的信息则更明确：经过雍正三年的"删改"，最终确定了该条律文的样式（"删定"）。与之相类，律文"015 流囚家属"、"017 流犯在道会赦"的注语告诉我们，这两条律文皆源自明律，经过顺治、雍正、乾隆三朝修改，最终在乾隆五年（1740）获得确定的律文形式。当然，在清代律文当中也不乏直接继承自明律，且迄至清末未经修改者，如律文"085 点差狱卒"、"094 任所置买田宅"、"138 拟断赃罚不当"、"166 御赐衣物"、"167 失误朝贺"，等等。

进而，我们根据《读例存疑》统计 436 条律文形式得以确定的大致朝代或时期信息，如下表所示。

表 4 - 1 《读例存疑》律文确定时间

朝代或时期	明律	顺治	康熙	雍正	乾隆	道光	总计
确定律文数量	15	201	2	124	93	1	436
比例	3.44%	46.10%	0.46%	28.44%	21.33%	0.23%	100%

该表数据告诉我们，清代律文直接沿袭明律、并且一直未修改者比率很低，仅有 15 条，约占全部律文的 3.44%。顺治朝（主要为顺治三年，1646）修订律文，使 46.10% 的律文获得了确定的律文形式，为清代历朝修定律文比例之冠。雍正（主要为雍正三年，1725）和乾隆朝（主要为乾隆五年，1740）修定的律文比例紧随其后，分别占全部律文的 28.44% 和 21.33%。相比之下，康熙朝修定律文数量很少，只有两条："269 窃盗"和"288 采生折割人"。

值得注意的是，乾隆五年（1840）以后，律文演变虽然不如既往显著，但并未停止。在《读例存疑》中，我们至少发现如下 7 条记录：

（1）乾隆二十九年，修改"003 八议"律文小注；（2）乾隆十六年改定"287 杀一家三人"律文小注；（3）乾隆三十七年改定"299 威逼人致死"律文；（4）乾隆三十九年改定"305 宗室觉罗以上亲被殴"律文标题，并删律目下小注；（5）乾隆四十二年增修"315 妻妾殴夫"律文小注；（6）乾隆三十二年，删定"318 殴期亲尊长"律文小注；（7）道光朝虽然已属清朝中叶以后，但仍然对"003 八议"的律文小注进行了局部修改。

若以各位清代皇帝的在位时间衡量，律文演变最为显著的三位皇帝：顺治皇帝在位 18 年（1644 - 1661），修定律文 201 条，平均每年修定律文约为 11.2 条；雍正皇帝在位 13 年（1722 - 1735），修定律文 124 条，平均每年修定律文约为 9.5 条；乾隆皇帝在位 60 年（1736 - 1796），修定律文 93 条，平均每年修定律文 1.6 条。由此亦可看出，顺治朝对律文的确定化起到了至关重要作用，其对律文的改动程度不仅超过雍正朝，更远超以往印象中在立法创制方面大有作为的乾隆朝。

更进一步，我们将各朝或各时期改定律文所属的门类信息分别进行统计，可得如下图：

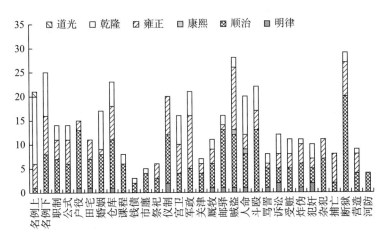

图 4 - 1　清代改定律文所属门类图

上列图表清晰告诉我们：（1）清律文本直接继承自《明律》的15条律文，主要分布在户役、田宅、仓库、仪制、厩牧、邮驿、贼盗、人命、骂詈、诉讼、诈伪、犯奸等12门中。（2）顺治朝改定的大部分律文，以断狱、斗殴、邮驿、户役4门最为显著。（3）雍正朝对贼盗、军政、仪制、名例、仓库等5门律文改动较大。（4）乾隆朝改定的律文以名例为最，其次则为婚姻、人命2门。

下面，我们将归纳分析清代律文演变过程中主要发生了哪些变化。

首先，令人印象深刻的是，薛允升和沈家本基于长期形成的法律职业习惯，在《读例存疑》的撰写、修订和刊印过程中，特别注意语言表达的准确或精确性。在436条律文的注语中，涉及多种多样的成文法律演变形式。其中情况最为复杂也最引人注目者，莫过于律文小注。单纯此一方面的演变，薛允升和沈家本便采用多种表述方式，以揭示不同律文修改方式之间的细微差别。诸如：（1）"增删修改"，意即对原来的律文小注既进行过增加，又进行过删减，如"001 五刑"。（2）"删改"，即在原有小注基础上仅仅进行了删改，如"006 职官有犯"。（3）"添入"，即律文原没有小注，而添入小注，如"015 流囚家属"。（4）"增修"，则增加修改了原有的律文小注，如"019 天文生有犯"。及至某条律文或律文小注经历最后一次的修改完善，则往往使用"改定"、"增定"、"删定"等词语，以表示该条律文——包括律文小注在内——获得了最终的成文形式，而不再发生任何改变。当然，"修改"作为最笼统的表述方式，在《读例存疑》律文注语中也是存在的（如"002 十恶"、"011 犯罪得累减"），但因其表述不够具体，所以在薛允升和沈家本的笔下出现的频率并不算高。

此外，通过《读例存疑》的律文注语可以发现，清代律文演变至少还有以下三种重要情形。

一、新律文的创制。此中又可分为4种情况：（1）由例成律，即由原本属于条例的内容修改升格成为一条正式的律文。即如律文"009

犯罪免发遣",原属《现行则例》,并不在正式律文之列。雍正三年
(1725),因为考虑到现行例旗下人犯徒流等罪准折枷號,与军官犯罪
免徒流之意相符,从而另立"犯罪免发谴"律名,置于"军籍有犯"
之前,以旗下犯罪折枷號之例载入,作为一条新的律文。(2)由律生
律,即由原来某条或若干条律文衍生出一条新的律文。例如律文"019
天文生有犯",原本属于"020 工乐户及妇人犯罪"的律文组成部分。
雍正三年,将有关天文生犯罪的律文规定自后者分出前置,成为一条新
的律文,并将原律文进行删改。再如律文"195 冲突仪仗"原本沿袭
《明律》,分 3 条排列,且该律目下有小注"三条"字样。顺治三年
(1646) 在律文中添入小注,正文维持不变。雍正三年,则将 3 条修并
为 1 条,并将律目下小注"三条"字样删除。(3)由注成律,即将原
本独立的律后"总注"增修成为律文小注,或将原来的律文小注(小
字)升格成律文的正文(大字)。例如律文"187 直行御道"末尾原无
小注"在外衙门,龙亭仪仗已设而直行者,亦准此律科断",乾隆五年
(1740) 在整体删除"总注"前,将相关内容增入该条律文,成为该条
律文的小注。再如"329 骂祖父母父母"律末"须亲告乃坐"5 字原系
小注(小字),顺治三年将之改为正文,即采用正文大字形式排印。
"330 妻妾骂夫期亲尊长"律文末尾"并须亲告乃坐"6 字原来亦系小
注,顺治三年不仅将之升格为正文,更添加新的小注"律无妻骂夫之
条者,以阃门敌体之义,恕之也。若犯,拟不应答罪可也"。"428 带造
段匹"原律小注无"若局官违禁带造,监守官吏亦坐不举失察之罪"
等字样,乾隆五年也是查照"总注"将之增入。(4)借鉴或采用法律
专家意见,加以修订,成为新的律文小注。例如,"192 向宫殿射箭"
部分律文小注,即为顺治三年采用王肯堂《律例笺释》意见增入。
"213 毁弃军器"小注,则同时参考了沈之奇的《大清律辑注》和王肯
堂的《律例笺释》。此外,根据《读例存疑》可知,"267 劫囚"、"270
盗马牛畜产"、"310 拒殴追摄人"、"346 事后受财"、"347 官员听许财

物"、"365 诈教诱人犯法"的律文小注均不同程度受到《律例笺释》影响,甚至直接据后者增入。明代雷梦麟的著作《读律琐言》,则为"302 斗殴"、"310 拒殴追摄人"律文小注的修订工作提供了重要的知识参考。

二、律文律目及小注文字的修改。尽管清代律文律目之名称很大程度上继承自唐律和明律,但根据现实需要进行修订者不乏其例。如"010 军籍有犯"原名"军官军人犯罪免徒流","017 流犯在道会赦"原名"徒流人在道会赦","046 充军地方"原名"边远充军","305 宗室觉罗以上亲被殴"原名"皇家袒免以上亲被殴"。再如"107 同姓为婚"律目律文原来均无小注,顺治三年(1646)添入小注,乾隆五年(1740)则又进行删改;"290 斗殴及故杀人"律目和律文原本亦无小注,均为顺治三年增入。"305 宗室觉罗以上亲被殴"律目下原有小注"袒免系五服外无服之亲,凡系天潢皆是",乾隆三十九年奏准将"皇家袒免"改为"宗室觉罗",并删除了律目小注。

三、律文所属门类的调整,或称之为"移门"。例如:"005 应议者之父祖有犯"原在"008 文武官犯私罪"之后。顺治三年及康熙九年(1670)仅增修了律文小注。乾隆五年修律之际,则将之排序提前,移至现有位置。又如"051 信牌"原在吏律公式门,顺治三年移入吏律职制门,并将小注修改;"202 漏泄军情大事"原本亦在吏律公式门,顺治三年移入兵律军政门,并添入小注。

在了解清代律文演变的主要形式后,我们继续考察顺治、康熙、雍正、乾隆、道光各朝律文演变的主要趋势。其中最引人注目,而且最可能引起争议的当属顺治一朝。前已述及,436 条律文中有 15 条律文直接继承明律,迄至清末未经改动。换句话说,这 15 条律文最终也成为顺治皇帝遗留给后来子孙们的历史遗产。另经统计,顺治朝(以顺治三年为主)一共对 401 条律文进行了修订,除少数律文涉及律文名称、律文门类的调整外,绝大多数是对小注文字的增删修改。这样的情况共有 332 条，约占前者的 83%。在此我们并不认同清初谈迁以及长期在中国法史学界流传的"清律是明律翻版"的说法。相反，我们认为：顺治朝对于律文小注的大规模增删修改，对一个成文法色彩浓厚的王朝法律体系而言，其实是很重要的举措。同时，客观上，小注在清代成文法律和司法实践中扮演了重要角色①，除了一些司法实践层面的直接影响外，有时甚至会影响到一些重要法律制度的创建及运行。例如"001 五刑"关于立决死刑和监候死刑有两条小注：（1）"凡律中不注'监候'、'立决'字样者，皆为立决。凡例中不注'监候'、'立决'字样者，皆为监候"；（2）"除罪应决不待时外，其余死罪人犯，抚按审明成招，具题部覆，奉旨依允监固，务于下次巡按御史再审，分别情真、矜疑两项，奏请定夺"。这两条小注不仅在律例条文中第一次将死刑的立决和监候执行进行了明确区分，更为清朝秋审和朝审制度的确立、完善奠定了重要的成文法律基础。因此，可以说，清初对于明律的继承固然是不容掩盖的事实，但对明律更新改造的规模和程度也是广泛而深刻的。所谓"清律是明律的翻版"的说法严重背离史实，应该尽早抛弃。

在顺治朝修订的 401 条律文之外，尚余 35 条律文：包括 15 条从未修订的明律条文，以及其他几位皇帝在位时期开始修订的 20 条律文。与此同时，我们知道，清初顺治朝经过修改确定的律文总数为 201 条，所以在这 401 条律文中还有 200 条——即将近 50% 的律文，后来又经过不同程度的修改。然而，顺治以后，康熙朝律文修订工作并不显著。在 436 条律文之中，仅有 2 条是康熙朝经过修改确定下来的——"269 窃盗"和"288 采生折割人"。此外，康熙朝仅对"004 应议者犯罪"、"021 徒流人又犯罪"、"283 谋杀制使及本管长官"3 条律文的小注进行了修订，但均未使这 3 条律文获得其最终形态。之所以出现这种情况，

---

① 此前笔者在沈家本辑《刑案汇览三编》中发现大量"小注"与律例条文一起适用于司法实践的例证。因为"小注"的问题较为复杂，本处不便展开，拟作专文进行讨论。

可能与康熙朝的修律政策有关：一方面，当时对于大清律的体系化重整并没有完成；另一方面，康熙朝将成文法律的编修重点放在"现行则例"上，以致在律文的修订方面乏善可陈。

雍正朝虽然只有 13 年时间（1722 – 1735），律文修订工作却十分有成就。据《读例存疑》统计得知，雍正朝（主要是雍正三年，1725）至少对 178 条律文进行了修订，并使其中 124 条律文获得了最终形态，此后不再有任何修改。雍正朝确定的律文数量仅次于顺治朝，而且与顺治朝类似的是，雍正朝对律文的修订工作也主要体现在对于律文小注的增删修改。在 178 条经过修改的律文中，至少有 121 条律文属于此类情况。此外，律文"009 犯罪免发遣"、"019 天文生有犯"属于新创制的律文，"046 充军地方"则属于对原有律目名称的修改。

乾隆朝历时较长（1736 – 1796），律文演变虽然不如顺治、雍正二朝显著，但也很突出：至少有 95 条律文在乾隆时期得到修订，其中 93 条律文获得了最终的成文样式，约占前者 98%。换个角度来看，乾隆朝是清代律文得以确定最终样式的一个重要时期，而且是清代律文演变最后一个显著的时期。具体而言，乾隆朝对于律文的修订工作主要完成于乾隆五年（1740），但也有其他一些重要的修律年份：如乾隆十六年（"287 杀一家三人"）、乾隆三十二年（"318 殴期亲尊长"）、乾隆三十七年（"299 威逼人致死"）、乾隆三十九年（"305 宗室觉罗以上亲被殴"）、乾隆四十二年（"314 奴婢殴家长"）。由此亦可看出，乾隆朝对于律文的修订并没有严格遵循最初设定的"三年一小修，五年一大修"或后来"五年一小修，十年一大修"的修律年限。至于乾隆朝律文的主要演变形式，《读例存疑》告诉我们，与顺治、雍正二朝亦极类似，普遍表现为对于律文小注的增删修改，仅有两三条律文存在修订律文名称、移动律文所属门类的情况。在此需要重申的是：在一个具有悠久成文法历史传统的国家里面，即便是对成文法律只言片语的增删修改，也很值得重视。相信对于清代司法实践有相当了解的读者，会很容易认同这一观点。

　　乾隆之后，嘉庆朝对于律文修订基本无所作为；直到道光朝，才对律文"003 八议"的小注进行了细微调整。但在《读例存疑》中，薛允升或沈家本并没有明确指出此次修律的具体年份，以及对于该条律文小注的处理方式，惜墨如金般用了极为简短的 6 个汉字——"道光年间修改"，无形之中给今天的研究者留下一个难题。但不管怎样，自"道光年间"以后，及至清末法律改革前，清律的律文部分处于相当稳定的状态。

　　通过以上统计分析，我们可以发现关于清代律文继承演变的几个基本事实：（1）律文整体上对于前代（明朝）法律的继承十分明显，但同样明显的是，自顺治朝开始，历经康熙、雍正、乾隆、道光诸朝，对律文及律文小注进行了大规模的增删修改，并有多种多样的演进表现形式。（2）清代律文的演变形式突出表现为对于律文小注的增删修改。清代通过采用独特的律文正文与律文小注混合排列的印刷方式，事实上使小注获得了与律文正文同样的法律效力，并在司法实践中发挥深刻影响，甚至可能被直接援引，成为重要的成文法律依据。这种别具一格的成文法律演变形式，部分源自古老的中华成文法律编纂传统，并带有些许清朝作为少数民族政权的阶段性特点，更是清代成文法律编纂技术不断成熟下的产物，为清代成文法律表达的确定性奠定重要的知识基础。（3）清朝律文的演变主要集中于顺治、雍正、乾隆三朝。与以往经验可能存在反差的是，顺治朝所确定的律文数量比例最大，雍正朝次之，乾隆朝则更次之。清朝律文演变的重要时间节点主要集中在：顺治三年（1646）、雍正三年（1725）以及乾隆五年（1740）。经历上述三次大规模的修律活动，基本奠定了清律律文的整体格局，乃至绝大多数律文获得其最终样式。但在乾隆五年之后，律文的演变并未止步。在其后数次修律活动中，尚有若干律文陆续得到修订，乃至最终获得稳定的律文形式。比较晚期的道光朝仍然对律文小注进行了修改——虽然微小而且局部，但此时距离顺治入关已经过去 150 余年。由此亦可看出，清代律文的继承演变其实是一个相当漫长的过程。

（三） 清代例文的继承和演变

关于清代律例演变的整体趋势，薛允升认为，"本朝之于《明律》，增注者多而删改者少。其删改者，皆其不宜于时者也。至于条例，则删存者不过十分之二三，盖以律有定而例无定故也"。① 瞿同祖亦曾指出：清律 "变化在于例，而不在于律。"② 尽管这种说法略显夸张，但与律文相比，清代例文的演变更为显著是一个不争的事实。主要表现在以下两个方面：

其一，例文数量不断增加，规模日益庞大。清初顺治朝律文 459条，律后附例不过 448 条③。随后的康熙朝，因为将主要精力放在《现行则例》上面，以致对例文罕有改动。笔者据康熙四十五年 （1706）刊布的《大清律例朱注广汇全书》统计，发现该书收录的例文亦为 448条，与顺治律的例文在数字上基本持平。雍正三年 （1725） 进行律例条文重整，将康熙年间《现行则例》 及大量定例纳入清律当中，并根据不同情况把例文分为三类，予以特别标识：（1） 原例，即累朝旧例，计 321 条；（2） 增例，即康熙年间现行例，计 299 条；（3） 钦定例，即皇帝历次上谕及臣工条奏，计 204 条。三者合计 824 条，已然是顺治、康熙两朝例文数量的 1.83 倍。

及至乾隆初年修订律例，例文数量更为增多。田涛、郑秦点校的乾隆五年 （1740） "武英殿本"《大清律例》卷首 "凡例" 中言，该书附

---

① 薛允升：《读例存疑总论》，《读例存疑》卷首。
② 瞿同祖：《清律的继承和变化》，《历史研究》1980 年第 4 期，第 137 页。
③ 苏亦工曾经详细考察了 5 个版本的顺治律，统计发现，各本例文的数量至少有 447 条、448 条、450 条三个结果。（苏亦工：《明清律典与条例》，第 142 - 143 页）本文结合康熙四十五年 （1706） 年《大清律例朱注广汇全书》的统计结果，姑且以 448 条为准。

例共计 1042 条①。另查文渊阁四库全书本《大清律例》，该书收录条例 1456 条②，与前者比较，则又增加 414 条之多。据该书卷首"凡例"所言，这些例文乃是将雍正五年刻本所载，至雍正五年以后、乾隆三十三年五月以前现行则例，"详为订正，增删改并"而成。由此可见，自乾隆五年至乾隆三十三年（1740－1768），不到 30 年的时间里，例文增幅超过 400 条，其增速不可谓不高。

在例文修订方面，乾隆与以往皇帝的最大不同是，很早便为修例工作定下周期：三年一次修例。但在乾隆十一年（1746）鉴于修例过于频繁，空耗人力，改为五年一次小修，十年一次大修。从此，清王朝的修订法律工作步入稳定轨道。按照薛允升等人说法，直至同治九年（1870）清廷最后一次组织修律，百余年间基本是按照这个节奏稳步进行的。③ 当然，在稳步进行修律过程中，清代例文规模不断膨胀。《清史稿》载，同治年间条例 1892 条④，是顺治朝条例数量的 4.22 倍。若与雍正朝以后相对稳定的律文数量（436 条）相比，此时例文规模为律文的 4.34

---

① 官修：《大清律例》卷首，凡例，田涛、郑秦点校，北京：法律出版社，1999 年，第 40 页。担任修律馆总裁的三泰在给皇帝的奏疏中则指出，该书收录条例 1049 条 。（第 18 页）二者略有出入，暂以前者为准。

② 官修：《大清律例》卷首，凡例，文渊阁四库全书本。

③ 苏亦工曾据《大清会典事例》（卷七四〇）和《清朝文献通考》（卷一九五）统计发现，自乾隆五年至同治九年，共有 23 次正式的修例活动。分别为：乾隆八年、十二年、十六年、二十一年、二十六年、三十二年、三十七年、四十三年、四十八年、五十三年、六十年，嘉庆六年、十一年、十五年、十九年，道光元年、五年、十年、十五年、二十年、二十五年，咸丰二年，同治九年。（《明清律典与条例》，第 201 页）然而，薛允升通过《读例存疑》告诉我们，其实清代修例活动几乎每年都有发生。尤其在"五年小修"和"十年大修"之间，大量的例文被修改和制定出来，但一般只有在正式修例之年方有可能被纳入《大清律例》之中，成为正式的条例。同时，并不排除在这个修律间歇期，有些条例被制定出来，随后即被废止。本文对于各条例制定和修改的年份信息皆依据《读例存疑》而来，并在此基础上进行统计，得出各种分析和结论。

④ 赵尔巽：《清史稿》卷一四二，志第一一七，刑法志一，北京：中华书局，1998 年，第 4185 页。

倍。另据《读例存疑》统计,该书正式收录例文 1904 条①,为目前所见清律诸版本中收录例文数量最多者,不仅是稳定时期律文数量（436 条）的 4.37 倍,更是顺治、康熙两朝例文数量（448 条）的 4.25 倍。

其二,清代例文的突出变化,并不限于例文数量和内容的简单增加,更在于例文演变形式之复杂多样。按照嘉庆四年（1799）刑部说辞,当时的修例工作从技术层面大致分为五项:（1）修并,即修改合并;（2）修改,即一般性修改原来的例文;（3）移改,即移动例文原属之门类,并对例文进行修改;（4）续纂,即在原例基础上接续编纂;（5）删除,即将原来的例文删除。②仅从这五项分类,便可想见当时修例工作和例文演变之复杂。薛允升在《读例存疑》中逐条给例文增加的“按语”,较为清楚地揭示出例文演变的轨迹,为我们体认清代例文演变的复杂性提供了大量实际例证。试择其要,言之一二。

首先,我们在《读例存疑》中发现清代存在大量的条例分合变异现象。薛允升告诉我们,有时清律的某条例文原本是由 2 条或 2 条以上例文修并而成,有时 2 条例文则可能是从 1 条例文分异而成,或由 3 条及 3 条以上例文改并而成,有时 3 条例文也有可能是由 1 条或 2 条例文变异而成。谨据《读例存疑》统计如下表:

表 4-2　《读例存疑》所见清代条例分合变异情况

分合变异	条例编号	数量
1 条原系 2 条	001-04；006-02；015-08；015-12；016-13；018-07；018-11；018-12；021-02；031-03；031-06；045-07；045-24；045-33；	122

---

① 此数乃据本人重新整理编校之《读例存疑》统计得出,与黄静嘉整理点校者相差 1 条。原因在于其将“名例·五刑”下“赎刑”作为一条,单独编号。然经笔者查核顺、康、雍、乾各版本大清律,发现并无将“赎刑”单独作为条例者。《读例存疑》一书所录“赎刑”,当属薛允升个人意见。同时参考 1906 年《读例存疑》最初刊本“赎刑”前后段落,将“赎刑”视作单独一条例文亦无明显证据。故而,本人不取黄静嘉之处理方式,而仅将“赎刑”当作“按语”类文字。特此说明,提请读者注意。

② 姚雨芗、胡仰山:《大清律例会通新纂》卷首,嘉庆四年刑部奏疏。

分合变异	条例编号	数量
	045－34；047－05；047－07；053－08；077－04；091－05；091－06；105－01；108－01；112－05；127－08；137－01；141－05；141－06；162－01；180－01；181－02；208－01；214－04；220－02；224－01；225－11；225－15；233－02；242－03；243－03；254－01；255－01；255－04；256－01；260－01；263－06；264－01；264－02；265－01；266－02；266－03；266－05；266－10；266－12；266－13；266－38；266－42；268－05；268－15；269－01；269－13；269－22；273－01；274－01；275－02；276－07；276－12；276－13；278－09；278－23；285－01；285－06；285－10；285－23；285－33；287－07；287－08；287－17；314－07；318－04；319－06；323－02；332－03；332－04；336－01；336－14；336－17；336－21；336－24；344－03；344－13；348－02；358－01；358－03；359－08；359－09；360－06；361－02；366－02；375－02；378－06；387－02；388－03；390－03；390－06；390－17；390－20；392－02；392－09；395－07；396－03；396－06；398－03；401－01；401－03；405－04；407－01；411－02；411－07；411－09；412－03；421－02	
1条原系3条	001－06；009－02；009－04；015－04；045－18；045－19；149－04；210－02；225－10；254－02；265－02；269－26；271－22；281－19；290－19；303－07；311－01；317－02；359－03；378－08；392－06；410－07；411－27；411－36；412－14；433－01	26
1条原系4条	018－04；018－14；045－09；045－16；067－04；217－01；264－06；266－14；270－13；285－07；299－14；314－05；318－02；359－02；379－05	15
1条原系5条	001－07；005－01；016－10；045－01；045－08；225－12；285－02	7
1条原系6条	018－06	1
1条原系7条	266－41；269－10	2
1条原系8条	359－01	1
1条原系10条	271－10	1
1条原系11条或更多	378－02	1
小计	——	176
2条原系1条	055－03，055－04；269－16，269－17；270－01，270－02；275－13，275－14；276－03，276－04；278－20，278－21；285－26，285－27；390－08，390－09；393－01，393－02	18
2条原系3条	018－16，018－17；266－29，266－30；396－01，396－02	6
2条原系4条	394－21，394－22	2
2条原系5条	018－02，018－03；378－15，378－16	4

分合变异	条例编号	数量
2 条原系 7 条	302 - 01，302 - 02	2
小计	——	32
3 条原系 1 条	225 - 40，225 - 41，225 - 42	3
3 条原系 2 条	268 - 07，268 - 08，268 - 09；277 - 01，277 - 02，277 - 03	6
小计	——	9

由上表可见，清代条例的分合变异现象十分严重。从 1 条原系 2 条、3 条、4 条、5 条，直到 6 条、7 条、8 条，再到 10 条、11 条乃至更多条，均不乏其例。尤其以 1 条原系 2 条者最多，共有 122 条例文。1 条原系 3 条和 4 条的情况，则相继次之。其实，除表中所列 176 条例文外，尚有 4 条例文（266 - 17、266 - 18、268 - 23、268 - 24）曾经分分合合，先由 2 条合为 1 条，再由 1 条分成 2 条，但最终在薛允升撰写《读例存疑》之际，例文总数维持不变。所以，如果将之合计在内，总共有 180 条例文属于此类情况，在该书正式收录的例文（1904 条）中，约占 9.45%。此外，相邻 2 条例文原系 1 条、3 条、4 条、5 条、7 条演变而来，以及相邻 3 条例文原系 1 条或 2 条者，还有 41 条（32 + 9）。二者与上合计，一共有 221 条例文涉及分合变异，占全部例文的 11.60%。

其次，在例文分合变异之外，还有一种"删除例文"的情况更难捉摸。众所周知，清代自顺治朝以后产生大量例文，但其中不乏有些早期例文，在随后的修例过程中被删除，以致晚清薛允升撰写《读例存疑》时，这些例文在官方刊印的《大清律例》中早已不复存在。幸运的是，薛允升在《读例存疑》中不仅记录了大量例文被部分或整体删除的信息，还特别抄录了一些已被整条删除的例文。统计如下表：

表 4-3 《读例存疑》所见清代例文删除情况

序号	律例编号	附录删除条例数目	条例背景	删除年份
1	036-01	1	前明旧例	雍正三年
2	045-11	1	国初定例	乾隆十六年
3	045-45	1	乾隆二十六年定例	乾隆三十二年
4	085	1	雍正十一年定例	乾隆五年
5	117-02	1	乾隆二年定例	光绪元年
6	152-06	2	雍正八年定例	乾隆五年
			雍正十二年例	乾隆五年
7	157-02	1	不明	不明
8	162-08	1	嘉庆十六年定例,嘉庆二十、二十二年并道光十八年改定	同治九年
9	217-06	1	乾隆三十一年定例	乾隆三十三年
10	225-01	1	乾隆二年定例	光绪元年
11	225-15	1	雍正八及乾隆元年定例,乾隆五年修并。乾隆八年、三十七年、嘉庆六年、二十二年修改,咸丰二年改定	光绪元年
12	225-28	1	乾隆三十五年定例	光绪元年
13	265-04	1	乾隆二十九年定例	乾隆三十二年
14	266-49	2	乾隆五年定例,嘉庆十七年改定	同治九年
			乾隆二十六年定例,乾隆四十二年、嘉庆六、九、十七年改定	同治九年
15	269-01	1	康熙现行例,雍正三年删并	乾隆五年
16	284-07	1	原系律后小注,雍正五年纂为条例	乾隆五十三年
17	285-36	1	雍正年由律注改定为例	嘉庆十九年
18	303-07	1	乾隆二十六年定例	乾隆二十七年
19	306-05	1	前明《问刑条例》,雍正三年、乾隆五年修改	乾隆三十六年
20	314-16	1	康熙年间现行例,雍正三年改定	乾隆五年
21	317-15	1	乾隆六年定例	乾隆十三年

序号	律例编号	附录删除条例数目	条例背景	删除年份
22	359－06	1	康熙年间现行例	乾隆三十七年
23	383－02	1	前明旧例	雍正三年
24	394－18	1	康熙年间现行例	乾隆三十七年
25	396－06	1	雍正六年定例	乾隆二十一年
26	397－03	1	雍正五年定例	乾隆五年
27	409－06	1	康熙五十七年定例，乾隆三十八年改定	道光十二年
28	411－34	2	乾隆二十五年定例，嘉庆六年改定	乾隆十九年
			乾隆十九年定例	嘉庆六年
合计	——	31	——	

《读例存疑》中完整抄录已被删除的例文，共有 31 条，涉及 28 条律例正文。① 其中以删除 1 条例文者居多，仅有 3 条（152－06、266－49、411－34）各附 2 条已被删除之例文。绝大多数律文所附条例，即便被删除 1 条或 2 条，尚有若干其他例文存在，但对律文"085 点差狱卒"来说，情况则比较尴尬：雍正十一年（1733）原本定有例文 1 条，乾隆五年（1740）将之删除，以致该律文之下不再有"附例"存在。提请读者注意的是，在《读例存疑》成书之际，虽然 117－02、225－01、225－15、225－28 这 4 条例文仍被列于该书正文，但薛允升在按语中指出：光绪元年（1875）在大臣沈葆桢建议下，这些例文事实上已经被废止了。由此可知，虽然同治九年（1870）为清末最后一次按照传统办法组织修律，但在 1902 年正式开启法律改革之前，清朝核心成文法律的变化不仅有可能发生，而且是客观存在的。即如这 4 条例文，因为

---

① 另在《督捕则例》末尾，薛允升特别指出：乾隆年间删除其中 33 条例文，并附有各条例文名称。因本文集中考察律例的主体部分，故暂不予以讨论。

涉及福建和台海问题，相关规定早已不切实际，故而在光绪元年被奏准删除。

上述 31 条被整条删除的例文，虽然有幸在《读例存疑》中被记录下来，但究属清代所有被删除例文的冰山一角。在薛允升心目中，肯定还有一些已经被删除的例文，因为不入其法眼，而被忽略不计，故而没有留下痕迹。再者，《读例存疑》一书创作于薛允升进入刑部之后——尤其在其积累相当法律经验、法界资历后的同光之际，距离顺治、康熙、雍正、乾隆、嘉庆等律例变化最为剧烈的时代较为遥远，昔年修律档案多有散佚而不容易获见，客观上导致在薛允升广阔的研究视野之外，尚有相当数量已被删除的例文不被人所知。另外——或更重要的问题是，薛允升在探究例文演变轨迹时大量使用"删修"、"删改"、"删定"、"节删"、"全删"、"增删"、"删减"、"删并"等词语，试图详细说明例文局部演变之实况，但大量被部分删改的例文内容在《读例存疑》中并没有被完整记录。是以，结合前述清代例文纷繁复杂的分合变异情况，我们不仅认为，对于今天的研究者而言——其实也包括当年薛允升、沈家本等人在内，要想获得清代两百余年间全部例文之总数早已不可能，而且欲图全面厘清清代例文继承演变之各种细节，也简直是无法完成的。

即便如此，本文仍拟援照此前考察清代律文继承演变之思路，借助薛允升《读例存疑》一书提供的难得历史信息，尝试对清代例文的继承和演变轨迹略作揭示，相信通过该书获得的统计数据，具有一定的说服力，或可收到尝鼎一脔之效。

首先，与律文一样，清代例文对于明代法律的继承是客观存在的。薛允升在为每条例文所作的"按语"中，对于明清法律间的渊源关系有详细的交代，并有以下 6 种较为规范的表述方式，如：（1）"此条系前明《问刑条例》"（001 - 09）；（2）"此条系前明嘉靖二十七年定例"（025 - 04）；（3）"此系前明旧例"（047 - 08）；（4）"此条系前明《会

典》"（052－02）；（5）"此条系明令"（067－01）；（6）"此条系前明
《大诰》"（090－02）。所谓"明代法律"，其实是极笼统说法，这里面
至少包含《大明会典》、《明大诰》、《问刑条例》，以及一般以"明令"
或"明例"为称呼的多种形式的明代成文法律在内。谨据《读例存疑》
将沿袭自明朝的清代例文逐条进行统计，得到下面的表格。为求行文简
便，在表格及随后行文中，对于明代诸种形式的成文法律统以"明例"
或"明代条例"称之。

表4－4　《读例存疑》所见沿袭明代的清代例文情况

律牌	明例	本门例文总数	比例	自明沿袭未改者
001 五刑	5	17	29.41%	
006 职官有犯	1	6	16.67%	
016 常赦所不原	3	13	23.08%	
019 天文生有犯	2	2	100.00%	
020 工乐户及妇人犯罪	1	5	20.00%	
021 徒流人又犯罪	1	13	7.69%	
022 老小废疾收赎	1	9	11.11%	
024 给没赃物	1	20	5.00%	
025 犯罪自首	2	12	16.67%	1（025－05）
043 断罪依新颁律	1	1	100.00%	
047 官员袭荫	9	15	60.00%	1（047－04）
048 大臣专擅选官	1	1	100.00%	
050 滥设官吏	1	3	33.33%	
052 贡举非其人	2	8	25.00%	
053 举用有过官吏	1	8	12.50%	
054 擅离职役	1	2	50.00%	
055 官员赴任过限	1	4	25.00%	
059 交结近侍官员	1	2	50.00%	
067 官文书稽程	1	10	10.00%	
076 人户以籍为定	1	25	4.00%	

续表

律牌	明例	本门例文总数	比例	自明沿袭未改者
077 私创庵院及私度僧道	2	6	33.33%	
078 立嫡子违法	3	7	42.86%	2（078-02，078-03）
080 赋役不均	2	5	40.00%	
083 禁革主保里长	1	1	100.00%	
084 逃避差役	3	3	100.00%	
087 别籍异财	1	1	100.00%	
088 卑幼私擅用财	2	2	100.00%	1（088-01）
090 欺隐田粮	4	5	80.00%	
091 检踏灾伤田粮	1	15	6.67%	1（091-01）
093 盗卖田宅	4	11	36.36%	1（093-02）
095 典买田宅	1	11	9.09%	1（095-01）
096 盗耕种官民田	1	1	100.00%	
101 男女婚姻	3	4	75.00%	3（101-01，101-02，101-03）
102 典雇妻女	1	1	100.00%	
105 居丧嫁娶	1	1	100.00%	
108 尊卑为婚	2	2	100.00%	1（108-02）
112 强占良家妻女	1	7	14.29%	
116 出妻	2	2	100.00%	1（116-01）
120 多收税粮斛面	2	6	33.33%	1（120-01）
122 揽纳税粮	2	2	100.00%	
131 仓库不觉被盗	1	2	50.00%	
137 转解官物	2	23	8.70%	
141 盐法	5	25	20.00%	
144 私茶	4	5	80.00%	3（144-01，144-03，144-04）
146 匿税	1	7	14.29%	1（146-01）
149 违禁取利	2	7	28.57%	1（149-01）
150 费用受寄财产	1	3	33.33%	
152 私充牙行埠头	1	6	16.67%	

律牌	明例	本门例文总数	比例	自明沿袭未改者
154 把持行市	3	8	37.50%	
157 祭享	2	2	100.00%	1（157－01，157－02）
158 毁大祀邱坛	1	2	50.00%	
161 亵渎神明	1	1	100.00%	
162 禁止师巫邪术	1	8	12.50%	
163 合和御药	1	1	100.00%	
168 失仪	1	2	50.00%	1（168－01）
171 上书陈言	1	1	100.00%	
173 禁止迎送	2	6	33.33%	2（173－03，173－05）
174 公差人员欺陵长官	1	1	100.00%	
175 服舍违式	11	17	64.71%	7（175－03，175－04，175－05，175－06，175－07，175－09，175－10）
177 失占天象	1	1	100.00%	1（177－01）
179 匿父母夫丧	2	4	50.00%	1（179－02）
180 弃亲之任	1	1	100.00%	
182 乡饮酒礼	2	2	100.00%	1（182－01）
195 冲突仪仗	1	3	33.33%	
202 漏泄军情大事	1	3	33.33%	
207 主将不固守	2	7	28.57%	
214 私藏应禁军器	1	10	10.00%	
215 纵放军人歇役	1	1	100.00%	
224 盘诘奸细	2	12	16.67%	
225 私出外境及违禁下海	4	44	9.09%	
229 验畜产不以实	1	1	100.00%	
233 宰杀马牛	1	4	25.00%	
238 递送公文	1	5	20.00%	1（238－01）
240 铺舍损坏	1	1	100.00%	1（240－01）
242 驿使稽程	1	3	33.33%	
243 多乘驿马	1	4	25.00%	

续表

律牌	明例	本门例文总数	比例	自明沿袭未改者
244 多支廪给	1	1	100.00%	
252 乘官畜产车船附私物	3	3	100.00%	
260 盗内府财物	1	3	33.33%	
263 盗园陵树木	2	8	25.00%	
264 监守自盗仓库钱粮	1	7	14.29%	
266 强盗	5	49	10.20%	
267 劫囚	1	5	20.00%	
268 白昼抢夺	2	27	7.41%	
269 窃盗	1	32	3.13%	
270 盗马牛畜产	3	16	18.75%	
271 盗田野谷麦	1	22	4.55%	
272 亲属相盗	1	6	16.67%	1 (272-01)
273 恐吓取财	1	24	4.17%	
274 诈欺官私取财	2	13	15.38%	
275 略人略卖人	2	18	11.11%	
276 发冢	2	23	8.70%	
278 盗贼窝主	6	25	24.00%	2 (278-01, 278-18)
282 谋杀人	1	10	10.00%	
287 杀一家三人	2	17	11.76%	1 (287-02)
290 斗殴及故杀人	3	20	15.00%	
292 戏杀误杀过失杀伤人	2	22	9.09%	
294 杀子孙及奴婢图赖人	1	6	16.67%	
299 威逼人致死	5	25	20.00%	2 (299-01, 299-02)
302 斗殴	2	14	14.29%	
303 保辜限期	1	7	14.29%	1 (303-03)
312 威力制缚人	1	4	25.00%	
318 殴期亲尊长	2	13	15.38%	
319 殴祖父母父母	2	12	16.67%	1 (319-01)
325 骂制使及本管长官	2	2	100.00%	
329 骂祖父母父母	1	1	100.00%	1 (329-01)

续表

律牌	明例	本门例文总数	比例	自明沿袭未改者
332 越诉	9	27	33.33%	1 (332 - 07)
336 诬告	4	27	14.81%	
338 子孙违犯教令	1	3	33.33%	
339 见禁囚不得告举他事	1	1	100.00%	1 (339 - 01)
340 教唆词讼	2	12	16.67%	
341 军民约会词讼	2	7	28.57%	1 (341 - 02)
344 官吏受财	1	14	7.14%	1 (344 - 02)
349 在官求索借贷人财物	2	8	25.00%	1 (349 - 02)
352 因公科敛	1	2	50.00%	
355 诈为制书	3	3	100.00%	2 (355 - 02, 355 - 03)
358 伪造印信时宪书等	2	3	66.67%	
359 私铸铜钱	1	12	8.33%	
360 诈假官	2	7	28.57%	1 (360 - 03)
361 诈称内使等官	2	2	100.00%	
368 亲属相奸	2	3	66.67%	1 (368 - 01)
372 居丧及僧道犯奸	1	2	50.00%	
374 官吏宿娼	1	1	100.00%	
375 买良为娼	1	4	25.00%	
378 赌博	1	17	5.88%	
379 阉割火者	1	5	20.00%	
383 放火故烧人房屋	1	3	33.33%	
390 徒流人逃	2	27	7.41%	
391 稽留囚徒	1	6	16.67%	
395 囚应禁而不禁	1	7	14.29%	
398 陵虐罪囚	1	14	7.14%	
401 狱囚衣粮	2	10	20.00%	
410 辩明冤枉	2	7	28.57%	
412 检验尸伤不以实	2	21	9.52%	1 (412 - 02)
417 赦前断罪不当	1	5	20.00%	
427 冒破物料	1	9	11.11%	

律牌	明例	本门例文总数	比例	自明沿袭未改者
433 盗决河防	1	2	50.00%	
434 失时不修堤防	1	5	20.00%	1 (434 – 01)
435 侵占街道	1	1	100.00%	
总计	259	1214	21.33%	56

上面这个表格无比清楚地告诉我们，在《读例存疑》中收录的1904 条例文里面，至少有259 条例文源自明代条例，约占全部例文的13.60%。各项来源的详情如下：源自《明会典》的例文 11 条，源自《明大诰》者 3 条，源自"明令"者 31 条，源自《问刑条例》者 161 条，源自"明例"者 54 条。其中，例文 379 – 05 的部分内容源自《问刑条例》，部分则源自"明例"，故而发生一次重复计算，以致上述 5 项合计较例文实际数目多出 1 条。而在各项法律来源中，以源自明《问刑条例》的条例数目最多（161 条），超过 60% 的比重。

整体而言，根据《读例存疑》统计得出清代例文继承明代条例的比例（13.60%），虽然与前引薛允升本人的说法（"至于条例，则删存者不过十分之二三"）相比略低，但考虑到清朝条例经过两百多年增删改并之类的复杂演变，及至晚清时期，仍能保持如此比例，也算是一项空前的历史奇迹。不仅如此，这 259 条源自明代的例文系属 139 条律文，后者总共包含 1214 条例文，前者占后者的比例超过 21.33%。在这259 条例文中，又有 56 条自清初继承以后，迄至清末未有更动，约占21.6%。若以全部 1904 条例文衡之，这部分例文约占 2.94%。换言之，晚清时期的例文中仍大约有 2.94% 属于直接继承自明代的法律遗产。

然而，清朝毕竟为新兴政权，在继承前代法律基础上不断创新改造，日益完善其成文法律体系，自是题中应有之义。我们看到，自清初入关后，在顺治、康熙、雍正、乾隆、嘉庆、道光、咸丰、同治先后 8

位皇帝统治之下，超过两个世纪的漫长时间里，法律修订工作频繁而稳健进行，逐步改变了清初整体上沿袭明代法律的被动状况。对于清朝例文的修订工作，自顺治朝便已开始，并一直延续至同治朝。而且，在各朝修订例文过程中，这些源自明代的例文渐渐获得其最终确定的成文形态，不再有任何更动，笔者称之为"例文的确定化"。谨据《读例存疑》统计分析，大致可见清代不同时期对于源自明代的条例修改，并使这些例文得以确定化的过程。

表 4-5　清代各朝确定例文情况

时期	修改条例数目	确定条例数目	确定化百分比
顺治	31	7	22.6%
康熙	1	0	0%
雍正	115	39	33.9%
乾隆	139	91	65.5%
嘉庆	54	46	85.2%
道光	13	11	84.6%
咸丰	5	4	80.0%
同治	5	5	100%
总计	363	203	55.9%

通过上表可以发现，顺治朝对于源自明代例文的修改工作处于起步阶段，或许由于为时较早，修律方针尚未明晰，以致条例确定化的比例并不算高，只有 22.6%。康熙朝则可能由于前面反复提及的原因——将主要精力放在《现行则例》上面，以致对于例文的修改幅度很小，且未使任何一条源自明代的例文获得确定的法律形式。及至雍正朝，才开始大规模对清律中沿袭自明代的例文进行修改，并使例文的确定化比例明显提高，达到 33.9%。对于明代例文最大规模的改造工程发生在乾隆朝，不仅历时较久，所获成绩也更显著，例文的确定化比率更提高至 65.5%，是顺治朝例文确定化比率的 2.94 倍。可能与通常印象有所不

同的是，嘉庆和道光朝对于例文中明代条例的修订工作不仅成效显著，而且例文的确定化比率远远超过雍正、乾隆二朝，分别为 85.2% 和 84.6%。咸丰、同治二朝因为已经处在清朝修例工作的最后阶段，故而例文确定化比率居高不下，乃至达到 100%，其实是十分自然的现象。但从时间跨度来看，同治朝距顺治朝超过两百年，仍对源自明代的 5 条例文不断修改，力求完善，反映出清朝人对于成文法律的一种执着态度。

接下来，结合《读例存疑》的统计数据，对于清代不同时期例文的演变特征进一步展开分析。

1. 顺治朝

顺治朝直接面临如何处理明代条例，并创制王朝新法律等问题。如前所述，在《读例存疑》收录的 1904 条例文中，有 259 条源自明代各种形式的成文法例。在这 259 条例文里面，除 56 条例文迄至同治九年未经更动外，尚有 203 条例文在顺治至同治年间不断得到修订，并获得其稳定的例文形式。统计发现，顺治朝仅对 31 条明代条例进行过修订，并使其中 7 条例文实现了法律表达的确定化。

另据薛允升为例文所作"注语"可知，顺治朝修改或处理明代例文的方式，大致有以下几种：（1）为例文添加小注文字，使之更易理解和操作。如例文 131 - 01、141 - 01、141 - 03、243 - 02、252 - 01、252 - 02、252 - 03、266 - 01①、270 - 03、274 - 06、319 - 02、360 - 02、361 - 01，计有 13 条之多。（2）删改原有例文的部分文字，使之更符合新的王朝形势。这种修改例文的方式，薛允升一般用"删改"或"删定"等字眼来描述。如例文 154 - 01、263 - 02、318 - 01、292 - 01、292 - 02、383 - 01、410 - 02，计有 7 条。（3）一般性地修改条例正文，以满足新的司法需要。此中涉及例文 059 - 01、158 - 01、161 -

---

① 据《读例存疑》，该条例文同时存在"添注"和一般性"修改"的状况，为避免重复计算，暂归入"添注"的情况。

01、224 - 01、225 - 12、271 - 01、276 - 12、325 - 01、410 - 01、435 - 01，共有 10 条之多。（4）移门，即将例文调换位置，归入另外一门。例文 391 - 04 便是如此，原来在"徒流人逃移"门，顺治 3 年被移至"公事应行稽程"门。

与此同时，顺治朝创制新条例的记录也很值得留意。据《读例存疑》统计，至少有以下 16 条例文，属于顺治朝新创制的条例：001 - 16（顺治初年定例）、005 - 01（顺治定例），025 - 02（顺治十七年定例），091 - 02（顺治十一年定例），175 - 01（顺治二年定例），266 - 14（顺治十八年定例），273 - 07（顺治十三年定例），294 - 01（顺治三年定例），294 - 02（顺治三年定例），378 - 02（顺治定例），397 - 02（顺治十八年定例），398 - 04（顺治十二年定例），398 - 05（顺治十八年定例），420 - 02（顺治十六年定例），421 - 02（顺治初年定例），426 - 01（顺治初年定例）。这 16 条例文与《读例存疑》全书收录的 1904 条例文整体相比，可能有些微不足道（约占 0.84%）。但若以顺治朝《大清律集解附例》附例 448 条相比，则占后者的 3.57%，所以不容忽视。

此外，还有两种情况值得关注。一、顺治朝颁发的上谕，或大臣奏准的法律内容，并没有在当朝成为正式的例文，而是在后来皇帝治下将之修改，吸收进《大清律例》，修成正果。属于这种情况的例文，我们在《读例存疑》中至少发现 5 条：（1）例文 025 - 03 原系顺治十八年（1661）上谕，乾隆五年（1740）经过修订，正式成为例文；（2）052 - 01 原系顺治十五年（1658）上谕，也是在乾隆五年成为条例；（3）242 - 01 原系顺治三年（1646）上谕，同样在乾隆五年成为条例；（4）275 - 03 原系顺治九年（1652）上谕，康熙二十一年（1682）进入《现行则例》，雍正三年（1725）、乾隆二十四年（1759）、五十六年（1791）、嘉庆二十二年（1816）、咸丰二年（1852）屡次修改，最后在同治九年（1870）得以修改确定。（5）405 - 01 原系顺治十二年（1655）大臣覆准的定例，收入《大清会典》，后在康熙年间载入《现行则例》。雍正三年修律之际，则被吸收成为一条正式条例。二、顺治朝吸收前朝法律专家意见，据以添入例文小汪，后将小注文字单独摘出，升格成为例文。即如例文 285 - 23，原系 2 条，作为其部分前身的某条例文，原是在顺治三年修订法律之时，采用明代孙存《大明律读法书》① 中相关内容，作为"注语"附于律后。及至雍正三年（1725），将之从"注语"中摘出来，纂为一条新的定例。

虽然上述两种情况，均未在顺治当朝生成正式的例文，但毕竟为后来王朝的修例活动提供了前提基础，因而值得研究者注意。尤其前一种情况，生动说明了有清一代不同皇帝之间在法律方面具有密切的传承和关联，也正是基于这种密切的法律关联，最终使清律成为一个体系日渐庞大、却不断推陈出新的有机整体。

2. 康熙朝

如前所述，康熙朝对于大清律中沿袭的明代例文修订乏善可陈。我们在《读例存疑》中仅发现一条记录：例文 359 - 05 原系前明《问刑条例》，康熙年间略作修改，但并未使其获得最终确定的法律形式。不仅如此，康熙朝对于顺治朝新定条例的修订也罕有动作，至少在《读例存疑》中不见有任何相关记录。但绝不能就此妄下结论，认为康熙朝的修律活动过于平淡。事实上，康熙朝在创定新的成文法律方面十分有成就，除了众所周知表现最为突出的《现行则例》② 外，还有大量新增定例。今据《读例存疑》统计如下表：

---

① 薛允升在该条例文的注语中言："顺治三年初纂律书时，采《读法》中语，附于律后以为注"，并未指明《读法》全名及作者姓名。笔者认为，从时间上推断，《读法》应为明代孙存《大明律读法书》的简称。关于孙存与《大明律读法书》的故事，可参见吴艳红《孙存案与明代中后期的法律知识》，载陆康、孙家红主编《法国汉学》第十六辑，北京：中华书局，2014 年，第 167 - 190 页。

② 关于康熙现行则例的初步研究，可以参考郑秦《康熙现行则例考》，《清代法律制度研究》，第 23 - 33 页。

表 4 - 6　《读例存疑》所见康熙朝新增例文情况

	条例编号 （）修正增加值	条例数 （）修正增加值
现行则例	001 - 03, 001 - 04, 001 - 06, 001 - 08, 001 - 11, 006 - 02, 008 - 01, 009 - 01, 015 - 02, 016 - 01, 016 - 04, 016 - 10, 024 - 03, 024 - 14, 047 - 11, 047 - 12, 050 - 02, 051 - 01, 053 - 02, 053 - 03, 065 - 01, 068 - 01, 068 - 02, 112 - 05, 118 - 01, 119 - 01, 152 - 02, 168 - 02, 175 - 14, 219 - 01, 220 - 01, 220 - 02, 225 - 29, 233 - 01, 235 - 01, 242 - 02, 243 - 03, 249 - 01, 254 - 01, 255 - 04, 255 - 05, 264 - 02, 266 - 04, 266 - 05, 266 - 09, 266 - 12, 266 - 13, 266 - 18, 275 - 03, 276 - 12, 297 - 01, 299 - 06, 302 - 01, 302 - 02, 311 - 01, 312 - 02, 313 - 01, 314 - 07, 314 - 12, 332 - 01, 332 - 10, 333 - 02, 336 - 04, 336 - 05, 336 - 17, 336 - 18, 344 - 03, 359 - 01（1）, 359 - 02, 359 - 09, 366 - 01, 382 - 01, 394 - 07, 396 - 01, 396 - 02（1）, 398 - 02, 400 - 01, 401 - 04, 405 - 01, 405 - 04, 406 - 01, 407 - 01, 409 - 03, 410 - 03, 411 - 01, 417 - 02, 417 - 03	87（2）
康熙定例	001 - 01, 001 - 02, 005 - 01, 014 - 01, 015 - 03, 018 - 02, 018 - 03（3）, 021 - 02, 022 - 02, 024 - 04, 024 - 05, 045 - 09（1）, 047 - 05（1）, 047 - 07, 047 - 13, 060 - 01, 075 - 01, 091 - 06, 094 - 01, 119 - 02, 119 - 04, 123 - 01, 123 - 02, 123 - 03, 125 - 01, 125 - 02, 127 - 01, 127 - 06, 131 - 02, 134 - 01, 134 - 02, 134 - 03, 140 - 01, 141 - 06（1）, 141 - 07, 146 - 02, 152 - 03, 154 - 04, 162 - 02, 175 - 13, 178 - 01, 187 - 01, 208 - 03, 210 - 02, 211 - 01, 213 - 02, 214 - 04, 214 - 08, 224 - 04, 225 - 03（1）, 225 - 04, 225 - 05, 225 - 35, 225 - 37, 228 - 01, 235 - 02, 255 - 01, 255 - 02, 256 - 01（1）, 256 - 02, 264 - 04, 266 - 02, 266 - 14（2）, 266 - 22, 266 - 41, 266 - 42, 268 - 03, 268 - 15, 268 - 19, 268 - 20, 269 - 00, 269 - 01, 269 - 10, 269 - 13, 270 - 04, 271 - 10（1）, 273 - 02, 273 - 03, 273 - 04, 273 - 06, 273 - 07, 275 - 02, 275 - 04, 276 - 01, 277 - 01, 277 - 02, 277 - 03, 278 - 04, 290 - 03, 290 - 19（1）, 292 - 03, 294 - 04, 296 - 01, 302 - 03, 304 - 01, 306 - 01, 314 - 05, 318 - 02（1）, 323 - 02, 332 - 03（1）, 332 - 04（1）, 334 - 01, 336 - 01, 336 - 06, 336 - 07, 336 - 16, 337 - 01, 340 - 03, 344 - 05, 344 - 06, 344 - 07, 348 - 01, 359 - 05, 360 - 04, 370 - 01, 378 - 02（3）, 378 - 15（1）, 379 - 01, 380 - 01, 390 - 11, 390 - 17, 392 - 01, 392 - 09, 394 - 01, 394 - 08, 395 - 07, 396 - 04, 397 - 01, 398 - 03（1）, 398 - 06, 401 - 01, 401 - 03, 401 - 10, 405 - 02（1）, 405 - 03, 407 - 01, 409 - 01, 409 - 02, 411 - 03, 412 - 03（1）, 421 - 01, 421 - 02, 424 - 01	143（22）
总计	——	230（24）

表中"修正增加值"的必要性在于，我们通过《读例存疑》发现，部分条例生成前后，尚有相关则例或定例出台，甚或该条例本身即由 2 条或 2 条以上康熙定例合并而成，故而单独计数，以见其真实规模。经过统计，《读例存疑》中共有 87 条例文源自康熙朝《现行则例》，但因为例文修订过程中存在增删改并等因素，因而这 87 条例文与其源头——《现行则例》条目数并不完全匹配，后者实际数目为 89 条。① 前已述及，雍正律收载例文中有 299 条为"增例"，即康熙年间之《现行则例》。与之相较，《读例存疑》收载或涉及的这 89 条"增例"，约占前者 30.0% 。

除康熙朝《现行则例》外，《读例存疑》中还有 143 条例文属于康熙朝"定例"，即一般性的新增条例，但并未纳入《大清律例》当中。同样由于例文增删改并等因素，这 143 条例文实际上源自 165 条康熙朝定例。这些"定例"与《现行则例》合计，共有 230 条例文（87＋143），在《读例存疑》正式收录的 1904 条例文中大约占 12.1% 。若与雍正朝"增例"299 条相比较，则占 76.9% 。由此可见，康熙朝将主要修律精力放在《现行则例》上面，同时制定出相当数量的新增定例，虽然对于《大清律例》本身的修订工作实在有限，但所付出的努力并没有被浪费，因为康熙朝《现行则例》和新增定例被广泛吸收进后来版本的大清律中，及至清末仍在司法实践中发挥其巨大影响力。

另与顺治朝相仿，在《读例存疑》中有一些条例，原本属于康熙朝钦奉谕旨，或经大臣奏请议准，但未及在本朝成为定例，而是在后来的皇帝治下被吸收成为正式的条例。谨列表如下：

---

① 薛允升特别指出，其中有 2 条例文（047－11、047－12）源自康熙朝的《兵部现行例》；127－01 源自康熙朝"吏部例"。明确标明年份者 4 条：053－02（康熙五年现行例）、053－03（康熙十二年现行例）、266－18（康熙九年现行例）、275－03（康熙二十一年现行例）。

表 4 - 7 《读例存疑》所见谕旨改定成例情况

类型	序号	例文编号	演变过程概要
钦奉谕旨	1	018 - 01	康熙五十年奉旨，雍正三年定例，乾隆五年改定
	2	045 - 01	康熙九年上谕，乾隆五年定例，乾隆五十三年与其他例文合并
	3	263 - 06	康熙五十七年上谕，乾隆五年定例
	4	281 - 19	康熙三十二年上谕，乾隆三十二年与其他定例修并
	5	333 - 01	康熙十四年上谕，乾隆五年定例
奏请议准	6	091 - 04	康熙十八年议准，乾隆五年定例，嘉庆十四年改定
	7	119 - 03	康熙四十九年九卿议覆分赔漕糧事例，雍正三年纂为定例
	8	127 - 02	康熙三十九年奏请，雍正二年定例，乾隆五年改定
	9	137 - 03	康熙十七年题奏事例，雍正三年定例
	10	302 - 04	康熙五十八年奏准，乾隆五年定例
	11	303 - 07	康熙五十七年议准，雍正七年增入条例，乾隆五年修改
	12	366 - 03	康熙十八年、四十六年先后议准，雍正十二年又经刑部议准，乾隆五年纂辑为例。嘉庆二十四年修改，咸丰二年改定

表中所涉 12 条例文，不仅再次体现了康熙朝与后来皇帝在修律方面的密切关联，更与此前源自康熙朝《现行则例》和新增定例的 230 条例文一道，说明一个基本的事实：康熙朝的立法或法律修订成绩虽然没有大量体现在律例条文本身，但通过其他方面同样重要的成文法律编纂工作，为后来世代的修律活动奠定了丰富扎实的法律基础。

3. 雍正朝

以往学者对于雍正朝成文法律的关注，一般强调雍正朝通过律文修订工作，确立了清代律文的数量规模和成文样式，并为乾隆及以后皇帝所恪守，对于例文演变的探讨殊为有限。揆诸实际，雍正朝例文演变不仅具有鲜明的过渡时代特征，更有许多别出心裁、标新立异之处。主要表现在以下三个方面：

其一，雍正朝对明例和顺治例进行了大规模修改。此前据《读例存疑》统计得知，在大清律条中至少有 259 条例文源自明代，除其中

56 条一直未有更动外，其余 203 条明代条例自顺治入关后便不断被修订，并获得最终确定的法律形式。然而，顺治朝仅修订了 31 条明代例文，并使其中 7 条例文实现了确定化。康熙朝的作为更加有限，仅修订了 1 条明代例文，并未使之获得确定的法律形式。在这种情况下，雍正朝修订例文之际，便面临着大量未经修订的明代条例。不言而喻，繁重的修例任务直接落在勤政的雍正皇帝手中。

　　根据此前对于清代不同时期修改源自明代例文的数量统计，我们可以得到以下图示：

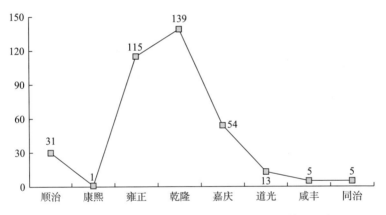

图 4 - 2　《读例存疑》所见沿袭明代的清代例文情况示意图

　　从中可以明显感到，继顺治、康熙二朝之后，雍正朝对于源自明代的例文修改规模，尽管没有达到顶峰，但呈陡然上升的趋势。经过进一步分析，在这 115 条源自明代的条例中，有 108 条是雍正朝在明例基础上直接进行修改，并使其中 39 条获得了确定形式。

　　雍正朝在修订源自明代的例文外，还面临着如何处理顺治、康熙两朝积累的例文。顺治朝的情况似乎较为简单，一方面，因为顺治朝对于明例的修改毕竟有限，另一方面，顺治朝创制的新例数量与雍正及以后皇帝在位时期的例文规模相比，也很难相提并论。检阅《读例存疑》

发现，至少 14 条顺治朝新定例文在康熙朝未见任何更动，而是在雍正朝被直接拿来修改，并有 4 条例文获得了最终的确定形态。大致如下表所示：

表 4 - 8 《读例存疑》所见雍正朝修订顺治朝新定例文

序号	律目	例文编号	经修改是否确定
1	001 五刑	001 - 16	否
2	091 检踏灾伤田粮	091 - 02	否
3	175 服舍违式	175 - 01	否
4	225 私出外境及违禁下海	225 - 12	否
5	252 乘官畜产车船附私物	252 - 01	否
6	252 乘官畜产车船附私物	252 - 02	否
7	252 乘官畜产车船附私物	252 - 03	是
8	266 强盗	266 - 01	是
9	285 杀死奸夫	285 - 23	否
10	319 殴祖父母父母	319 - 02	否
11	325 骂制使及本管长官	325 - 01	否
12	378 赌博	378 - 02	否
13	410 辩明冤枉	410 - 02	是
14	421 死囚覆奏待报	421 - 02	是

其二，雍正朝大量吸收康熙朝《现行则例》和康熙新增定例，并加以修订改造。此前我们在《读例存疑》中发现，源自康熙朝《现行则例》和新增定例的条例230条，因为增删修并等因素影响，实际产生自 255 条（230 + 25）《现行则例》和新增定例。当然，这些例文并非全部原封不动地被吸收进雍正朝大清律中，而是经过相当多的文本修改。经统计，雍正朝对于康熙《现行则例》和新增定例的修改记录至少存在于 91 条例文当中。而且，这 91 条例文经过雍正朝的修改，其中有 27 条获得了确定的成文形式。如下表所示：

表 4 - 9　《读例存疑》所见雍正朝修订康熙例情况

例文编号	雍正朝修订康熙例 （含《现行则例》和新增定例）	经修订而确定者
例文编号	001 - 02, 001 - 03, 001 - 06, 015 - 02, 016 - 10, 018 - 02, 018 - 03, 022 - 02, 024 - 03, 024 - 05, 047 - 05, 047 - 13, 050 - 02, 065 - 01, 068 - 01, 068 - 02, 112 - 05, 118 - 01, 119 - 01, 119 - 02, 119 - 03, 127 - 01, 127 - 02, 127 - 06, 134 - 01, 134 - 02, 134 - 03, 141 - 06, 154 - 04, 162 - 02, 168 - 02, 175 - 14, 208 - 03, 210 - 01, 213 - 02, 214 - 08, 220 - 01, 220 - 02, 225 - 29, 228 - 01, 243 - 03, 254 - 01, 255 - 05, 264 - 04, 266 - 04, 266 - 05, 266 - 12, 266 - 13, 266 - 42, 268 - 03, 269 - 13, 270 - 04, 271 - 10, 273 - 07, 275 - 02, 275 - 03, 276 - 01, 276 - 12, 297 - 01, 302 - 01, 302 - 02, 311 - 01, 312 - 02, 314 - 07, 318 - 02, 332 - 03, 332 - 04, 333 - 02, 336 - 01, 344 - 06, 344 - 07, 348 - 01, 359 - 01, 359 - 02, 359 - 09, 366 - 01, 370 - 01, 378 - 02, 378 - 15, 379 - 01, 390 - 17, 394 - 07, 396 - 01, 396 - 02, 398 - 06, 401 - 01, 407 - 01, 410 - 03, 412 - 03, 421 - 01, 421 - 02	024 - 03, 047 - 13, 050 - 02, 068 - 02, 127 - 01, 134 - 01, 162 - 02, 168 - 02, 175 - 14, 213 - 02, 225 - 29, 228 - 01, 243 - 03, 255 - 05, 266 - 12, 312 - 02, 332 - 03, 333 - 02, 344 - 06, 366 - 01, 370 - 01, 394 - 07, 407 - 01, 410 - 03, 412 - 03, 421 - 01, 421 - 02
数目小计	91	27

　　雍正朝对于此前例文的具体修订方式，在薛允升（和沈家本）笔下，至少使用了9种不同的语词，以体现不同的修例效果。诸如：增改（即增加修改部分例文）、删改（即删减修改例文内容）、删并（即将例文删减合并）、添注（即为例文添加小注）。此外，还有1种前面谈到的方式，即将一些例文移动到其他更合适的律例门类，笔者称之为"移门"。一般而言，这种修订方式仅改变例文所在的位置，对例文本身的文字没有太多更动，或根本无任何修改。谨据《读例存疑》将雍正朝以上述10种方式修订前朝例文的数量分别进行统计，得到下面的表格：

表 4 - 10   《读例存疑》所见雍正朝修订前朝例文方式情况

修订方式	例文数量	修订方式	例文数量
1. 修改	110	6. 删并	8
2. 删改	21	7. 改定	32
3. 增改	4	8. 修并	11
4. 删定	7	9. 添注	3
5. 增定	4	10. 移门	8

表中 10 项合计，共有 208 条例文。很明显，以"修改"的方式进行修订的例文数量最多（110 条）。然在概念上，"修改"一词相当笼统，完全可以将其他 9 种方式兼容在内。只不过在《读例存疑》中，薛允升特别采用了在他看来可能更恰当的其他字眼，以区别不同的例文修订方式和修订效果。所以，尽管以"修改"为标识的 110 条例文并不排除曾经历其他几种方式的修订，我们在统计过程中仍参照薛允升的精确表达，予以区别对待。需要附带提及的是：一、与顺治朝相比，雍正朝对此前例文的修订工作主要着眼点在条例正文，对于例文小注的修改变化较少。翻遍《读例存疑》，仅见 3 条例文（084 - 02、087 - 01、268 - 02）在雍正朝修例过程中添加了小注。二、"移门"的情况共有 8 例：043 - 01、048 - 01、137 - 02、255 - 01、265 - 01、266 - 29、374 - 01、378 - 01）。其中，例文043 - 01 的情况最为特别。该条例文原属前明旧例，在顺治和康熙朝各版本的大清律中，皆被列于最末一条。据薛允升分析，这可能是一种刻意的安排："此条乃用条例之通例，恐拟罪者比附例条，以资游移，舍律从例，以从苛刻，故特于诸卷之末而总申言之。"但在雍正三年修订律例过程中，鉴于该条具有普遍适用性，更接近"名例"的特征，故而将之移至"名例"，系于律文"043 断罪依新颁律"之下。

其三，雍正朝不仅创制了大量新的条例，更创造性地将例文分为"原例"、"增例"、"钦定例"三项。经统计，《读例存疑》中至少有 369 条例文属于雍正朝新定的条例。综合考虑例文的分合变异因素，得到的"修正增加值"为17。也就是说,《读例存疑》中这369条例文其实源自386条雍正朝新定的条例。这样一个数字,令人感到有些不可思议:不管是原始统计的369条例文,还是修正后的386条例文,皆远远超过前面统计的雍正朝修改前朝例文的总数(208)。若以雍正律附例总数824条衡之,前者约占后者数量之46.8%,也是很高的比例。

更大的问题在于,我们发现,这一数字与雍正朝《大清律集解》卷首言明的三项例文(原例、增例、钦定例)数量上均有较大出入。前已述及,雍正朝大清律中,附有原例321条、增例299条、钦定例204条。这369条或386条例文,在数量规模上超过其中任何一项。为什么会发生这样的情况?依笔者分析,雍正朝并未将所有的新定条例吸收进《大清律集解》当中,事实上也不太可能,因为该书之编修、刊印、颁行均在雍正初年(三年或五年)。在这之后,新增定例数量究竟几何?新增定例与已刊《大清律集解》的关系如何?又是如何协调处理的?这些问题在以往史料中,未见有清晰揭示。目前绝大多数相关研究,似乎也未深入到这一层次。与此同时,薛允升《读例存疑》的撰述宗旨在于探究清代律例条文的继承与演变,故其参考资料绝不限于雍正朝《大清律集解》。换句话说,薛允升获取雍正朝例文信息的来源更为广阔,以致根据《读例存疑》统计得出的结果,与官方刊印的《大清律集解》所记录的数字存在出入,也完全有可能发生。

上述说法绝非笔者臆断,而是具有直接的证据支撑,因为我们在《读例存疑》中发现大量雍正五年以后的定例记录。谨将之列表汇总如下:

表4-11 《读例存疑》所见雍正五年后定例

年份	例文编号	例文数量
雍正六年	031-06, 052-07, 091-03, 091-05, 119-05, 119-06, 120-02, 136-01, 137-08, 141-09, 141-10, 148-02, 214-02, 249-02, 266-41, 270-06, 272-02, 278-25, 281-02, 332-11, 336-10,	33

年份	例文编号	例文数量
	341－04，378－03，387－01，387－04，388－01，388－02，394－10，395－01，411－47，412－14，434－02，434－03	
雍正七年	021－08，024－16，024－17，024－18，024－19，025－06，025－07，025－10，045－01，120－03，127－09，127－10，127－11，133－01，137－06，137－10，141－11，173－01，197－01，224－01，225－40，225－41，225－42，243－04，265－02，266－17，266－19，267－01，269－15，278－05，278－08，285－06，303－07，334－04，336－09，341－05，344－11，383－02，387－02，387－05，389－01，389－02，389－03，394－05，423－01，424－04，424－05	47
雍正八年	006－05，036－02，067－02，095－03，108－01，175－15，225－07，225－09，225－15，225－16，251－01，266－07，341－06，349－05，400－03，411－09	16
雍正九年	120－04，133－02，225－10（2），233－03，266－38，268－07，271－02，292－14，336－14，378－16	12
雍正十年	031－03，141－15，217－01，269－24，390－03，390－08，390－09，411－02，427－04	9
雍正十一年	018－04，034－01，044－01，063－02，070－01，070－02，073－01，073－02，118－02，162－03，268－12，269－03，269－13，344－10，352－02，358－03，389－05，401－05，401－06，405－04，085－00，299－14（1），018－06，359－01	25
雍正十二年	007－01，053－07，067－03，075－02，089－01，091－10，095－02，095－04，137－07，140－02，214－01，217－02，225－08，268－06，268－10，276－05，285－07，285－16，299－04，336－20，347－01，349－06，366－04，366－05，387－03，387－06，431－01，434－04	28
雍正十三年	004－01，015－04，054－02，063－01，077－03，079－01，080－05，089－04，091－06，091－08，093－03，117－01，149－04，152－04，152－05，173－02，179－03，181－01，181－02，220－03，225－10，248－01，264－06，269－26，270－07，274－02，275－10，276－03，276－04，276－13，292－04，336－11，337－02，341－07，359－02，359－07，359－09，378－06，384－01，390－04，359－01，412－05，424－03，427－03，427－05	45
总计	——	215

由上可见，自雍正六年至雍正十三年（1728－1735）年间新创制的例文至少有215条，在雍正朝新定例文（386条）中占55.7%，比雍正元

年至雍正五年（1723 – 1727）创制的例文数量大约高出 9 个百分点。

话说回来，雍正朝将例文分为"原例"、"增例"、"钦定例"的做法固然独出心裁，但如昙花一现般在乾隆朝很快遭到摒弃。但雍正朝修订例文的历史功绩不容忽视，雍正朝不仅基本完成了康熙朝试图将《现行则例》等内容与大清律合而为一的未竟事业，更为此后乾隆朝修订法律奠定了框架基础。同时，也为我们今天了解清代例文的来源构成提供了清晰思路："原例"意味着从前一个王朝或更早的历史传统中继承过来的成文法律，"增例"则是晚近增加的成文法律，"钦定例"属于当朝皇帝主持或允准最近创制的成文法律。不仅雍正朝例文如此，清朝的其他世代例文的宏观构成也大致逃不脱这三种成文法律来源。或可以说，基于这三种法律来源而创制修改的大量成文法律，为我们展现了一部丰富而生动的清朝成文法律历史。因而欲知清朝成文法律不同时期的演进状态，一个值得尝试的观察视角便是去发现这三者之间不同的比例变化。

4. 乾隆朝

在笔者看来，雍正皇帝之所以在《大清律集解》的御制序文中宣称要将这部法律"刊布内外，永为遵守"[1]，一个重要原因或许在于，当时的修律者强烈意识到，他们在维护成文法律的稳定性和保持成文法律的弹性之间找到了一条左右逢源的中庸之路。尽管后来的法律实践证明，这种特殊的法典编纂方式未必理想，但是他们始终认为，律例合编体制比此前任何时代的成文法律体系都具有优越性。不仅如此，雍正朝刻意将例文分成"原例"、"增例"、"钦定例"三项，更反映出他们坚定的修律立场：大清律的律文需要维持稳定，以后的修订法律活动将主要围绕如何修改和制定合适的例文展开。对于这种修律主张，乾隆皇帝"深体皇考之心"，不仅无比认同，更是一个身体力行的实践者。

---

① 胤禛：《御制大清律集解序》，《大清律附例集解》卷首，雍正三年序刊本。

　　乾隆皇帝作为 18 世纪中国最有作为的最高统治者，承续父祖之余烈，兼以自身励精图治，在政治、经济、文化等领域开创了深受传统文人称赞的盛世局面。与此相应，乾隆朝成文法律的演变也带有若干"盛世"气象，获得了不俗的成绩。下面，谨从这一时期创下的几项记录，管窥一下乾隆朝例文演变的主要特征。

　　首先，乾隆朝最后一次大规模修改了清律中所沿袭的明代例文。前已述及，乾隆朝对 139 条源自明代的条例进行修订，为清朝各皇帝在位时期修订条例之最多者，不仅远远超过草创时期的顺治朝和罕有动作的康熙朝，甚至比雍正朝修改的明例还多 24 条。另据《读例存疑》统计得知，这 139 条例文中至少有 62 条是乾隆时期在明代条例的基础上直接进行修改的，并且这 62 条例文中有 35 条经过乾隆朝的修改后，便获得了确定的法律形式。详细的例文条目信息，参见下面表格：

表 4-12　《读例存疑》所见乾隆朝直接修改源自明代例文情况

	例文编号	数量
修改者	016-03，016-13，019-02，022-01，024-01，025-04，047-03，047-10，054-01，055-01，077-01，077-02，078-01，088-02，090-04，102-01，105-01，112-01，120-05，137-01，141-05，152-01，182-02，195-01，214-06，224-02，225-02，229-01，244-01，263-02，266-02，266-18，266-41，267-05，273-01，274-01，278-03，278-20，278-21，287-01，290-01，290-02，290-12，299-05，299-07，299-09，302-01，302-02，312-01，325-02，332-02，332-09，336-01，336-21，338-01，358-01，358-02，368-02，375-04，379-05，401-03，433-01	62
确定者	016-03，019-02，022-01，025-04，047-03，047-10，055-01，077-01，077-02，078-01，088-02，090-04，112-01，137-01，149-01，152-01，182-02，195-01，214-06，224-02，229-01，273-01，278-03，287-01，299-07，299-09，312-01，332-02，332-09，336-01，336-21，338-01，358-02，368-02，379-05	35

　　经过此前的分析梳理，我们还知道：《读例存疑》中收录源自明代

的例文共 259 条，其中 56 条长期无所更动，余下 203 条在清代各皇帝统治时期经过不同程度的修改。但顺治、康熙二朝的例文修改整体上较为有限，前者仅直接修改了 31 条源自明代的例义，康熙朝所修改者只有区区 1 条，且未使其获得确定的成文形式。雍正朝例文修改规模则豁然加大，足有 108 条之多，超过顺治、康熙二朝总和的 3 倍以上。乾隆朝继续雍正朝未竟之事业，又修改明例 61 条，只剩下 2 条例文（175 - 11、282 - 01），分别在嘉庆十四年（1809）和道光五年（1825）得到修订，并最终实现了例文形式的确定化。这些记录表明，清朝对于明代条例的消化吸收是个长期的过程，而以顺治、雍正、乾隆三朝例文修订工作最引人注目。

其次，乾隆朝除了对源自明代的例文进行最后一次大规模修改外，在顺治、康熙、雍正三朝遗留例文的修订方面表现得也很出色。当然，乾隆朝直接修改的顺治朝例文规模不大——只有 13 条，并使其中 9 条例文实现了确定化，主要因为顺治朝新创例文本身数量较为有限。对于康熙朝例文的修订处理则截然不同，直接被修改的康熙朝例文有 59 条之多，接近雍正朝对于源自明代的例文的修改数量，并使其中 39 条例文获得了确定的成文形式。这种情况或许意味着，雍正朝大规模吸收康熙朝《现行则例》和新增定例，但对于这些例文的修订工作未臻理想，因而乾隆朝需要重新进行清理，以底于成。

相比之下，乾隆朝对于雍正朝例文的修订工作似乎有些繁重。据《读例存疑》统计，乾隆朝至少对 332 条雍正朝例文进行过不同程度、不同形式的修改，其中有 213 条例文随即实现了文本形式的确定化。不仅如此，纵观清代各朝对于前代例文的修改状况，乾隆朝对于雍正朝例文的修改数量位列榜首，超过排名第二的嘉庆朝 38 条。之所以发生如此情况，大致有三方面原因：（1）雍正皇帝在位年数较少，可能没有足够的时间和机会对例文进行充分地修改完善。（2）雍正律虽然别具匠心地创造了"原例"、"增例"、"钦定例"这三种例文分类，但这种

分类格局并不利于新创例文的及时吸收和合理安排。①（3）最为关键的
一点是，雍正朝并没有像乾隆朝那样明确具体的修律周期，因而对于雍
正五年以后新增条例缺乏科学统一的处理方案。当然，上述三方面原因
彼此之间可能存在某种程度的关联，很难说何者是绝对的决定性因素。
假如雍正皇帝在位时间足够长，是否可以自行解决这些成文法律上的问
题，其实是很难逆料的。但不管怎样，正因为雍正朝例文遗留不少问
题，以致乾隆朝修例过程中不仅将三种例文分类直接废除，统一于
"条例"的名称之下，更对雍正朝例文进行了大量修订，开启了中国古
代成文法律编纂历史的崭新一页。

其三，乾隆朝在修订前朝例文过程中，大量发生"移门"现象。
所谓"移门"，前面已有所提及，即在修订法律过程中，将例文移动到
更为合适的门类当中。据《读例存疑》统计发现，"移门"是乾隆朝经
常使用的重要修律手段之一。谨将相关记录统计列表，如下所示：

表 4-13　《读例存疑》所见乾隆朝修例中的"移门"情况

序号	例文编号	发生时间	移自	移至
1	001-02	乾隆五年	刑律故禁故勘平人门	名例律五刑门
2	001-03	乾隆五年	刑律故禁故勘平人门	名例律五刑门
3	001-06	乾隆五年	刑律有司决囚等第门	名例律五刑门
4	001-09	乾隆五年	名例律职官有犯门	名例律五刑门
5	001-10	乾隆五年	礼律祭享门	名例律五刑门
6	001-12	乾隆五年	名例律职官有犯门	名例律五刑门
7	004-02	乾隆四十二年	名例律八议门	名例律应议者犯罪门
8	005-01	乾隆五年	名例律犯罪免发遣门	名例律应议者之父祖有犯门
9	016-03	乾隆五年	刑律赦前断罪不当门	名例律常赦所不原门

---

① 乾隆五年《大清律例》卷首"凡例"记录的批评意见为："既以时代为先后，势必不能
依类编辑"，指出了法典编纂技术上现实的难题。（田涛、郑秦点校：《大清律例》卷首，
凡例，第 28 页）

序号	例文编号	发生时间	移自	移至
10	019 – 02	乾隆五年	名例律犯罪免发遣门	名例律天文生有犯门
11	021 – 06	乾隆三十七年	《督捕则例》	名例律徒流人又犯罪门
12	022 – 08	乾隆五十三年	刑律老幼不拷讯门	名例律老小废疾收赎门
13	025 – 10	乾隆五十三年	刑律狱囚脱监并反狱在逃门	名例律犯罪自首门
14	090 – 04	乾隆五年	吏律滥设官吏门	户律欺隐田粮门
15	095 – 04	乾隆五年	户律任所置买田宅门	户律典买田宅
16	119 – 04	乾隆五年	户律转解官物门	户律收粮违限门
17	123 – 01	乾隆五年	名例律给没赃物门	户律虚出通关朱钞门
18	148 – 01	乾隆五年	户律盐法门	户律人户亏兑课程门
19	214 – 06	乾隆五年	兵律私出外境并违禁下海门	兵律私藏应禁军器门
20	220 – 02	乾隆五年	兵律私出外境并违禁下海门	兵律私越冒度关津门
21	225 – 12	乾隆三十二年	户律保持行市门	兵律私出外境并违禁下海门
22	242 – 03	乾隆五十三年	兵律递送公文门	兵律驿使稽程门
23	266 – 17	乾隆五十三年	名例律给没赃物门	刑律贼盗门
24	266 – 18	乾隆五十三年	名例律给没赃物门	刑律贼盗门
25	266 – 41	乾隆五十三年	名例律犯罪自首门	刑律贼盗门
26	270 – 06	乾隆五年	兵律宰杀马牛门	刑律盗马牛畜产门
27	271 – 03	乾隆五年	刑律窃盗门	刑律盗田野谷麦
28	281 – 14	乾隆五十三年	刑律发冢门	刑律起除刺字门
29	281 – 19	乾隆五十三年	刑律窃盗门	刑律起除刺字门
30	285 – 07	乾隆五十三年	刑律斗殴门	刑律杀死奸夫门
31	289 – 01	乾隆三十年	刑律不应为门	刑律造畜蛊毒杀人门
32	290 – 03	乾隆五年	刑律检验尸伤不以实门	刑律斗殴及故杀人门
33	292 – 12	乾隆四十八年	刑律误杀故杀过失杀伤人门（嘉庆十二年改回此门）	刑律斗殴及故杀人门
34	317 – 02	乾隆四十八年	刑律保辜限期门	刑律殴大功以下尊长门
35	332 – 01	乾隆五年	兵律冲突仪仗门	刑律越诉门
36	332 – 12	乾隆五年	刑律诬告门	刑律越诉门
37	336 – 18	乾隆五年	名例律常赦所不原门	刑律诬告门
38	336 – 19	乾隆五十三年	刑律强盗门	刑律诬告门

序号	例文编号	发生时间	移自	移至
39	336 - 20	乾隆三十五年	刑律强盗门	刑律诬告门
40	336 - 21	乾隆五十三年	刑律恐吓取财门	刑律诬告门
41	344 - 03	乾隆四十八年	刑律恐吓取财门	刑律官吏受财门
42	366 - 09	乾隆四十二年	刑律威逼人致死门	刑律犯奸门
43	387 - 01	乾隆五年	刑律劫囚门	刑律应捕人追捕罪人门
44	390 - 17	乾隆五十三年	名例律犯罪事发在逃门	刑律徒流人逃门
45	394 - 02	乾隆五年	吏律官文书稽程门	刑律盗贼捕限门
46	394 - 03	乾隆五年	吏律官文书稽程门	刑律盗贼捕限门
47	394 - 04	乾隆五年	吏律官文书稽程门	刑律盗贼捕限门
48	397 - 02	乾隆五年	吏律官文书稽程门	刑律淹禁门
49	405 - 02	乾隆五年	吏律官文书稽程门	刑律依告状鞫狱门
50	405 - 03	乾隆五年	吏律官文书稽程门	刑律依告状鞫狱门
51	405 - 04	乾隆五年	吏律官文书稽程门	刑律依告状鞫狱门
52	411 - 18	乾隆四十二年	刑律稽留囚徒门	刑律有司决囚等第门
53	411 - 19	乾隆四十二年	刑律稽留囚徒门	刑律有司决囚等第门
54	411 - 20	乾隆四十二年	刑律稽留囚徒门	刑律有司决囚等第门

从表中54条记录来看，乾隆朝例文"移门"现象既发生于名例、吏、户、礼、兵、刑各部之间（如001-02、001-10、016-13），也发生于同一部类下的不同门之间（如001-09、004-02、095-04）。当然，"移门"也可能发生在不同类型的成文法律之间。如：例文021-06原本在《督捕则例》中，乾隆三十七年（1772）将之移至《大清律例》的名例律徒流人又犯罪门。例文292-12则是一个比较特殊的例子，曾于乾隆四十八年自刑律误杀故杀过失杀伤人门移至刑律斗殴及故杀人门，但在嘉庆十二年（1807）又被改回原来的门类。

另从时间上看，乾隆五年（1740）发生"移门"的频率最高，共有30条例文在这一年修例过程中被移动了门类。乾隆五十三年（1788）次之，有12条例文发生"移门"。乾隆四十二年、乾隆四十八年更次之，分别为 5 条和 3 条例文发生"移门"。乾隆三十年、乾隆三十二年、乾隆三十五年、乾隆三十七年处于最末，各有 1 条发生"移门"。尽管这四年例文"移门"的频率不高，但值得注意的是，时间上相当密集。而在乾隆五年和乾隆五十三年"移门"发生的频率较高，或许因为此前法律实践中遇到和积累的问题太多，不得不作如此改动。

其四，乾隆朝修例过程中"由注改例"或"由注生例"的记录最多。"由注改例"或"由注生例"，即将原本属于"小注"或"总注"的文字改成正式的例文，或根据小注文字，抽绎修改成新的例文。在《读例存疑》中，我们发现 15 条乾隆朝"由注改例"或"由注生例"的记录，如下表所示：

表 4-14　《读例存疑》所见乾隆朝修例中"由注改例"或"由注生例"

序号	编号	律牌	概要
1	012-01	以理去官	此条系小注及律后总注，乾隆五年另纂为例。
2	013-01	无官犯罪	此条系律后总注，乾隆五年另纂为例。
3	022-03	老小废疾收赎	此条系律后总注，乾隆五年另纂为例。
4	024-06	给没赃物	此条系律后总注，乾隆五年另纂为例。
5	025-01	犯罪自首	此条系律内小注，乾隆五年另纂为例。
6	045-09	徒流迁徙地方	此例原系 4 条，一系律后总注，乾隆五年另纂为例，专指流寓之人犯徒罪而言。
7	282-05	谋杀人	此条系律后总注，乾隆五年另纂为例。
8	285-07	杀死奸夫	此例原系 4 条，一系旧例总注，乾隆六年纂辑为例。
9	287-07	杀一家三人	此例原系 2 条，一系律后总注，乾隆五年另纂为例。
10	288-01	采生折割人	此条系律后总注，乾隆五年另纂为例，三十二年删定。
11	290-04	斗殴及故杀人	此条系律后总注，乾隆五年另纂为例，四十二年改定。
12	293-02	夫殴死有罪妻妾	此条系律后总注，乾隆五年另纂为例。
13	312-04	威力制缚人	此条系律后总注，乾隆五年另纂为例。
14	392-03	主守不觉失囚	此条系律后总注，乾隆五年另纂为例。
15	420-01	妇人犯罪	此条系总注，可补律之所未备。乾隆五年，纂辑成例。

通过上表很容易发现：（1）乾隆朝"由注改例"或"由注生例"的情况绝大多数发生于乾隆五年（1740），只有 1 条发生于乾隆六年。翻检《读例存疑》发现，乾隆朝以后再无"由注改例"或"由注生例"的情况发生。因此，或可以说，乾隆朝是采用"由注改例"或"由注生例"修例方式的最后时期。（2）乾隆朝"由注改例"或"由注生例"的具体表现，基本是将原属于"律后总注"的内容"另纂为例"。原因在于，乾隆五年修律之际，除了摒弃雍正朝"原例"、"增例"、"钦定例"的分类格局外，同时删除了顺康以来清律中的"律后总注"。但在实际操作上，乾隆朝并非简单草率地将后者删除，而是把"律后总注"中认为合理的内容加以修改吸收，进而提升成为正式的例文，纳入律例体系之中。因此，乾隆朝的"由注改例"或"由注生例"，与雍正或康熙朝相比，其含义较为狭隘，基本局限在根据原来的"律后总注"制定出新的例文。

其五，乾隆朝是清代新增定例最多的时期。结合薛允升给每条例文所作的"注语"，我们发现在《读例存疑》全书 1904 条例文中，共有762 条例文属于乾隆朝的新增定例，占比 40.0%。具体各部类分布情况如下表：

表 4 - 15　《读例存疑》所见乾隆朝新增定例

部类名称	门类	条目数量	合计	部类名称	门类	条目数量	合计
名例律	名例律上	48	100		贼盗上	29	
	名例律下	52			贼盗中	58	
吏律	职制	7	20		贼盗下	42	
	公式	13		刑律	人命	60	466
户律	户役	26	108		斗殴上	16	
	田宅	21			斗殴下	38	
	婚姻	10			骂詈	0	
	仓库上	11			诉讼	29	

部类名称	门类	条目数量	合计	部类名称	门类	条目数量	合计
户律	仓库下	19	108	刑律	受赃	9	
	课程	10			诈伪	11	
	钱债	5			犯奸	11	
	市廛	6			杂犯	13	
礼律	祭祀	2	8		捕亡	61	
	仪制	6			断狱上	17	
兵律	宫卫	3	53		断狱下	72	
	军政	12		工律	营造	5	7
	关津	28			河防	2	
	厩牧	3		总计		762	
	邮驿	7					

由上可见：（1）乾隆朝新增定例在50条以上者共有5个门类：名例律下（52条）、贼盗中（58条）、人命（60条）、捕亡（61条）、断狱下（72条）。其中，以"断狱下"新增的定例最多。（2）新增定例20－50条者涉及8大门类：名例律上（48条）、户役（26条）、田宅（21条）、关津（28条）、贼盗上（29条）、贼盗下（42条）、斗殴下（38条）、诉讼（29条）。若将"贼盗上"和"贼盗下"两个门类合并，计有71条例文，则比数量最多的"断狱下"稍逊1条而已。（3）其余23个门类新增定例，皆在20条以下。其中，新增定例最低的门类是骂詈，数字为0。

上述762条乾隆朝新增定例，仅是按照《读例存疑》正式收录的例文数量统计得出的结果。正如此前所言，清代发生大量的例文分合变异现象，经进一步统计发现：在薛允升的例文"注语"下业经提及、却没有被完整收录的乾隆朝定例，至少还有107条。参照前面的做法，我们称之为"修正增加值"，而将这个"修正增加值"与前者相加，共计869条例文。也就是说，乾隆朝新增定例至少在869条以上，数量规模超过其他任何一位皇帝在位时期——包括他奉为偶像的祖父康熙皇帝，可谓荦荦大观。

不仅如此，乾隆朝也是清代例文确定化数量最多的时期。笔者此前曾对清朝不同时期例文确定化数量进行统计，得到如下图表：

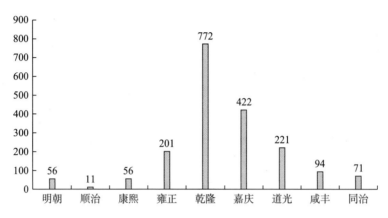

图 4 - 3   清朝不同时期例文确定数量统计图

据此图表，我们可以发现清朝不同时期例文确定化的大致趋势：（1）雍正朝以前例文确定化的数量规模，明显低于雍正朝及雍正以后各时期。（2）雍正、乾隆、嘉庆、道光四朝，清代例文确定化规模较大，且较为集中。其中尤以乾隆朝最为突出，这一时期例文确定化的规模达到 772 条，独占全部 1904 条例文的 40.5%，超过其他任何时期，完全可以用"鹤立鸡群"来形容。当然，乾隆朝例文确定化比例如此之高，与该朝同样数量庞大的新增定例和大量修订前朝例文息息相关。

总之，乾隆朝的例文演变繁剧而突出，创下诸多崭新的、同时也是空前绝后的历史记录。如果说乾隆朝是清朝两百余年法律演进历史上的一个发展高峰，应该是没有问题的。

5. 嘉庆朝

嘉庆皇帝在位共 25 年（1796 - 1820），虽然在政治上长期生活在父亲乾隆皇帝的余荫或阴影之下，但其在法律方面的表现可圈可点。嘉庆朝例文演进和变革，也很出人意表。试举若干例证，以资说明。

首先，嘉庆朝是继雍正、乾隆二朝之后，难得有机会对清律中所沿袭的明代条例进行直接修改的时期。据《读例存疑》统计，嘉庆朝共修改了 54 条源自明代的条例，并使其中 46 条实现了文本的确定化，例文确定化比率为 85.1%（46/54），居各朝之冠。在这其中，例文 175 - 11 原系明代《问刑条例》，历顺治、康熙、雍正、乾隆四朝基本无任何更动，直到嘉庆十四年（1809）方才得到修改，并获得了确定的文本形式。

其次，嘉庆朝对乾隆朝定例修改的数量巨大，在嘉庆、道光、咸丰、同治四朝之中，同样居于首位。薛允升告诉我们，在《读例存疑》正式收录的 1904 条例文中，至少 294 条乾隆朝新增定例在嘉庆朝经过修订，其中 239 条例文实现了文本形式的确定化，约占前者之 81.3%。另外，如前所述，该书关于乾隆朝新增定例的记录实际为 869（762 + 107）条，以 294 条例文修改记录与之相较，或可以说，大约 33.8%（294/869）的乾隆朝新增定例接受了嘉庆朝的修订。若以嘉庆朝例文确定化总数（422 条）衡之，经过修改后实现确定化的 239 条例文占前者之 56.6%。由此可知，经过嘉庆朝修订的乾隆定例，成为该朝例文确定化的绝对主力。不仅如此，这 239 条例文更是占据了全书例文总数的 12.6%（239/1904）。一言以蔽之，嘉庆朝对于前朝例文的修改规模和例文确定化比率十分突出。

再次，嘉庆朝修例过程中，例文的"移门"现象也相当突出。根据《读例存疑》统计发现，共有 24 条例文在嘉庆朝发生过"移门"。具体如下表：

表 4 - 16   《读例存疑》所见嘉庆朝修例中的"移门"情况

序号	条例编号	年份时间	移自	移至
1	001 - 14	嘉庆六年	名例律工乐户及妇人犯罪门	名例律除名当差门
2	006 - 05	嘉庆六年	刑律辩明冤枉门	名例律职官有犯

续表

序号	条例编号	年份时间	移自	移至
3	016-09	嘉庆六年	名例律徒流人又犯罪门	名例律常赦所不原门
4	016-10	嘉庆六年	刑律监守自盗门	名例律常赦所不原门
5	016-13	嘉庆六年	名例律文武官犯私罪门	名例律常赦所不原门
6	045-07	嘉庆六年	名例律流囚家属门	名例律徒流迁徙地方门
7	045-16	嘉庆六年	刑律断罪不当门	名例律徒流迁徙地方门
8	112-05	嘉庆六年	刑律白昼抢夺门	户律强占良家妻女门
9	178-01	嘉庆六年	刑律禁止师诬邪术门	礼律术士妄言祸福门
10	266-29	嘉庆六年	刑律窃盗门	刑律强盗门
11	266-30	嘉庆六年	刑律窃盗门	刑律强盗门
12	277-01	嘉庆六年	刑律捕亡门	刑律夜无故入人家门
13	277-02	嘉庆六年	刑律捕亡门	刑律夜无故入人家门
14	277-03	嘉庆六年	刑律捕亡门	刑律夜无故入人家门
15	285-22	嘉庆十四年	刑律斗殴及故杀人门	刑律杀死奸夫门
16	297-01	嘉庆五年	礼律禁止师巫邪术门	刑律庸医杀伤人门
17	315-03	嘉庆三年	刑律过失杀门	刑律妻妾殴夫门
18	317-02	嘉庆九年	刑律殴期亲尊长门	刑律殴大功以下尊长门
19	317-11	嘉庆六年	刑律殴期亲尊长门	刑律殴大功以下尊长门
20	317-12	嘉庆六年	刑律殴期亲尊长门	刑律殴大功以下尊长门
21	336-17	嘉庆六年	名例律常赦所不原门	刑律诬告门
22	348-02	嘉庆十九年	名例律称与同罪门	刑律有事以财请求门
23	391-04	嘉庆十四年	兵律公事应行稽程门	刑律稽留囚徒
24	396-06	嘉庆十五年	刑律决罚不如法门	刑律故禁故勘平人门

乍看之下，嘉庆朝的例文"移门"与此前乾隆朝没有太大差别，只是"移门"的规模明显小了很多——前者发生 54 例，嘉庆朝则仅有 24 例。但有两点值得注意：一，嘉庆朝在修例过程中发生的"移门"现象，虽然不是清代例文演变历史中的最后一次，数量却依旧可观。至少在《读例存疑》中，我们没有发现道光、咸丰、同治三朝再有超过此数之记录。其二，乾隆朝修例过程中曾有将《督捕则例》的内容纳

入《大清律例》的记录，但嘉庆朝修例基本局限于清律例文内部的门类移动。据此或许可以认为，嘉庆朝与乾隆朝相比，例文修订工作的开放性已经不复存在。

最后，嘉庆朝新定条例的数量规模亦颇可观。谨将《读例存疑》中收载嘉庆朝新增定例进行分类统计，汇成下表：

表 4 - 17　《读例存疑》所见嘉庆朝新增定例

部类名称	门类	条目数量	合计	部类名称	门类	条目数量	合计
名例律	名例律上	14	28		贼盗上	12	
	名例律下	14			贼盗中	9	
吏律	职制	0	3		贼盗下	24	
	公式	3			人命	36	
户律	户役	3	14		斗殴上	5	
	田宅	3			斗殴下	8	
	婚姻	2			骂詈	0	
	仓库上	1		刑律	诉讼	16	143
	仓库下	2			受赃	1	
	课程	1			诈伪	2	
	钱债	1			犯奸	3	
	市廛	1			杂犯	4	
礼律	祭祀	2	3		捕亡	10	
	仪制	1			断狱上	1	
兵律	宫卫	4	7		断狱下	12	
	军政	1		工律	营造	0	0
	关津	1			河防	0	
	厩牧	0		总计		198	
	邮驿	1					

经过进一步统计分析，嘉庆朝新定条例198条，其中157条例文在本朝颁布后——或经本朝之修订，即获得确定的例文形式。这157条例文与

此前经嘉庆朝修改确定的 239 条例文合并计算，共有 396 条。这是一个令人惊讶的数字，因为这 396 条例文不仅在嘉庆朝所有确定化例文中占 93.8%（396/422），更是《读例存疑》全书例文总数的 20.8%。所以说，嘉庆朝虽然在康熙、雍正、乾隆三朝光艳夺目的丰功伟绩面前，文治武功似乎有些暗淡，但嘉庆朝律例演变的宏大规模和广泛程度，足以给后人留下深刻的印象。

反观上面的统计表格，我们很容易发现，嘉庆朝新定条例的门类分布很不均衡。其中，刑律贼盗、人命、诉讼、捕亡诸门新定条例（143 条）比重很大，在全部 198 条例文中占 72.2%，其他门类例文的比重很轻。之所以如此，一方面，或与刑律长期在《大清律例》中占据较大比重很有关系；另一方面，或许可以据此推测：嘉庆时期的清代社会已经出现若干不稳定迹象，社会矛盾逐渐激化，导致不得不加大刑律部分立法，以进行重点而有针对性的惩创打击。

6. 道光朝

首先有必要指出，尽管道光二十至二十二年（1840－1842）因为第一次中英鸦片战争的发生，被很多中国历史学者看成是"中国近代史"的开端，但绝不能就此割裂道光朝乃至整个清朝的成文法律演变历史。因为一方面，清朝正式改弦更张，放弃固有法律体系，自上而下进行成文法律改革，是 20 世纪第一个十年才发生的事，距离道光二十年（1840）至少一甲子的时间。另一方面，道光、咸丰、同治三朝法律演变的主要内容和基本形式，仍然在固有的法律轨道上循序进行，带有较强的传统法律文化色彩，故而，与其将道光朝的法律历史视为中国法律近代化的起点，不如仍将之归属于中国古代法律历史的范畴。另外，道光皇帝在位 30 年，在第一次中英鸦片战争发生前尚有 20 年的统治时间，仅以最后 10 年发生的一些事件来给整个时代定性或贴上"近代化"的标签，似乎也不太合乎情理。

言归正传。前面谈到，在道光朝例文演变过程中，对清律中所沿袭的明代条例进行了最后一次修改。这唯一的记录，便是例文 282 - 01。《读例存疑》记录这条例文的全文为：

> 一、凡勘问谋杀人犯，果有诡计阴谋者，方以造意论斩。下手助殴者，方以加功论绞。谋而已行，人赃见获者，方与强盗同辟。毋得据一言为造谋，指助势为加功，坐虚赃为得财，一概拟死，致伤多命。（亦不得以被逼勉从，及尚未成伤，将加功之犯率行量减。）①

据薛允升言，此条原系前明万历十五年（1587）刑部题准定例，道光五年（1825）加以改定。该条"按语"中云："例末数语，原例所无。查是年奏准各案，均因例文太重，防其失入起见。如盗贼窝主、因奸威逼等类，与此条例意正自相符。后添入被逼勉从一层，又似恐其失出而设，大非原定此例之意。"由此推测，括号中文字"亦不得以被逼勉从，及尚未成伤，将加功之犯率行量减"，应该就是道光五年新加入的内容。

道光年间所修改的前朝旧例，除上述唯一一条明例外，还有相当数量的康熙、雍正、乾隆、嘉庆四朝积累下来的条例。在《读例存疑》中，我们并没有发现道光朝直接修改顺治朝旧例的记录。最早的道光朝修例记录始于康熙朝，但仅1条而已。其中规模较大的旧例修订，发生在乾隆、嘉庆二朝。统计发现，至少有51条乾隆朝例文和78条嘉庆朝例文，在道光朝经过修改，并分别有48条和62条例文实现了形式的确定化。这样的修例规模，与此前的雍正、乾隆、嘉庆三朝相比，或许有些微不足道；但与咸丰、同治二朝的修例记录相比，则又远远过之。

在修改前朝旧例过程中，道光朝也发生不少条例"移门"现象。检阅《读例存疑》一书，有关道光朝条例"移门"的记录共有7条。

---

① 原文无（　），为笔者临时所加。

具体情况如下表：

表 4 – 18　《读例存疑》所见道光朝修例"移门"情况

序号	条例编号	年份时间	移自	移至
1	006 – 06	道光二十五年	名例律犯罪免发遣门	名例律职官有犯门
2	150 – 02	道光二十三年	刑律失火门	户律费用受寄财产门
3	267 – 04	道光十四年	刑律捕亡门	刑律劫囚门
4	269 – 30	道光二十四年	刑律恐吓取财门	刑律窃盗门
5	319 – 12	道光二十三年	刑律过失杀门	刑律殴祖父母父母门
6	336 – 24	道光十二年	刑律人命门	刑律诬告门
7	388 – 14	道光八年	刑律杀死奸夫门	刑律罪人拒捕门

这 7 条"移门"记录与嘉庆朝（24 条）相比，规模更小。但是，如果《读例存疑》关于"移门"的记录完整而可靠的话，那么，道光朝修例过程中发生的条例"移门"，应该是最后一次，因为此后的咸丰、同治二朝再无此类记录。

道光朝新定的例文数量也不算少，计有 117 条。谨将之分类统计如下：

表 4 – 19　《读例存疑》所见道光朝新定例文分类

部类名称	门类	条目数量	合计	部类名称	门类	条目数量	合计
名例律	名例律上	8	12		贼盗上	7	
	名例律下	4			贼盗中	6	
吏律	职制	0	2		贼盗下	21	
	公式	2			人命	11	
户律	户役	1	10	刑律	斗殴上	4	82
	田宅	1			斗殴下	6	
	婚姻	2			骂詈	0	
	仓库上	0			诉讼	5	
	仓库下	2			受赃	1	

续表

部类名称	门类	条目数量	合计	部类名称	门类	条目数量	合计
	课程	2			诈伪	0	
户律	钱债	1	10		犯奸	0	
	市廛	1			杂犯	1	
礼律	祭祀	0	0	刑律	捕亡	9	82
	仪制	0			断狱上	2	
	宫卫	0			断狱下	9	
	军政	2			营造	0	
兵律	关津	9	11	工律	河防	0	0
	厩牧	0		总计		117	
	邮驿	0					

由上可知，道光朝新定 117 条例文中，刑律占绝大比重（70%）；且以贼盗部分最为突出，共有 34 条之多。这与嘉庆朝新增定例的整体分布趋势有些相似。另外，道光朝新定 117 条例文，其中 95 条例文随即获得确定的文本形式，此后不再有所更动。据此计算，道光朝新增例文确定化比率为 81.2%。这一比率在清代各朝中算是十分骄人的成绩，部分反映出道光朝例文编纂具有较高水准。

进而，我们对《读例存疑》中道光朝全部修例记录进行了逐年统计，希望通过不同年份修订例文的频次，发现道光二十年（1840）前后例文修订的整体差异。这里所谓"修例记录"是一个相对宽泛的概念，既包括修订旧例、制定新例，也包括其他一般性的例文修订。只要当年存在对于某一例文的修订行为，即视为 1 次记录。具体情况见下表：（采用公元纪年）

表 4-20　《读例存疑》所见道光朝各年修例频次

公元纪年	频次	公元纪年	频次
1821	7	1836	9

公元纪年	频次	公元纪年	频次
1822	23	1837	5
1823	10	1838	2
1824	22	1839	15
1825	19	1840	3
1826	28	1841	2
1827	16	1842	1
1828	11	1843	10
1829	7	1844	3
1830	14	1845	40
1831	3	1846	2
1832	29	1847	2
1833	9	1848	2
1834	27	1849	3
1835	2	1850	2

把上面的表格转为图示，效果更为直观，如下：

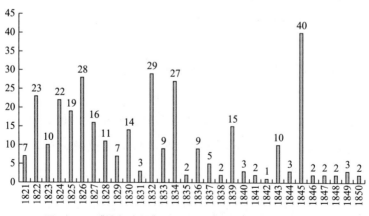

图 4-4　《读例存疑》所见道光朝各年修例频次示意图

通过以上图表可以看出：道光朝 30 年间，基本上每年都有例文修订。若以道光二十年（1840）为分界，前20年间（含1840年）的修例频次整体上高于后面的10年。经过简单计算，前20年修例频次总和为261，平均每年13.05个频次。此后10年中，则除了道光二十五年特别突出，达到40个频次，创下道光朝历年修例记录外，大多数年份的修例频次很低。其频次总和为67，每年为6.7个频次，大致为前者之一半。所以，从道光二十年前后的修例频次来看，第一次鸦片战争后的第一个10年间——也就是道光朝的最后一个10年，例文演变的程度远远不及前面的20年。

另外，我们对道光二十五年的修例记录做了进一步分析。该年例文修订频次为40，即对40条例文进行过修订。这40条例文分别归属于4个部类，如下表所示：

表 4 – 21　《读例存疑》所见道光朝修例门类

部类	例文编号	数量
名例律	006 – 06，021 – 05，021 – 07，045 – 25，045 – 42	5
户律	137 – 13	1
兵律	184 – 02，217 – 01	2
刑律	266 – 33，266 – 35，266 – 39，268 – 23，268 – 24，269 – 29，271 – 10，271 – 22，273 – 15，273 – 17，273 – 18，273 – 19，273 – 20，278 – 19，278 – 22，278 – 24，285 – 36，292 – 21，302 – 09，302 – 10，302 – 11，302 – 12，318 – 12，366 – 12，388 – 11，388 – 15，388 – 16，389 – 09，390 – 14，390 – 20，390 – 25，390 – 26	32

很明显，其中以刑律例文最多，名例律次之，兵律和户律更次之。进一步检索刑律各条例所处之门类，发现这32条刑律例文中，又以强盗、白昼抢夺、恐吓取财、盗贼窝主、斗殴、罪人拒捕、徒流人逃等暴力犯罪居多。这种情况部分反映出，道光二十年后清代暴力犯罪不断增加，社会矛盾有日益激化的趋势。

7. 咸丰、同治二朝

作为考察清代例文演变的最后部分，本处拟将咸丰、同治二朝放在一起讨论，主要原因在于：咸丰、同治二朝虽然已经日益接近"中国法律近代化"的历史岔路口，但以例文为主要内容的王朝法律演变，竟能一以贯之地遵循固有路径，不断推进，反映出中国传统法律具有相当的兼容性和顽强的生命力。此外，还有一个直接而必须坦白的原因是，与前面的顺、康、雍、乾、嘉、道六朝相比，《读例存疑》中关于咸丰和同治二朝法律演变的历史记录较为有限。出于结构均衡的角度考虑，笔者也倾向如此处理。

首先，咸丰、同治二朝对于前朝条例的修改规模明显缩小。据《读例存疑》统计，咸丰朝直接在前朝例文基础上进行修改的记录分别为：康熙朝例文 1 条，乾隆朝例文 13 条，嘉庆朝例文 19 条，道光朝例文 22 条。基本上，例文产生时间上越接近咸丰朝，则被修改的越多。同治朝对前朝例文的修改记录，则为：雍正朝例文 2 条，乾隆朝例文 4 条，嘉庆朝例文 16 条，道光朝例文 19 条，咸丰朝例文 7 条。薛允升声称，他曾经亲身参与了同治九年（1870）"最后一次"修例，但这几条微薄的记录无法说明太多趋向性问题，因为在旧有体系之下的例文演变，动力已明显不足，早成强弩之末。

与之相应，咸丰、同治二朝例文确定化比率达到历史最高。据统计，咸丰朝新定例文 43 条，其中绝大部分例文被制定出来，即实现了形式的确定化。仅有 1 条例文（214－05），经过同治朝的修改，方才得以确定。同治朝定例 24 条，全部实现例文形式的确定化。这种极高的例文确定化比率，部分在于咸丰、同治二朝处于清王朝的末期，例文经历两百余年演变，增删改补，千锤百炼，本身即趋于稳定。另一方面，或许更直接的原因在于，《读例存疑》对于同治九年（1870）之后的例文变化情况基本无所记录。欲图从中发现此后例文演变的相关信息，几乎是不可能的。

其次，从咸丰、同治二朝新定例文所属的门类来看，基本都以打击严重刑事犯罪为主要目标。下面是咸丰朝新增定例的分类统计结果：

表 4 - 22 《读例存疑》所见咸丰朝新增定例分类

部类	例文编号	数量
名例律	021 - 13, 024 - 20, 045 - 43, 045 - 44	4
吏律	052 - 08	1
户律	118 - 04, 146 - 03, 146 - 04, 146 - 05, 146 - 06, 146 - 07	6
礼律	162 - 08	1
兵律	207 - 04, 207 - 05, 214 - 05, 214 - 10	4
刑律	255 - 09, 266 - 36, 266 - 43, 266 - 44, 268 - 25, 268 - 26, 268 - 27, 269 - 32, 273 - 23, 274 - 10, 274 - 11, 274 - 12, 274 - 13, 276 - 11, 290 - 20, 292 - 16, 302 - 14, 317 - 13, 317 - 14, 317 - 15, 318 - 13, 359 - 11, 359 - 12, 390 - 27, 396 - 07, 411 - 61, 422 - 06	27
合计	——	43

在咸丰朝 43 条新增定例中，27 条入于刑律，占有很高比重（62.8%）。进而，分析各条例所属律牌，可得下表：

表 4 - 23 《读例存疑》所见咸丰朝新增定例所属律牌

序号	编号	律牌	序号	编号	律牌
1	021 - 13	021 徒流人又犯罪	23	268 - 27	268 白昼抢夺
2	024 - 20	024 给没赃物	24	269 - 32	269 窃盗
3	045 - 43	045 徒流迁徙地方	25	273 - 23	273 恐吓取财
4	045 - 44	045 徒流迁徙地方	26	274 - 10	274 诈欺官私取财
5	052 - 08	052 贡举非其人	27	274 - 11	274 诈欺官私取财
6	118 - 04	118 钱法	28	274 - 12	274 诈欺官私取财
7	146 - 03	146 匿税	29	274 - 13	274 诈欺官私取财
8	146 - 04	146 匿税	30	276 - 11	276 发冢
9	146 - 05	146 匿税	31	290 - 20	290 斗殴及故杀人
10	146 - 06	146 匿税	32	292 - 16	292 戏杀误杀过失杀伤人
11	146 - 07	146 匿税	33	302 - 14	302 斗殴
12	162 - 08	162 禁止师巫邪术	34	317 - 13	317 殴大功以下尊长
13	207 - 04	207 主将不固守	35	317 - 14	317 殴大功以下尊长

续表

序号	编号	律牌	序号	编号	律牌
14	207 – 05	207 主将不固守	36	317 – 15	317 殴大功以下尊长
15	214 – 05	214 私藏应禁军器	37	318 – 13	318 殴期亲尊长
16	214 – 10	214 私藏应禁军器	38	359 – 11	359 私铸铜钱
17	255 – 09	255 谋叛	39	359 – 12	359 私铸铜钱
18	266 – 36	266 强盗	40	390 – 27	390 徒流人逃
19	266 – 43	266 强盗	41	396 – 07	396 故禁故勘平人
20	266 – 44	266 强盗	42	411 – 61	411 有司决囚等第
21	268 – 25	268 白昼抢夺	43	422 – 06	422 断罪不当
22	268 – 26	268 白昼抢夺			

在这个表格中，除刑律一如既往地占有较大比重，用来重点惩创强盗、白昼抢夺、斗殴、徒流人逃等刑事犯罪行为外，关于匿税、诈欺官司取财、私铸铜钱等涉及经济方面问题的犯罪条款同样引人注目。这或许昭示着，咸丰朝的财政状况出现严重问题，必须通过法律措施进行补救。

同治朝新增例文的情况，与咸丰朝比较类似。按照通说，同治九年（1870）清政府最后一次正式组织大规模修例，但是对于前朝例文的修改极其有限，新增的例文也为数不多。下表是据《读例存疑》统计得出的结果：

表 4 – 24 《读例存疑》所见同治朝新增例文

序号	例文编号	所属律牌	部类
1	020 – 05	020 工乐户及妇人犯罪	名例律上
2	045 – 47	045 徒流迁徙地方	名例律下
3	045 – 48	045 徒流迁徙地方	名例律下
4	045 – 49	045 徒流迁徙地方	名例律下
5	137 – 22	137 转解官物	户律仓库下

续表

序号	例文编号	所属律牌	部类
6	137 – 23	137 转解官物	户律仓库下
7	141 – 25	141 盐法	户律课程
8	207 – 06	207 主将不固守	兵律军政
9	207 – 07	207 主将不固守	兵律军政
10	260 – 03	260 盗内府财物	刑律贼盗上
11	264 – 07	264 监守自盗仓库钱粮	刑律贼盗上
12	265 – 04	265 常人盗仓库钱粮	刑律贼盗上
13	266 – 37	266 强盗	刑律贼盗上
14	266 – 45	266 强盗	刑律贼盗上
15	273 – 24	273 恐吓取财	刑律贼盗下
16	275 – 18	273 恐吓取财	刑律贼盗下
17	281 – 20	281 起除刺字	刑律贼盗下
18	282 – 10	282 谋杀人	刑律人命
19	323 – 04	323 父祖被殴	刑律斗殴下
20	359 – 10	359 私铸铜钱	刑律诈伪
21	378 – 17	378 赌博	刑律杂犯
22	387 – 11	387 应捕人追捕罪人	刑律捕亡
23	392 – 12	392 主守不觉失囚	刑律捕亡
24	398 – 14	398 陵虐罪囚	刑律断狱

据此可知，同治朝新增例文一共24条。与咸丰朝相似的是，这24条新增例文也是大多数属于刑律（15条，62.5%）。但比咸丰朝略显极端的是，这些例文数量太过有限，仅涉及《大清律例》7大门类（名例、吏、户、礼、兵、刑、工）中的4类：名例律、户律、兵律、刑律。

最后，我们想追问的是：同治九年（1870）年之后，清代例文是否还有进一步的演变？演变的趋势又如何呢？对于这个问题，此前似乎没有一位学者进行过认真的思考和回答。大多数研究者十分笃信《清史稿》或薛允升、沈家本等人的笼统说辞——同治九年是清廷最后一次组织修律，重要的亲历者便是薛允升本人，自此以后，清律（包括例文在内）再无任何变化可言。但事实果真如此吗？答案当然是否定的。试举两例，以破除长久以来流传的谬说。

第一个例证，是《读例存疑》中早就存在的。前曾言及，在《读例存疑》成书之际，虽然 117 - 02、225 - 01、225 - 15、225 - 28 这 4 条例文被正式收录其中，但它们在光绪元年（1875）经大臣沈葆桢建议，实际上已经被废止了。此事在《沈文肃公政书》、《光绪朝上谕档》、《光绪朝东华录》中均有详细记录。谨将大致经过梳理如下：

先是同治十三年（1874）春夏之交台湾发生"牡丹社事件"，引发中日冲突，清政府亟派船政大臣沈葆桢赴台进行剿抚交涉。待乱事基本平定后，同年十二月初五日（1875 年 1 月 12 日）沈葆桢领衔向中央朝廷上奏《台地后山请开旧禁折》，主张为了尽快开垦"台地后山"，应将旧有禁令废除。① 该奏折中共列举 4 条不合时宜的禁令，揆其实际，也就是例文 117 - 02、225 - 01、225 - 15、225 - 28。在沈葆桢的奏折上奏一个多月后，光绪元年正月初十日（1875 年 2 月 15 日）内阁奉到上谕：

> 沈葆桢等奏台湾后山亟须耕垦，请开旧禁一折。福建台湾全岛自隶版图以来，因后山各番社习俗异宜，曾禁内地民人渡台，及私入番境，以杜滋生事端。现经沈葆桢等将后山地面设法开辟，旷土亟须招垦。一切规制，自宜因时变通。所有从前不准内地民人渡台各例禁，著悉与开除。其贩卖铁竹两项，并著一律弛禁，以广招徕。该部知道。钦此。②

上述材料不仅印证了薛允升在《读例存疑》中的说法，例文 117 - 02、

---

① 吴元炳辑《沈文肃（葆桢）公政书》卷五，《台地后山请开旧禁折》，光绪六年序刊本。
② 中国第一历史档案馆编《光绪朝上谕档》第一册（光绪元年），桂林：广西师范大学出版社，2008 年，第 9 页。另见朱寿朋编《光绪朝东华录》第一册，光绪元年正月戊申，总第 21 页。

225-01、225-15、225-28 的确在沈葆桢的建议下，得到最高当局谕旨允准，成为名副其实的"具文"；更直接说明，同治九年（1870）后清代例文的演变并没有戛然而止，而是以其他罕为人知的方式继续向前推进。[①] 在同治九年至晚清正式进行法律改革之前的 30 多年时间里，与之类似或其他类型的演变方式应该还有若干，有待未来的研究者去进一步探索。

第二个例证，藏在众所周知的《大清律例会通新纂》之中。该书又名《大清律例刑案新纂集成》，在扉页上有这样一段别致的广告词：

> 钦遵世宗宪皇帝御制《律例集解》原本，敬谨全录。其条例遵照同治十二年部颁纂修新例，修改、续纂、删除，按门挨次修辑，暨历年钦奉上谕、各省咨请、部示通行刑案、近年新例、历奉恩赦条款、六部处分及诸家注说，凡有关谳狱衙门，动辄引用者，悉行采辑，仍以比引律条、秋审条款、洗冤录、督捕则例附后。较对无讹，共成全帙。每部发价银陆两肆钱。[②]

其中谈到"同治十二年部颁纂修新例"，说明同治九年之后，新的例文仍在不断产生，并经刑部颁发，在司法实践中得到应用。

此外，《大清律例会通新纂》所收录的每条例文末尾，往往以小字标识出该条例文产生或修改的具体年份。我们将这些信息与《读例存疑》进行比对，惊奇地发现：这两部书对于某些例文生成演变的记录

---

① 无独有偶，此前笔者曾在顺天府宝坻档案（第 54 盒）中发现两种刑部刊发的单行条例：其一为《刑部议定嗣后杀人正凶分别例减新例》，其二为《刑部议定嗣后妻殴翁姑经夫擅杀其妻以亲伤痕并亲告为断新例》。二者皆为正式刊印，并在封面上粘签署名，从形制上看，应为刑部颁发至顺天府宝坻县的下行公文。从时间上看，二者皆道光年间所刻，但我们完全有理由相信：在《大清律例》之外，此类单行条例应该不时地被制定和颁布，有些单行条例可能有机会登堂入室，成为正式的条例，有些则可能像某些"通行章程"一样，在通行若干年后面临被废除的命运。

② 姚雨芗原纂、胡仰山增辑《大清律例会通新纂》卷首，广告，同治十二年刻本。

存在诸多差异。尤其在《大清律例会通新纂》中，有98条例文末尾明确带有"同治十二年"的字样标识。谨将之逐条检索，并与《读例存疑》进行对比，得到下面表格：

表4-25　《大清律例会通新纂》、《读例存疑》所见同治朝修订例文对比

序号	例文编号	《大清律例会通新纂》	《读例存疑》
1	018-16	同治十二年修改	同治九年改定
2	020-05	同治十二年续纂	同治七年定例
3	024-20	同治十二年续纂	咸丰十年定例
4	045-47	同治十二年续纂	同治九年纂定
5	045-48	同治十二年续纂	同治九年纂定
6	045-49	同治十二年续纂	同治九年纂定
7	052-08	同治十二年续纂	咸丰九年定例
8	118-04	同治十二年续纂	咸丰三年定例
9	123-21	同治十二年修改	同治九年改定
10	123-22	同治十二年续纂	同治七年定例
11	123-23	同治十二年续纂	同治七年定例
12	131-25	同治十二年续纂	同治六年定例
13	146-03	同治十二年续纂	咸丰五年定例
14	146-04	同治九年续纂	咸丰五年定例
15	146-05	同治十二年续纂	咸丰五年定例
16	146-06	同治十二年续纂	咸丰五年定例
17	146-07	同治十二年续纂	咸丰九年定例
18	162-08	同治十二年续纂	同治元年定例
19	207-04	同治十二年续纂	咸丰三年定例
20	207-05	同治十二年续纂	咸丰三年定例
21	207-06	同治十二年续纂	咸丰三年定例
22	207-07	同治十二年续纂	咸丰三年定例
23	214-05	同治十二年续纂	同治九年添纂
24	214-06	同治十二年修改	同治九年改定
25	214-10	同治十二年续纂	咸丰五年定例
26	217-01	同治十二年续纂	同治九年改定

续表

序号	例文编号	《大清律例会通新纂》	《读例存疑》
27	225－41	同治十二年续纂	同治九年改定
28	225－42	同治十二年续纂	同治九年改定
29	225－43	同治十二年续纂	同治九年改定
30	225－44	同治十二年续纂	同治九年改定
31	260－03	同治十二年续纂	同治元年定例
32	264－07	同治十二年续纂*	同治九年定例
33	265－04	同治十二年续纂	同治七年定例
34	266－37	同治十二年续纂	同治五年定例
35	266－38	同治十二年修改	咸丰五年改定
36	266－39	同治十二年修改	咸丰三年增定
37	266－41	同治十二年修改	同治九年改定
38	266－43	同治十二年续纂	咸丰二年定例
39	266－44	同治十二年续纂	咸丰二年定例
40	266－45	同治十二年续纂	同治九年定例
41	266－46	同治十二年修改	同治九年改定
42	266－47	同治十二年修改	同治九年改定
43	266－49	同治十二年修改	同治九年改定
44	268－14	同治十二年修改	同治九年改定
45	268－15	同治十二年修改	同治九年改定
46	268－22	同治十二年修改	咸丰三年改定
47	268－26	同治十二年续纂	咸丰九年定例
48	268－27	同治十二年续纂	咸丰十一年定例
49	269－31	同治十二年修改	同治九年改定
50	273－17	同治十二年修改	同治九年改定
51	273－18	同治十二年修改	咸丰三年改定
52	273－19	同治十二年修改	咸丰三年改定
53	273－21	同治十二年修改	同治三年改定
54	273－23	同治十二年续纂	咸丰三年定例
55	273－24	同治十二年续纂	同治二年定例
56	274－08	同治十二年修改	同治九年改定
57	274－10	同治十二年续纂	咸丰九年定例

序号	例文编号	《大清律例会通新纂》	《读例存疑》
58	274－11	同治十二年续纂	咸丰九年定例
59	274－12	同治十二年续纂	咸丰九年定例
60	274－13	同治十二年续纂	咸丰七年定例
61	275－02	同治十二年修改	咸丰八年改定
62	275－18	同治十二年续纂	同治三年定例
63	276－12	同治十二年修改	同治九年改定
64	276－13	同治十二年修改	同治九年改定
65	276－18	同治十二年修改	同治九年改定
66	276－21	同治十二年修改	同治九年改定
67	278－20	同治十二年修改	同治九年改定
68	278－21	同治十二年修改	同治九年改定
69	278－22	同治十二年修改	道光二十五年定例
70	278－23	同治十二年修改	同治九年改定
71	278－24	同治十二年修改	同治九年改定
72	278－25	同治十二年修改	同治九年改定
73	279－01	同治十二年修改	同治九年改定
74	281－20	同治十二年续纂	同治元年定例
75	282－10	同治十二年续纂	同治九年改定
76	290－20	同治十二年续纂	咸丰十年定例
77	292－20	同治十二年修改	同治九年改定
78	292－21	同治十二年修改	同治九年改定
79	292－22	同治十二年修改	同治九年改定
80	302－14	同治十二年续纂	咸丰九年改定
81	317－04	同治十二年修改	同治九年改定
82	317－13	同治十二年续纂	咸丰七年改定
83	317－14	同治十二年续纂	咸丰八年改定
84	317－15	同治十二年续纂	咸丰九年改定
85	318－11	同治十二年移改	同治九年改定
86	323－04	同治十二年续纂	同治九年定例
87	344－03	同治十二年修改	咸丰五年改定
88	359－10	同治十二年续纂	同治九年改定

序号	例文编号	《大清律例会通新纂》	《读例存疑》
89	359 – 11	同治十二年续纂	咸丰八年定例
90	359 – 12	同治十二年续纂	咸丰六年定例
91	387 – 11	同治十二年续纂	同治四年定例
92	388 – 11	同治十二年续纂	同治九年改定
93	390 – 27	同治十二年续纂	咸丰五年定例
94	392 – 12	同治十二年续纂	同治九年定例
95	396 – 07	同治十二年续纂	咸丰五年定例
96	397 – 03	同治十二年续纂	道光十三年定例
97	398 – 14	同治十二年续纂	同治二年定例
98	411 – 59	同治十二年修改	同治九年改定

注：＊原书仅作"同治续"，据该书行文，应为"同治十二年续纂"之误。

表中所列 98 条例文，留给研究者不少棘手的难题。如果我们在《大清律例会通新纂》中仅仅发现数例或十数例与《读例存疑》不同的时间标识，都有可能怀疑他们是排印活字过程中造成的讹误，而仍认为薛允升在《读例存疑》给出的说法是"不刊之论"。但是，两书之间记录之歧异竟达如此之多，迫使我们不得不换个角度思考这里面的问题。

很明显，"同治十二年续纂"或"同治十二年修改"之类的修例行为，应该是真实发生过的，而且发生在所谓"同治九年最后一次组织修例"之后。但为什么薛允升在《读例存疑》中谈到了光绪元年沈葆桢奏删 4 条例文，却对同治十二年的修例活动只字未提呢？以薛允升在刑部多年任职经历，他不可能对于新近发生的修例活动毫无闻见。笔者推测，或许同治十二年这次修例活动，在薛允升看来，对于例文并没有重大修改或者变动，因而没必要特别提及。但这仅仅是猜测，对于同治九年之后清代条例演变的真实历史，需要进一步的探佚和更多的求证，方能解开个中谜团。不管怎样，这些记录足以提醒我们，在利用《读例存疑》时应该保持足够的怀疑和批判精神，因为在严谨的历史研究领域，只有无限接近的事实和真相，并没有绝对的权威可言。

（四）世变：清代律例演变的日暮穷途

《读例存疑》作为清代律学的扛鼎之作和殿后之作，凝结了薛允升及其同僚们无数的心血。这部伟大的法律作品虽然在薛允升的最后人生阶段方告完成，并在其故去后，由昔日的刑部门生故吏分工合作，编校出版，更为修律大臣沈家本等人最初的修律工作指明了方向。该书完整的成书过程深刻反映出，在晚清法律改革正式开启——即大规模移植西方法律文化前，以薛允升为领袖的刑部法律专家们，对于清代律例条文演变不仅进行了最为全面的梳理，更在严格遵循注释律学传统的基础上，为了不断追求王朝法律体系的完整性、专业性和修律工作的科学性，对清代成文法典中最为核心的律文和例文作了空前的系统研究和批判。

为了探究清代律例继承和演变的相关历史，笔者曾无数遍翻阅《读例存疑》，并做了大量统计列表与数据分析。在研读这部卷帙浩繁的作品过程中，除了经常为薛允升博大精深的法律专业研究所折服，随着研读不断深入，渐渐觉得：薛允升绝非仅为记录自己律学方面的卓越成就而撰写该书，更主要的，他想通过这部宏大的律学作品记录下他对法律、社会和人生的观察与体悟。

"观世变"，是薛允升在《读例存疑》"按语"中多次使用的独特表达。通观全书，我们至少可以在 4 处段落中找到它的身影。例如，他在例文 273 - 24 按语中云："例文愈多，愈不能画一，然亦可以观世变矣。"通过新近在北京、东京和上海发现的《读例存疑》部分稿本，我们大致可以判断：带有"观世变"这一表达的相应文字段落，是薛允升在最后一次对《读例存疑》进行修改定稿过程中亲笔手写附加上去的。不言而喻，这些文字尽管有限，但蕴含着一位年近八旬的资深法律专家对于晚清变局的心灵感想。

在薛允升笔下，"世变"有时是一种社会经济的变迁。例如，他在例文141-25按语中谈道："古来盐铁并重，自汉以后，皆设官以经理其事。《明律》犯徒罪者，亦有煎盐、炒铁之令，乃有盐法而无铁政，盐设官而铁则否，未知其故。近来讲究铁政者，遂纷纷而起，亦可以观世变矣。"晚清铁政纷起，属于一种新的社会现象，不仅反映出人们日益关注铁矿资源的开发利用，更意味着以铁器制造为基础的工业开始在中国兴起。

但薛允升毕竟为法律专家，《读例存疑》中记录下来的，更多地是他对法律变迁的感想和专业意见。比如，他在例文140-07的按语中提及，户律"仓库上"和"仓库下"前后两册所载各条例，康熙、雍正年间纂定者居多，乾隆年间次之，嘉庆以后则寥寥无几。"库款仓储，国用民命攸关，最为紧要。前则力加整顿，后乃一味因循，法令俱成具文，此亦可以观世变矣。"此中律例条文的数量变化，不仅能够反映彼时国家立法的成就和规模，更反映出国家在相关领域的政策和态度。所谓"前则力加整顿，后乃一味因循，法令俱成具文"，告诉我们：嘉庆以后国家财政经济日益出现严重问题，以致相关法令沦为徒有其表的具文。

再者，在薛允升看来，不同时期条例编纂的风格，不仅能够反映国家法律政策的演变趋向，甚至会给当下的成文法律造成难以预料的影响。他在例文269-32的按语中指出："乾隆年间，添纂条例最多，意在求其详备，未免过于烦琐，然俱系通例，尚无各省专条。嘉庆末年以后，一省一例，此何为者也，而亦可以观世变矣。"这段文字言简意赅，比较分析了"乾隆年间"和"嘉庆末年以后"修例政策的不同趋向：前者以编纂"通例"为主，后者则偏向"一省一例"，以致条例越修越多。此外，乾隆朝的辉煌立法成就，在薛允升眼里，其实也存在相当问题——"添纂条例最多，意在求其详备，未免过于烦琐"。

综合来看，薛允升对于嘉庆以后修例工作的尖锐批评，更甚于他对乾隆及以前朝代的批评。比如，他在例文 273 - 24 按语中再次批评嘉庆朝"一省一例"的做法。其中言道："各省匪徒俱有专条，亦俱不画一，而通例又有棍徒扰害拟军之例，似应修改一律，以免参差。凶恶棍徒一条，原系为八旗而设，后改为通例，各省凶徒有犯，均可援照定拟。一省一例，似可不必。此门内各条，有滇黔、台湾、陕西、江苏、山东、河南、安徽、江西、广东、广西、奉天各省专例，而无直隶、福建、两湖、四川等省。窃盗门内有两湖、福建、广东、云南、山东、安徽、直隶、四川、陕甘，而未及黔省、广西等处，且有彼此互相参差之处。抢夺门亦然。例文愈多，愈不能画一，然亦可以观世变矣。"其实，在《读例存疑》中，除了上述记录以外，我们可以发现更多薛允升对于嘉庆朝修例工作的批评意见。很显然，在薛允升看来，嘉庆朝以后"一省一例"的做法极为糟糕，因为"一省一例"违背基本的立法原则，不仅给成文法律造成无谓的规模膨胀，更严重破坏了法律条文内部的协调性。

不可否认，薛允升更多是出于法律专家的角度，对清代律例的演变提出批评意见。但在作为王朝最高统治者的皇帝们看来，出于政治统治的需要，不断调整国家法律政策，不仅是应然之义，有时更是必要之举。因而所谓"前主所是著为律，后主所是疏为令"，或"刑罚世轻世重"之类的观点，在当时颇为流行。当然，在任何社会条件下，面对新的社会形势变化——即薛允升口中所说的"世变"，国家法律政策都应该及时作出反应。但一方面，成文法律作为中国古代国家治理的"常经大法"，自有必要保持其体系的稳定性、内容的协调性和相对的专业性——依笔者看，这便是薛允升《读例存疑》的基本立场所在。另一方面，法律的稳定性和灵活性，作为一对难分难解的矛盾，更像是一枚硬币的两面。其实只要国家保持足够的资源调动能力，积极发挥法律的灵活性，一般也不会造成严重的法律或社会问题，恢复固有秩序也不是不可能的。然在清朝嘉庆、道光以后，王朝统治渐趋无序，原本就已松散的国家资源调动能力，面对与日俱增的内忧外患，更显疲态。与此相应，清朝中叶以后国家成文法律演变的某些方面，也越来越超出掌控。

一般认为，清代乾隆朝以后律文基本稳定，成文法律的演进和灵活性集中体现在例文的制定和修改。但在清朝两百余年间王朝法律体系的演进变化，除了通过相对专业的修律组织和相对固定的修律周期，以实现律例条文的修改完善外，还有更为灵活的法律政策直接影响到成文法律的格局变迁。这种情况在雍正皇帝的"遗诏"中表现得十分典型。其中言道：

> 宽严之用，又必因乎其时。从前朕见人情浅薄，官吏营私，相习成风，周知省改，势不得不惩治整理，以诫将来，今人心共知警惕矣。凡各衙门条例，有从前本严，而朕改易从宽者，此乃从前部臣定议未协，朕与廷臣悉心斟酌，而后更定，以垂永久者，应照更定之例行。若从前之例本宽，而朕改易从严者，此乃整饬人心风俗之计，原欲暂行於一时，俟诸弊革除之后，仍可酌复旧章。此朕本意也。向后遇此等事件，则再加斟酌，若有应照旧例者，仍照旧例行。①

按照雍正皇帝的说法，国家法律政策的宽严应以切合实用为原则，应宽则宽，应严则严。超越旧章，乃权宜之计；归复旧章，则是必然之势，运用之妙，存乎一心。在这样的法律政策指引下，即便有相对规范的法律编纂机制，清代成文法律的灵活性依旧表现十足。其中，最具灵活性的法律条款，莫过于长期存在《大清律例》中的"临时性条例"。所谓"临时性条例"，即在某些条例出台时，明确申明将来会在一定条件下

---

① 薛允升：《读例存疑》卷首，总论。

予以废除。通过《读例存疑》，我们发现如下 32 条记录：

表 4 - 26　《读例存疑》所见清代"临时性条例"

序号	编号	律牌	定例及改定时间	相关表述
1	141 - 22	盐法	嘉庆二十一年定例，道光五年改定	至准带鸟枪之处，一俟枭贩稍戢，即行停止。
2	141 - 25	盐法	同治六年定例	俟数年后枭匪稍戢，仍复旧例办理。
3	214 - 05	私藏应禁军器	咸丰元年定例，同治九年添纂	俟军务完竣，仍照旧例办理。
4	255 - 07	谋叛	乾隆五十七年定例，嘉庆十四年改定	俟数年后此风渐息，仍照旧例办理。
5	255 - 09	谋叛	咸丰元年定例	俟数年后此风渐息，仍照旧例办理。
6	266 - 35	强盗	道光二十五年定例	倘数年后此风稍息，奏明仍照旧例办理。
7	266 - 43	强盗	咸丰二年定例	俟数年后盗风稍息，奏明仍复旧例办理。
8	266 - 44	强盗	咸丰二年定例	俟数年后盗风稍息，奏明仍复旧例办理。
9	267 - 02	劫囚	乾隆十八年定例，嘉庆二十二年改定	若数年后此风稍息，请旨仍复旧律遵行。
10	268 - 22	白昼抢夺	道光二十三年定例，咸丰三年改定	倘数年后此风稍息，奏明仍复旧例办理。
11	268 - 25	白昼抢夺	咸丰元年定例	俟数年后该省盗风稍息，仍复旧例办理。
12	269 - 28	窃盗	道光六年定例	此后盗风稍息，该督察看情形奏明，仍照旧例办理。
13	269 - 29	窃盗	嘉庆十三年定例，道光二十五年增定	倘数年后此风稍息，奏明仍照旧例办理。
14	269 - 30	窃盗	道光七年定例，咸丰二年改定	俟数年后此风稍息，仍照旧例办理。
15	269 - 31	窃盗	嘉庆十六年定例，同治九年改定	俟数年后此风稍息，仍复旧例办理。
16	269 - 32	窃盗	咸丰元年定例	俟数年后此风稍息，奏明仍复旧例。

序号	编号	律牌	定例及改定时间	相关表述
17	273－12	恐吓取财	道光十九年定例	候数年后此风稍息,仍照旧例办理。
18	273－13	恐吓取财	道光二十一年定例	倘数年后此风稍息,奏明仍照旧例办理。
19	273－15	恐吓取财	道光二十五年定例,咸丰二年改定	倘数年后此风稍息,奏明仍复旧例办理。
20	273－16	恐吓取财	道光十年、二十三年定例	俟数年后此风稍息,再行奏明,仍复旧例。
21	273－18	恐吓取财	道光二十五年定例,咸丰三年改定	倘数年后此风稍息,奏明仍复旧例办理。
22	273－19	恐吓取财	道光二十五年定例,咸丰三年改定	倘数年后此风稍息,奏明仍复旧例办理。
23	273－21	恐吓取财	道光四年定例,同治三年改定	倘数年后此风稍息,奏明仍照旧例办理。
24	273－22	恐吓取财	道光二十七年定例	俟数年后此风稍息,仍照旧例办理。
25	278－19	盗贼窝主	道光二十五年定例	倘数年后此风稍息,奏明仍照旧例办理。
26	278－22	盗贼窝主	道光二十五年定例	倘数年后此风稍息,仍随时奏明,酌量办理。
27	302－09	斗殴	嘉庆十七年定例,道光二十五年改定	俟数年后此风稍息,仍循旧例办理。
28	302－14	斗殴	咸丰九年定例	俟数年后此风稍息,仍照旧例办理。
29	387－10	应捕人追捕罪人	嘉庆二十五年定例	俟该省盗风稍息,再奏明复归旧例。
30	388－12	罪人拒捕	道光五年定例,咸丰二年改定	俟数年后捻匪敛戢,仍各照旧办理。
31	388－13	罪人拒捕	道光八年定例	俟该省盗风稍息,仍复旧例遵行。
32	388－16	罪人拒捕	道光二十五年定例	倘数年后此风稍息,奏明仍照旧例办理。

表中所列 32 条例文,从时间上看,大部分产生在嘉庆、道光以后,小部分制定于乾隆时期,但一般都经过嘉庆、道光乃至咸丰、同治朝的修

改。从内容来看，大多关于强盗、杀人、抢劫、叛乱、走私等刑事犯罪。从某种角度言，这些条例可被视作清代嘉庆、道光以后社会矛盾激化的侧面写照。

至于条例临时性质的表述，大致如"倘数年后此风稍息，奏明仍复旧例办理"、"俟数年后此风稍息，再行奏明，仍复旧例"，基本是一个套路。不过，我们相信这种套路化表达，绝非出自法律人或政治家的虚伪，恰恰相反，内中表达了一种强烈的意愿：这些条例不过是临时之举，将来迟早还要回到正常的法律轨道上来。但是，社会的变迁发展，往往不以人的意志为转移。晚清社会各种矛盾层见叠出，最终影响了这些临时性条例的命运。正如薛允升在例文266-44的"按语"中所言："例内如此者颇多，改归旧例者十无一二"。在严峻的社会现实面前，清律中的临时性条例，最终只有很少一部分改归旧例，绝大部分并没有按照预期的那样届时废除。这种结果，有些意外，更是一种无奈。

这些临时性条例的命运与前面讨论的4条光绪元年已删条例，恰好形成鲜明对比。理论上，临时性条例制定之初，便注定将来要被废除，或改回原来的样子。光绪元年删除的4条例文，在制定之初或长期的司法实践中，即便显现再多问题，也没有被废除的迹象。然而，基于社会政治经济形势变换，这些条例的演变最终脱离了既有轨道：临时性条例长期欲废止而不能，4条原本稳定的例文却不得不被废除。

这些成文法律条款的命运反差告诉我们，尽管嘉庆、道光以后清代例文的修订工作，仍长期坚持在传统轨道上循序渐进，并取得不少成文立法成绩，但整体上由于嘉庆、道光以后中国社会矛盾不断激化，乃至在新的国际竞争下造成的内忧外患，对固有法律的继承演变构成日益强大的阻力，最终使之走向穷途日暮，不得不在国家政权经历重创之后改弦易辙，借鉴西方法治经验，打造一条崭新的法律现代化道路。所以我们说，清代两百多年律例的继承演变历史，既生动映射出末代王朝的政治兴衰和社会变迁，又深受它所涵涉的这个庞大国族命运的制约和影响。

第五章
薛允升遗著《秋审略例》的散佚与重现

（一）小引

薛允升为清朝同光之际律学大家，当时声望地位，远在沈家本之上，然因其去世稍早，与清末法律改革的"世纪工程"失之交臂。薛氏身殁距今已逾百年，对其功业事迹传述、研究者竟属寥寥，以致今人对其了解殊为有限。在现今近代法史研究热潮不减的情况下，对于这位中国近代法律史上的大人物，实有加深发掘之必要。今据姚永朴《光禄大夫刑部尚书薛公状》①，可将薛氏生平大致梳理如下：

> 薛允升，字克猷，号云阶，世居陕西长安县沣水西之马务村。咸丰六年，成进士，授主事，分刑部。寻丁忧归，服阕，补刑部四川司主事，洊升郎中。同治十一年，俸满截取，记名以繁缺知府用。十二年，授江西饶州府知府。光绪三年，擢四川成绵龙茂道，调署建昌道。四年，升山西按察使。五年，迁山东布政使，署漕运总督。其外任凡七年。六年，召为刑部右侍郎，转左侍郎。历礼、兵、工三部，而在兵部为久。……十九年，授刑部尚书。二十四年，因疾奏请开缺。二十五年，重赴鹿鸣宴，赏加二品顶戴。二十六年，拳匪肇乱，两宫幸长安，时公归里，赴行在，复召用为刑部左侍郎，寻授尚书，以老辞，不允。二十七年九月回銮，随扈北行，卒于河南旅次，优诏悯惜，赐祭葬如例。②

对于薛氏湛深的律学研究素养，乃至高超的司法水平，在前人笔述

---

① 据姚氏在该文末所记，该文直接材料来源为薛允升之子薛浚所撰"行述"，于宣统三年（1911）从京师书肆得之，"爰撮其大要，并参以见闻，稍加论次，上之史馆"，因而内容当较为接近原始。

② 姚永朴：《光禄大夫刑部尚书薛公状》，《碑传集补》卷四，周骏富辑《清代传记丛刊》本，台北：明文书局，1986年。

中，亦早有定论。原京师大学堂第一任管学大臣孙家鼐，曾与薛氏"同官京师"，"时相过从"，并于庚子之变后，"二人南北分驰，相继踉跄赴行在，因得……把袂对泣"，在其所撰《皇清诰授光禄大夫紫禁城骑马重赴鹿鸣筵宴刑部尚书云阶薛公墓志铭》中，对薛氏给以高度概括：

> 典谳法垂四十年，故生平长于听讼治狱，研究律例，晰及毫芒。……公初筮仕，念刑名关人生命，非他曹比，律例浩繁，不博考精研，无由练达，朝夕手钞，分类编辑，积百数十册。……公视刑律为身心性命之学，老病闲居不废，其精勤实数十年如一日。
>
> 其在司曹也，初主四川司稿，继充秋审处坐办、律例馆提调。历任堂上，皆倚重之，名次在后，实即主持秋审事。及部中现审案，岁不下数千百起，均归一手核定，故终岁无片刻闲。即封印后，亦逐日入署。每归必携文稿一大束，镫下披阅。由是以清勤结主知，历外未久，即召还部。[①]

而在其寅僚沈家本的笔下，则有更为专业之评价，其言曰：

> 长安薛云阶大司寇自官西曹，即研精律学，于历代之沿革，穷源竟委，观其会通。凡今律今例之可疑者，逐条为之考论，其彼此抵牾及先后歧异者，言之尤详，积成巨册百余。……司寇复以卷帙繁重，手自芟削，勒成定本，编为《汉律辑存》、《唐明律合刻》、《读例存疑》、《服制备考》各若干卷，洵律学之大成，而读律者之圭臬也。
>
> 今方奏明修改律例，一笔一削，将奉此编（按：即《读例存

疑》）为准绳，庶几轻重密疏罔弗当，而向之抵捂而歧异者，咸斠若画一，无复有疑义之存，司谳者胥得所遵守焉，固不仅群玉册府之珍藏，为足荣贵也。①

再者，光绪二十九年十一月二十九日刑部为进呈《读例存疑》所上奏疏中，对薛氏深邃的律学素养褒扬尤高，其中有云：

> 原任刑部尚书薛允升律学深邃，固所谓今之名法专家者也。该故尚书，耄而好学，博览群书，谙习掌故，研究功令之学，融会贯通，久为中外推服。自部属荐升卿贰，前后官刑部垂四十年。退食余暇，积生平之学问心得，著有《读例存疑》共五十四卷、《汉律辑存》六卷、《唐明律合编》四十卷、《服制备考》四卷，具征实学。②

揆诸上述几段文字，若言薛允升在他所生活的时代具有"出乎其类，拔乎其萃"的律学水平，自无疑义。薛允升之所以赢得当时无数法律专家的推崇，自然不会是浪得虚名，实有两大原因：一则在于其具有丰富的司法实践经验、精辟的律学见解和高超的司法技能，赢得同僚的高度认可；二则在于他以生平所学、司法经验所积累，撰有大量高水平的律学著作，留供时人研读参考。在此，笔者所欲提请读者关注的，是薛氏著述和遗稿方面的问题，尽其生平，究竟有多少著述？这恐怕是个很难回答的问题。今谨结合前人所述，试探其大概。

薛氏故后，专门记述其生平文字，目前所能见者，并不算多。除上述姚永朴《光禄大夫刑部尚书薛公状》和孙家鼐《皇清诰授光禄大夫紫禁城骑马重赴鹿鸣筵宴刑部尚书云阶薛公墓志铭》两篇外，大致尚有五篇：（1）《清史稿》卷四百四十二，列传二百二十九，薛允升传；

---

① 沈家本：《读例存疑序》，《读例存疑》卷首。
② 薛允升：《读例存疑》卷首，奏疏。

（2）《清国史》（嘉业堂钞本）第一一册，新办国史大臣传，薛允升列
传；（3）《清史列传》卷六十一，新办大臣传五，薛允升；（4）《续修
陕西通志稿》卷七十四，人物一，薛允升；（5）吉同钧《乐素堂文集》
卷三，薛赵二大司寇合传。上述七篇文字中，皆有对薛氏著述的记载，
已经编次成书者，计有如下五种：

表 5 - 1　已知薛允升著述简表

	书 名	卷数	刊印情况
1	读例存疑	54	已刊
2	唐明律合编（刻）	40	已刊
3	汉律辑存	6	未刊
4	汉律决事比	4	未刊（未见）
5	服制备考	4	未刊

　　此外，薛著《读例存疑》卷首"例言"之末，缀以"按语"，其中
提及"一《定例汇编》，一《服制备考》，均俟续刊"①。笔者推测，该
"按语"似为沈家本等人在校刊过程中所加。是以，薛氏当时还有一待
刊之《定例汇编》，目前虽未见该书，亦不知其卷次内容如何，以及后
来究否刊行，但薛氏此书曾经存在，则是可以肯定的。再，田涛先生曾
经发现薛允升遗稿若干，以《唐明清三律汇编》命名，撰有一篇绍介
文字（《薛允升遗稿——〈唐明清三律汇编〉发现始末》），并将该书
整理收入《中国珍稀法律典籍续编》（黑龙江人民出版社，2003 年），
但揆其介绍文字，若言其为成书定稿，证据尚显不足，逻辑上也难坐
实，姑且存而不论。

---

① 薛允升：《读例存疑例言》，《读例存疑》卷首。1960 年代末黄静嘉先生在编校《读例存
疑》过程中即已发现该书曾经存在，似亦未曾寓目；而其在《清季法学大家薛允升先生
传》一文中，则将"例言"之按语误记为"总论之末"，参见氏著《中国法制史论述丛
稿》，北京：清华大学出版社，2006 年，第 262 页。

然在上述已知薛氏著述的情况之外，沈家本的两篇文章——《读例存疑序》和《薛大司寇遗稿序》，对于揭开薛氏著述概貌及其遗稿的去向，实具有关键的参考价值，因此值得我们仔细阅读。沈家本在《读例存疑序》中，先是介绍说，薛允升"于历代之沿革，穷源竟委，观其会通，凡今律今例之可疑者，逐条为之考论，其彼此抵捂及先后歧异者，言之尤详，积成巨册百余"。对于编纂这百余本"巨册"的浩瀚工作，沈家本自言"尝与编纂之役，爬罗剔掘，参订再三"，因而当属可信。但是，薛允升因为这百余巨册"卷帙繁重"，不甚满意，乃"手自芟削，勒成定本"，最后得以成书四种：《汉律辑存》、《唐明律合刻》、《读例存疑》、《服制备考》，各若干卷。对于这四种成书，刑部同人乃为"酿资"即凑集款项，筹划刊刻出版，但"甫议鸠工"，猝遭庚子之变，事遂中辍。在国事蜩螗，危如累卵之际，薛允升"踉跄赴行在"，沈家本则被联军软禁在保定，直到旧历年底。次年二月下旬，沈家本脱离险境，也赶到了长安。[①] 故人见面，感慨生离死别之余，沈家本特意向薛允升问及著述的情况，"询知所著书，惟《汉律辑存》一种存亡未卜，余编无恙"。参阅《薛大司寇遗稿序》可知，《汉律辑存》一书"庚子逸于京师，传闻为某舍人所获，秘不肯出"，是以"存亡未卜"。至此可知，薛允升此时所存著作，剩有三种（《唐明律合刻》、《读例存疑》、《服制备考》），当属完稿或接近定稿。

其后，和议达成，辛丑八月二十四日銮舆启程返京，沈家本等人先期出发，临行前，薛允升"谆谆以所著书相托"。九月，二人再次在开封相遇，更"约于京邸商榷此事"。然而，人算不如天算，薛允升在沈家本走后，十月初便在河南罹疾逝世，终未能实现与沈家本的前约。因为薛允升的遽然离世，直接影响到他剩下几部书的出版工作。其中《读例存疑》的命运算是最好的，因有刑部同人"携来京师，亟谋刊

---

① 李贵连：《沈家本年谱长编》，光绪二十七年辛丑，济南：山东人民出版社，2010年，第94页。

行"，尤其在沈家本等人的主持、协作下，得以在光绪二十九年进呈御览，正式出版。据沈家本所记，《唐明律合编》、《服制备考》，则被方连轸携往皖江①，"有力任校刊者，又在若存若亡之间"。② 言外之意，沈家本对于《唐明律合编》、《服制备考》的未卜命运充满担忧之情。果不其然，《唐明律合编》直到徐世昌从董康手中借得其书，加以刊刻（1922年，退耕堂本），方才称得上良善之本；而《服制备考》一书，辗转经过多人之手，历经无数风雨，最终落在上海市图书馆，至今亦未付梓。

由上可知，薛允升生前大致仅有四部手订之书：《读例存疑》、《唐明律合编》、《汉律辑存》、《服制备考》。但是，区区这四部书，究非薛氏著述之全部，或曰仅是冰山一角而已。一方面，我们可以尽情去想象，沈家本所谓薛氏"积成巨册百余"，应该是多么壮观的一个场面！另一方面，薛允升尚有若干遗稿，为同僚假借传抄，但似乎薛氏对此并不在意，而且也不视之为平生重要之著作，因而在其生前并未特别加以编定。这一方面，颇耐人玩味，我们可以从沈家本《薛大司寇遗稿序》中略窥其端倪。

在该序文中，沈家本先讲，薛允升"自释褐即为理官，讲求法家之学，生平精力，毕瘁于此"，接着列举上述薛氏四种已经编订之书；忽然笔锋一转，言道："若是编，则仅有同官传钞之本，盖非公所甚注意者"；进而谈到，叙雪堂同人——即刑部同事为薛允升遗著的刊刻之事，皆"不惜心力以董其成"；再又慨叹薛氏其他著述之命运，"自来著述之传不传，若有数存乎其间"，担心如果薛允升的著述"无人为之表章而剞劂之，则亦将不传"；尽管薛氏之著作可传者甚多，但不能尽传已成定局，则对于"是编"——即《薛大司寇遗稿》之刊刻，虽非

---

① 沈家本在《读例存疑序》中言及，"《唐明律合编》诸稿，方坤吾太守连轸携往皖江"；又于《薛大司寇遗稿序》中，将《唐明律合编》与《服制备考》连书，似方连轸所携之稿，即为这两部书。据查，方连轸为同治十三年甲戌科三甲，曾于刑部任职，外放安徽安庆府知府，后因故革职。

② 沈家本：《薛大司寇遗稿序》，《历代刑法考》附《寄簃文存》卷六，第2223页。

薛氏"精意所存",终究可以略补心中之遗憾。

据沈家本序文可知,《薛大司寇遗稿》共有两卷,"前卷乃宪牍之圭臬,后卷亦一代之典章所系也"。今笔者未见其书,亦不见有其他研究者论及,仅据沈氏概括之言臆测,大致该书所收内容,应涉及当时刑部公文之写作,以及刑部相关之规章制度。再者,前段所引文字中"若是编,则仅有同官传钞之本,盖非公所甚注意者"一语很值得重视。由此可以推知,薛允升确有一些稿本之类的书籍,自己不甚注意,或根本未打算刊刻成书,却受到刑部同僚的推重,加以传抄,辗转流传——《薛大司寇遗稿》即属于此类文稿之汇集。但是,薛允升此类文稿究竟有多少?都包括哪些内容?看来,我们又将一如往常地陷入"文献不足,杞不足征"的窘境了,徒唤奈何!

(二)《秋审略例》的散佚与重现

人世的机缘真是难测,学术研究有时亦是如此。有的材料暗藏重要的学术信息,成天摆在案头手边,却不曾措意及之,兀自顾着向外寻求,"上穷碧落下黄泉",动手动脚,踏破铁鞋,却全无觅处。一旦机缘来临,竟柳暗花明,豁然心胸,蓦然发现原来它就在距离自己最近的地方。壬辰盛夏中的某一天,偶见有人于书肆叫卖一本名为《秋审略例》的小册子,颇引起笔者注意。虽然发现该书出售的信息较迟,该书业已"名花有主",但最后还是以情动之,从买家手中丐得一份复印件。之所以会对该书如此"费尽心机",原因是笔者在看到此书后,联想起此前撰写《清代的死刑监候》一书时,曾经遇到几种同名文献,并大大怀疑此书即为当年薛允升的散佚之作。

其实,在当年的研究中,笔者所发现并可以肯定为薛允升遗稿者已有一种,即《秋审分类批辞》。该书现藏于北京大学图书馆藏古籍特藏部,一函一册,封面右上题"己亥中春",右下题"云亭笮吏重订"。未知该书何时入藏,料想编目人员在登记时,未审"云亭笮吏"为何许人也，便将该书著作者标为"云亭笁吏"。据该书末页所粘签云：

> 云阶大司寇，余丙戌朝考阅卷老师也。己亥年师右迁宗人府丞，
> 余尝从问字，师遂出昔年手订秋审分类批辞两册授余曰，此秋审程
> 式也。余珍而藏之。每值看秋谳时，置之案头，奉为枕中秘。今师
> 已归道山，披此编如亲面命云尔。己酉仲冬，门人郭昭谨识。[1]

由此判断，该《秋审分类批辞》原系薛允升手订之稿，当无疑义；
而且，"云亭笁吏"似为薛允升在"云阶"之外的一个自号。进而，我
们还大致可以推测出此书原委：郭昭于丙戌年即光绪十二年（1886）
参加"朝考"，也就是殿试后进行的遴选考试，其最优异者选为庶吉
士，余则用为主事、中书、知县等。当年，正逢薛允升充作朝考阅卷
官，按照科举时代的惯例，郭自然可称为薛之"门人"。其后，己亥年
即光绪二十五年薛因故左迁宗人府丞[2]，郭又曾向薛问字，薛乃将亲自
手订之《秋审分类批辞》赠送与郭。揆其"重订"字样，可知该书成
书早在光绪二十五年之前，而于当年得以"重订"，并于同年赠予郭
昭。此后，该书即为郭昭保存使用。迨郭昭撰写粘签时，已是己酉仲
冬，即宣统元年（1909）冬天了。另据郭昭粘签所云，该书原为"两
册"，现存仅为一册，但首尾大致齐全，或许是在郭昭或其他藏家手中
之时，将两册合订为一册，亦未可知。不管怎样，《秋审分类批辞》作
为薛允升亲手所订之原稿，弥足珍贵。但该书从内容上属于"秋审条
款附成案"类秋审文献，笔者曾于《清代的死刑监候》下篇对这类文
献的基本内容、特点进行论列[3]，在此不再赘述。如今还要从头说起，

---

① 云亭笁吏：《秋审分类批辞》卷末，郭昭粘签，清代稿本。
② 据姚永朴《光禄大夫刑部尚书薛公状》载，光绪二十三年"御史张仲炘奏称，玉田县绅
民贿买御史溥松，奏参该县苛派差徭，事成于公从子济，公又为筹销弭策，有旨令大学
士徐桐按验，覆奏无实，犹以不知远嫌降三级调用，补宗人府府丞。"
③ 孙家红：《清代的死刑监候》，下篇，"清代死刑监候的司法特征"，第184－210页。

聚焦到薛允升的另外一部遗著——《秋审略例》。

薛氏遗著《秋审略例》亦为前此研究清代死刑监候的过程中，在北京大学图书馆古籍特藏部首次发现，并加以初步研究。在该书卷首，江联萚所撰序言谓：

> 《秋审略例》四卷，吾师长安薛云阶大司寇所编纂，同曹办秋谳者莫不互相传抄，奉为圭臬者也。……师夙明律义，实朝野所共推，而研究精微，著述甚富。辛卯秋，联萚以门荫入刑曹，主贵州司稿，兼办秋审。虽严寒酷暑，师必入直，朝夕追随者八年，愧未能得其万一。……拳匪事起，都门猝遭兵燹。师之稿本存否未知，而联萚行箧仅携手钞略例两卷，其三、四卷亦为寮友假观者所失矣。……爰将一、二卷先行排印，复寓书京友，访觅三、四卷。①

据此序言，则知薛氏遗稿中，尚有一部四卷本的《秋审略例》，被"同曹办秋谳者莫不互相传抄，奉为圭臬"，大致即属于前面沈家本所谓"非公所甚注意者"之列。而且，江氏刊印此书，尚在《薛大司寇遗稿》之前，更参以卷次数目，基本可以判定：《秋审略例》与《薛大司寇遗稿》（尤其前卷所谓"宪牍之圭臬"者）之间，虽不排除有部分内容相似或相同，但此二书绝非一书。

对于这篇序文再加玩味，可知该书之流传刊刻充满了曲折。试略析之：先是该书经由薛允升编纂成书，在刑部——尤其同办秋审人员之中互相传抄，奉为圭臬。江联萚于辛卯即光绪十七年（1891）秋天，以门荫之资格进入刑部，在贵州司任主稿，兼参与秋审工作，得以"朝夕追随"薛允升八年——大致截止到薛允升左迁宗人府丞，似乎比前面的郭昭时间更久。虽江氏自言，对于业师精微之律学"愧未能得其

---

① 江联萚：《秋审略例序》，《秋审略例》卷首，光绪二十七年铅印本。

万一", 但有一点可以肯定的是, 他与其他一些僚属一样, 也将四卷本《秋审略例》尽行抄录下来, 藏诸行箧。后来, 因为庚子之变, 在薛氏原稿"存否未知"、自己的抄本亦仅存一、二两卷的情况下, 为保存业师之遗笔, 率先将前两卷交付排印。江氏于文末虽言"复寓书京友, 访觅三、四卷", 但后来究否觅到, 无法知晓; 想必是没有找到, 因为目前所见江氏印本, 只有残存的两卷之本。此外, 在北大图书馆中藏还有另外一个抄本《秋审略例》, 虽言四卷, 其实际内容也只有一、二两卷, 而且与江氏印本基本相同, 料想是江氏印本的一个抄本, 暂不具论。

光绪二十七年江联荺刊印的薛氏遗著《秋审略例》, 虽然只存一、二两卷, 已属十分难得。不惟如此, 其一, 江氏序文透露了一个十分重要的信息, 即薛允升的这部书稿曾被多人传抄过; 其二, 他在刊印之时, 难能可贵的是, 保留了三、四两卷的目录。前者对于我们寻找到该书的其他抄本, 提供了一线希望, 后者则为我们寻找和辨识该书之版本内容, 提供了最为直接可靠的线索。笔者当年即存有如此侥幸心理, 顺手将江氏印本《秋审略例》的全书目录予以抄录, 如下表所示:

表 5 – 2 　江联荺刊《秋审略例》目录

卷次	目录
卷一	(1) 册首 (2) 全式 (3) 分司 (4) 前除笔 (5) 年籍 (6) 标首 (7) 总论 (8) 服制 (9) 罪名 (10) 会看 (11) 案原 (12) 案身
卷二	(1) 报验 (2) 部驳 (3) 查笔
卷三	(1) 查笔
卷四	(1) 除笔 (2) 出牌 (3) 恩旨 (4) 留养 (5) 病限 (6) 纶音 (7) 监候 (8) 部尾

在从前买家手中得到《秋审略例》的那一册复印件后, 笔者首先便将目录摘出, 大致如下:

（1）后除笔（2）出牌（3）恩旨一（4）恩旨二（5）留养（6）病限（7）纶音（8）监候（9）部尾一（10）部尾二（11）部尾三（12）部尾四（13）部尾五（14）部尾六（15）秋朝审截止日期附事宜

将之与江氏印本《秋审略例》的目录两相对照，推想此一册目录，当与前书第四卷目录较为接近。其中，复印件目录，第（1）部分名为"后除笔"，而前书第四卷第（1）部分虽名为"除笔"，但第一卷中已有（4）"前除笔"，则此"除笔"抑或可称为"后除笔"；第（2）部分"出牌"，两书字面完全相同；第（3）、（4）部分，合之称为"恩旨"或无不可，则与前书第（3）部分亦大致相仿；第（5）至（8）部分名称，则与前书第（4）至（7）部分相同；第（9）至（14）部分，合之称为"部尾"，似无不可，则与前书第（8）部分相同；余下第（15）、（16）两部分，则属前书目录所无。据此初步推断，复印件与该书第四卷应该存在极为密切的内容关联。

由此更使笔者联想到，若干年前曾于中国社科院法学所图书馆见到一套稿本《秋曹稿式》。该书四册一函，钤有"长白熙桢藏书之印"，以元、亨、利、贞为序进行编次。卷首两篇序文皆撰于光绪丙戌，即光绪十二年（1886）。考其形制，当时即推测该书很可能是薛允升《秋审略例》的一个完整抄本，但未遽下定论。① 于是，重又回到图书馆，将该书借出来，连同其他相类的几种文献（如《秋审类辑》、《秋审所见集》），逐一将之与前得一册复印件，以及江氏印本《秋审略例》进行比对。结果，有了惊人的发现：（1）此一册复印件与《秋曹稿式》"贞"册（即第四册），从目录到内容大致一样；（2）《秋审所见集》（共五册）中含有《秋审略例》两册，其第二册内容与前得复印件的内

---

① 孙家红：《清代的死刑监候》，下篇，"清代死刑监候的司法特征"，第164－165页。

容亦基本一致，可以判断，系出同源。不仅如此，后在友人协助下，又从东洋文化研究所古籍善本图书中获见两书——《秋审略例》以及《秋审》（东洋本）。前者与江氏所印《秋审略例》完全同名，四卷四册，也以元、亨、利、贞为序进行编次——与《秋曹稿式》相同；后者虽名为《秋审》，其实也和前者一样，为四卷四册之本。更令人感到兴奋的是，经过详细的内容比对发现，此二书在目录上与前述薛氏遗著《秋审略例》，以及熙桢之《秋曹稿式》，基本一致；在内容上，更与《秋曹稿式》如出一辙。现将江氏所印《秋审略例》与后此发现之三种文献的卷次目录，汇为一表。如下：

表5-3　四种《秋审略例》版本目录对比

	《秋审略例》 （江氏印本）	《秋曹稿式》 （熙桢稿本）	《秋审略例》 （东洋本）	《秋审》 （东洋本）
卷一	（1）册首 （2）全式 （3）分司 （4）前除笔 （5）年籍 （6）标首 （7）总论 （8）服制 （9）罪名 （10）会看 （11）案原 （12）案身	（1）册首 （2）全式 （3）分司 （4）前除笔 （5）年籍 （6）标首 （7）总论 （8）服制 （9）罪名 （10）会看 （11）案原 （12）案身	（1）册首 （2）全式 （3）分司 （4）前除笔 （5）年籍 （6）标首 （7）总论 （8）服制 （9）罪名 （10）会看 （11）案原 （12）案身	（1）册首 （2）全式 （3）分司 （4）前除笔 （5）年籍 （6）标首 （7）总论 （8）服制 （9）罪名 （10）会看 （11）案原 （12）案身
卷二	（1）报验 （2）部驳 （3）查笔	（1）报验 （2）部驳 （3）查笔	（1）报验 （2）部驳 （3）查笔	（1）报验 （2）部驳 （3）查笔
卷三	（1）查笔	（1）查笔	（1）查笔	（1）查笔
卷四	（1）除笔 （2）出牌 （3）恩旨 （4）留养 （5）病限	（1）后除笔 （2）出牌 （3）恩旨 （4）留养 （5）病限	（1）除笔 （2）出牌 （3）恩旨 （4）留养 （5）病限	（1）除笔 （2）出牌 （3）恩旨 （4）留养 （5）病限

续表

《秋审略例》 （江氏印本）	《秋曹稿式》 （熙桢稿本）	《秋审略例》 （东洋本）	《秋审》 （东洋本）
（6）纶音 （7）监候 （8）部尾	（6）纶音 （7）监候 （8）部尾 （9）截止日期 （10）秋审事宜	（6）纶音 （7）监候 （8）部尾 （9）秋审截止日期 （10）秋审事宜	（6）纶音 （7）监候 （8）部尾 （9）截止日期附事宜

　　根据上表，显而易见，上列四书的目录几乎完全相同；而且，经过比对，我们可以判定，后列三书大同小异——如果忽略其间抄掇内容之偶有讹误或者失序，则可以判定它们原来就是同一部书。虽然江氏所印《秋审略例》仅有一、二两卷，但是，一则该书前两卷与其他三书之前两卷内容尽属雷同；二则，该书全部目录，与其他三书更是严丝合缝。面临这样的一个多部书"严重雷同"的现象，我们应该可以给出基本的结论了，那就是：后列三书皆属薛氏遗著《秋审略例》的完整抄本。

　　这样一个发现，不仅为笔者若干年前的疑问找到相对可靠的答案，更为我们认识薛允升的律学著作，以及当时刑部的其他一些问题，提供了新的材料基础。由此我们不禁重又想到沈家本《薛大司寇遗稿序》中所言——"自来著述之传与不传，若有数存乎其间"，"公书流落人间者，安知不传于数十年之后？"① 薛允升本人对于此类同僚传抄而去之书本不甚注意，可能也未想着编订出版，在其死后，原稿更如泥牛入海，湮没无踪；但竟因同僚有意无意之传抄行为，终使薛氏之著述得以保存，辗转流传。逆想当年薛氏临死之际，因为庚子之变，所手订之四部书稿已然面临"若存若亡"之危局，若敝帚自珍，将这些书稿束之高阁，深固闭守，拒绝寅僚之传抄，则在薛氏故后，此类书籍势必亦随之星散，真不知向何处寻去了！古人常云"文物有灵"，恰因薛氏当年

---

① 沈家本：《薛大司寇遗稿序》，《历代刑法考》附《寄簃文存》卷六，第2223页。

有"公诸同好"之心，使一部书稿化身多份，似有神灵佑护，不仅得存乎天壤之间，更在百余年后重现于世人面前。

（三）略论《秋审略例》的成书时代

历史真是充满吊诡，当年薛允升手订四部书稿，断断以刊布为念，最终除《读例存疑》、《唐明律合编》外，其余皆如石沉大海，不得其传；而"非公所甚注意"之书，经过辗转传抄，历尽劫灰，竟得以流传，并在今日被揭发出来。既然我们有幸将之发现，就有必要加以珍惜和利用，否则真是浪费了我们的好运气了。

首先，我们有必要利用目前发现的几个《秋审略例》全本，结合江氏所印之书，探讨一下该书的性质和成书原因。据江联蔚《秋审略例序》中所言，该书在编纂完成后，"同曹办秋谳者莫不互相传抄，奉为圭臬"[1]，可见，该书对于办理"秋谳"即秋审（包括朝审）司法工作具有十分重要的参考价值。更具体来说，正如笔者在以前研究中所指出的，该书乃为撰拟"秋审略节"，以及相关司法操作而编纂的技术指导用书。[2] 然而，为什么要编纂此类指导用书？关键在于秋审司法的特殊性，以及司法技术水平的高标准；而秋审司法技术水平的高标准，在"秋审略节"上表现得尤为突出。据当时人记述，秋审略节：

> 较原稿为简，较题本之贴黄为详。初、覆看皆系各司员充其选，总看则秋审处坐办提调专责。有不可紊乱之准绳，亦有极费经营之变化。删支字，汰冗词，层析分明，起结呼应，乃臻完善。[3]

正因为秋审在公文程式方面要求如此之高，一方面，凡能精于此道者，

---

① 江联蔚：《秋审略例序》，《秋审略例》卷首。
② 孙家红：《清代的死刑监候》，下篇，"清代死刑监候的司法特征"，第167–170页。
③ 英瑞：《秋审类辑》自序，《秋审类辑》卷首。

尤为难得，"凡隶秋曹者争自磨砺，且视为专门绝学"①。一旦"秋审之法精通，则奏稿、驳稿并一切公牍，直可行所无事"②。另一方面，对于初办秋审者，设置了很高的专业技术门槛。据英瑞在其编纂的《秋审类辑》序言中自述，他于光绪十二年进入刑部，"初观略节，几于目迷五色"。此后，花费大量功夫，找来以往的秋审略节，仔细推敲，加之从同僚沈曾植处借得一个类似《秋审略例》的抄本，"反复校对，稍有领悟"。此英瑞，曾任刑部员外郎，并继沈家本之后担任过大理院正卿。英瑞面对秋审略节，况且"目迷五色"，则对于其他一般人物，要熟练掌握秋审略节的司法技能，其难度可以想见。所以，薛允升《秋审略例》一书的编纂，可谓应需而生；以薛氏丰富的秋审司法实践经验凝炼而成的心血之作，自然会引起同僚们的极大关注，"莫不互相传抄，奉为圭臬"。③

东洋本《秋审略例》首卷书题下标有小字若干，云："窃取晋山阳王辅嗣《周易略例》之义"，具见薛氏编纂此书的用心所在。所谓"晋山阳王辅嗣"即晋代著名的玄学家王弼（226－249），所撰《周易略例》共有七篇文章，对《周易》的解析方法独出一格。唐代邢璹高度评价该书，"大则总一部之指归，小则明六爻之得失，承乘逆顺之理，应变情伪之端，用有行藏，辞有险易，观之者可以经纬天地，探测鬼神，匡济邦家，推辟咎悔，虽人非上圣，亦近代一贤臣"④，并且亲自为之作注。该书卷首，对于命名之由有很好的交代：

> 略例者，举释纲目之名，统明文理之称。略不具也，例举并也。辅嗣以先儒注《易》二十余家，虽小有异同，而迭相祖述，

---

① 董康：《清秋审条例》绪言，《清秋审条例》卷首。
② 吉同钧：《新订秋审条款讲义》序，《新订秋审条款讲义》卷首。
③ 在薛氏《秋审略例》之前，还有乾隆三十七年刘统勋所撰"摘叙秋审略节条款十八则"，虽较简略，影响亦甚大。参见拙著《清代的死刑监候》，第162、422－423页。
④ 邢璹：《周易略例序》，《周易略例》卷首。

惟此所见特殊，故作略例，以辨诸家之惑，错综文理，略录之也。①

藉此反观薛允升《秋审略例》之得名，显然于"举释纲目"、"统明文理"之外，亦含有为同僚们辨明笼罩在秋审略节上之迷惑的深意。

再者，我们考察该书的成书年代。此处却有不小的难题，因为在该书传抄过程中，除一些常见的抄写讹误外，至少还有以下几种情况发生：其一，抄者根据自己的需要和理解，调整内容条目之前后顺序，甚至参以己见，径改部分原文；酌改条目标题，亦不鲜见。最为严重者，还可能会废去原来书名，自己命名。典型的例子，就是熙桢所藏的稿本《秋曹稿式》，将之与江联葑的印本相较，可知原书名实为《秋审略例》，并非《秋曹稿式》，且原书各卷亦未以元、亨、利、贞为序编次。但是，这种做法，未必是熙桢故意篡夺薛氏的著作成果，部分原因可能在于，他并不了解该书的原始出处——因为我们在该书卷首庆麟的序文中看到，他将该书称作"摘例一编"，而在该书正文卷首书题，又仅标以"秋审"字样。其二，抄者在传抄过程中，可能会在原书基础上，根据新的情况或个人心得，将自己认为重要的内容续录上去。通过前面的比较，这种情况在第四卷末——即书尾的部分表现较为明显。类如东洋本《秋审略例》卷末抄录有"红格字式"，列举收录了刑部公文书写过程中所应特别注意或需要改写的文字规范。其中规定，"凡有年岁及年月日各项数目，俱要大写，一起一案，一时，一款，一并，一项，一推，一拉，一送，并律例文内数目，皆要小写。……其犯名及死者之名，如系俗字，俱各从俗写；有正体者，仍写正体。"再，为求避讳，一些犯名及死者之名俱要改写，如："天"改为"添"，"祖"改为"组"，"宗"改为"棕"，"清"改为"青"，"国"改为"帼"，等等。

① 王弼：《周易略例》卷首，长春：吉林大学出版社，1992年影印明万历新安程氏"汉魏丛书"本。

但这些内容并不是每种抄本中都有，所以，我们大致可以结合该书的主体内容——尤其是前三卷，来寻绎该书的成书年代。经过细核发现：该书内容文字，多略去具体人名、时间、地点；只有少数几处标明了时间，有"同治几年几月"的字样；并且在卷一"先请王命正法式"题下，又注引同治八年江苏省苏如柱一案。由此，我们认为，该书取材时间，大致应在同治一朝；同时考虑到上述诸书卷末所加内容——究否为薛氏原书包含之部分，实难下一武断判语，为保守起见，我们谨将该书成书年代断在同治、光绪之间。

进而，我们回想起董康关于秋审略节的一段话："凡隶秋曹者争自磨砺，且视为专门绝学。同光之际，分为陕豫两派，人才尤盛。如薛允升_{云阶}、沈家本_{子敦}、英瑞_{凤冈}，皆一时之佼佼者。"[①] 其中，董康不仅道出了刑部僚属的一个秘密，即在办理秋审过程中，刑部分有陕豫两派；而且，更为重要的，他明确指出了，两派之分际实在于对秋审司法的不同见解。其中所涉人物，如薛允升、沈家本、英瑞等人，目前所见，皆有关于秋审的重要著述。如：沈家本有十卷本《秋谳须知》，英瑞有十二卷本《秋审类辑》，薛允升则至少有目前所发现的两种——四卷本《秋审略例》和原本两册的《秋审分类批辞》。但是，同光之际，刑部陕豫两派的代表人物究竟有哪些？他们是具体根据什么分成两派的？对于秋审究竟有哪些不同的司法见解和风格？虽然，薛允升蔚为陕派大家，自无疑义；但是，沈家本、英瑞等人，又属于其中哪一派呢？[②]这些问题，看来只能等待更多更有价值的材料出现，才能得到解决了，也或许永远得不到确切的答案；但不管怎样，薛允升《秋审略例》以及

---

① 董康：《清秋审条例》卷首，绪言。
② 可能有人会想当然地将沈家本归入陕派，但是有两点事实不容忽视：其一，沈家本并非薛允升之门人，从其给吉同钧的序文中可以读出，他自己并不以薛允升的"门人"自居；其二，沈家本关于秋审的名著《秋谳须知》，实有部分内容来其父沈丙莹之手泽。笔者即曾亲见在沈丙莹所录《秋审旧式》上，有大量沈家本的批注、补写的痕迹，并且基本可以判定，该《秋审旧式》实为《秋谳须知》的一个知识来源。

相关书籍的发现，为我们揭露清代同光之际刑部陕豫两派的真面目，提供了新的可能。

最后，我们有必要跳出狭隘的门派之见，重来回顾一下薛允升及其著述的曲折命运。前已知道，薛允升于光绪二十四年将两册《秋审分类批辞》交给了门人郭昭，其间不知经历多少故事，最终进入北大图书馆，得以永久庋藏；《秋审略例》则经过另外一个门人江联蒘之手，不仅被抄录，而且得以付梓流传，目前所能发现该书之抄录全本，更不下三四种。由此我们产生两个疑问：（1）薛允升当时送给他人，以及被他人抄录之书，究竟有多少种？（2）当时究竟有多少人辗转抄录了《秋审略例》？想必这两个问题是无法得到确解的。但是，我们一方面可以看到，薛允升作为当时刑部"名法大家"，经过自己丰富的司法实践经验，积累总结出来的智慧成果，作为一种相对稀缺的法律知识，通过私人赠送或者转录传抄的方式，或在师生之间延续传承，或在刑部同僚之间广为传播。另一方面，在这些法律知识的传承或传播过程中，我们透过当时人的文字完全可以感受到他们对这种法律知识的渴望和珍视。虽然用最为原始的抄录方式，耗时费力，但很多人都在竞相传抄，以备现实之需。像《秋审略例》这种文献的出现，以及传抄的行为本身，无疑说明了时人对于秋审司法的重视。就像江联蒘警告清末的读者那样：若将此书"仅作文法之程式观，则末矣"。① 如今，这些书摆在面前，我们自然也不能"仅作公文之程式观"了！

对于我们今人来说，显然已经无法完全测知原作者薛允升的良苦用心，也已无法全盘了解当时的司法状况，因为这些书作为传统律学的智慧结晶，字里行间所折射出来的，是当时炫目的司法技巧、严格的文法规范，以及很多待解之谜；但不管怎样，油然而生的仰望之心和敬佩之情，却总是难免的。

---

① 江联蒘：《秋审略例序》，《秋审略例》卷首。

征引文献

一 历史资料

1. 薛允升：《读例存疑》，北京琉璃厂翰茂斋镌字，光绪丙午（1906）刊本。

2. 薛允升：《读例存疑（重刊本）》，黄静嘉点校，台北：成文出版社，1970 年。

3. 胡星桥、邓又天主编：《读例存疑点注》，北京：中国人民公安大学出版社，1994 年。

4. 薛允升：《薛允升唐明律合编稿本》，奥村郁三编，大阪：关西大学出版部，2003 年。

5. 薛允升：《唐明律合编》，徐氏退耕堂刻本，1922 年。

6. 薛允升：《唐明律合编》，怀效锋等点校，北京：法律出版社，1999 年。

7. 薛允升：《汉律辑存》，堀毅整理，载岛田正郎主编《中国法制史料》第二辑第一册，台北：台湾鼎文书局，1982 年。

8. 薛允升：《汉律辑存》，晚清稿本，北京大学图书馆善本部藏。

9. 薛允升：《唐明清三律汇编》，田涛、马志冰点校，哈尔滨：黑龙江人民出版社，2002 年。

10. 云亭竿吏（薛允升）：《秋审分类批辞》，清代稿本，不分卷。

11. 薛允升：《秋审略例》，光绪二十七年铅印本。

12. 沈丙莹：《秋审旧式》，清抄本，中国科学院图书馆藏。

13. 沈家本：《刑案汇览三编》，晚清稿本，国家图书馆藏。

14. 沈家本：《历代刑法考》附《寄簃文存》，北京：中华书局，1985年。

15. 沈家本：《律例校勘记》，载刘海年、韩延龙等整理：《沈家本未刻书集纂》，北京：中国社会科学出版社，1996年。

16. 沈家本：《沈家本全集》，徐世虹、沈厚铎等整理，北京：中国政法大学出版社，2010年。

17. 沈家本：《沈厚铎藏沈家本手稿》，杭州：西泠印社出版社，2013年。

18. 沈家本：《论故杀》，《北洋法政学报》第105册，宣统元年五月下旬，北洋官报总局印刷。

19. 沈家本：《故杀余论》，《北洋法政学报》第130册，宣统二年二月上旬，北洋官报总局印刷。

20. 沈家本辑：《刑部奏底》，晚清稿本，北京大学图书馆藏。

21. 吉同钧：《乐素堂文集》，北平：中华印书局，1932年。

22. 吉同钧：《乐素堂诗存》，北平：中华印书局，1932年。

23. 吉同钧：《大清律讲义》，上海：朝记书庄，宣统二年石印本。

24. 吉同钧编：《薛赵二尚书遗稿》，宣统元年油印本。

25. 沈曾植：《汉律辑存凡例（代薛尚书)》，《学海月刊》第一卷第五册，1944年。

26. 陈浏：《孤园山庄诗剩》，宣统二年刊本。

27. 陈浏：《瓷香馆杂俎》，宣统二年刊本。

28. 中国第一历史档案馆藏：《宝坻档案》，胶卷编号：28-1-54-38、28-1-54-40。

29. 清华大学图书馆科技史暨古文献研究所编：《清代缙绅录集成》，郑州：大象出版社，2008年。

30. 中国科学院图书馆整理：《续修四库全书总目提要》（稿本），济南：齐鲁书社，1996年。

31. 中国第一历史档案馆编：《光绪宣统朝上谕档》，桂林：广西师范大学出版社，1996 年。

32. 秦国经等：《清代官员履历档案全编》，上海：华东师范大学出版社，1997 年。

33. 来新夏主编：《清代科举人物家传资料汇编》，北京：学苑出版社，2006 年。

34. 冷枫：《许世英回忆录》，台北：人间世月刊社，1966 年。

35. 徐世昌：《徐世昌日记》，北京：北京人民出版社，2015 年。

36. 刘古愚：《烟霞草堂文集》，思过斋镂版，1918 年。

37. 官修：《钦定大清现行刑律》，宣统二年修订法律馆仿聚珍版。

38. 官刻：《大清律例朱注广汇全书》，康熙四十五年刻本。

39. 官修：《大清律例》，田涛、郑秦点校，北京：法律出版社，1999 年。

40. 官修：《大清律例》，文渊阁四库全书本。

41. 官修：《大清律附例集解》，雍正三年序刊本。

42. 姚雨芗、胡仰山：《大清律例会通新纂》，同治十二年刻本。

43. 英瑞：《秋审类辑》，晚清抄本，中国社会科学院法学所图书馆藏。

44. 闵尔昌纂：《碑传集补》，《清代传记丛刊》本，台北：明文书局，1986 年。

45. 宋伯鲁等：《续陕西通志稿》，载中国西北文献丛书编辑委员会编：《西北稀见方志文献》第六卷，兰州：兰州古籍书店，1990 年。

46. 李岳瑞：《春冰室野乘》，上海：广智书局校印，宣统三年六月。

47. 唐烜：《唐烜日记》，赵阳阳、马梅玉整理，南京：凤凰出版社，2017 年。

48. 沃丘仲子（费行简）：《近代名人小传》，上海：中原书局，1925 年。

49. 李兴盛等编：《陈浏集（外十六种）》，哈尔滨：黑龙江人民出版社，2001 年。

50. 董康：《清秋审条例》，1942 年原刊，北京：中国书店，2007 年影印。

51. 董康：《我国法律教育之历史谭（五续前）》，《法学杂志》，1934 年

第 7 卷第 6 期。

52. 赵舒翘：《雨田公墓志铭》，载《河南开封大梁田氏族谱》，1921 年。

53. 谈迁：《北游录》，北京：中华书局，1981 年。

54. 赵尔巽：《清史稿》，北京：中华书局，1998 年。

55. 吴元炳辑：《沈文肃（葆桢）公政书》，光绪六年序刊本。

56. 王弼：《周易略例》，长春：吉林大学出版社，1992 年影印明万历新安程氏"汉魏丛书"本。

57. 萧之葆：《吉同钧生圹志铭》，中国国家图书馆藏"碑帖菁华"，墓志 4661。

58. 史延寿：《清故通议大夫广东高等审判厅厅丞史府君墓志》，中国国家图书馆藏"碑帖菁华"，墓志 6553。

59. 倪紫萱：《萧筱梅先生印象记》，《西北文化日报》1935 年 2 月 12 日，第 8 版。

60. 顾廷龙：《薛允升〈服制备考〉稿本之发见》，《图书季刊》第二卷第二期，1935 年。

61. 《梁总长（启超）延湖南名法家罗维垣为顾问》（念一日戌刻北京专电），《时报》中华民国二年十月二十二日。

62. 《议覆法部奏请将前安徽知府方连轸开复原官折》（宣统元年闰二月初五日），《华制存考》第六册，政务，宣统元年闰二月。

63. 《署司法总长董康呈大总统拟请征请淹通旧律人员史绪任等调部任用以资补助文》，《政府公报》第一千七百一号，民国九年十一月十日。

64. 《农林部批京师农务总会总理刘彭年等呈》，《政府公报》1912 年第 116 期。

65. 《钱能训刘彭年奏请饬令刑部筹给津贴复用刑讯一折初五日奉旨交政务处刑部会议具奏》，《时报》第三百二十九号，乙巳四月初八日。

66. 《修律大臣外务部右侍郎伍刑部左侍郎沈奏覆御史刘彭年奏停止刑

讯请加详慎折》,《东方杂志》光绪三十一年第二卷第八期。

67. 《令直隶民政长准院交府批该省长呈据天津绅商刘彭年等请为赵前督建祠一案应即照准仰查照文》(四月十三日),《内务公报》1914年第 8 期。

68. 《饬属分购〈读例存疑〉》,《新闻报》,第四千九百十七号,光绪三十二年九月二十一日(1906 年 11 月 7 日),第 10 版。

二　今人著述

69. 曹旅宁:《薛允升〈汉律辑存〉稿本与汉律沿革》,《湖南省博物馆馆刊》2012 年第 9 辑。

70. 陈煜:《略论〈大清律例〉的"确定化"》,《中国政法大学学报》2012 年第 4 期。

71. 李贵连:《沈家本年谱长编》,济南:山东人民出版社,2010 年。

72. 陆康、孙家红主编:《法国汉学》第十六辑,北京:中华书局,2014 年。

73. 钱婉约:《内藤湖南研究》,北京:中华书局,2004 年。

74. 瞿同祖:《清律的继承和变化》,《历史研究》1980 年第 4 期。英文名为"Qing Law: an Analysis of Continuity and Change",刊登于《中国社会科学》英文版,1980 年第 1 卷第 3 期。

75. 苏亦工:《明清律典与条例》,北京:中国政法大学出版社,2000 年。

76. 孙家红:《清代的死刑监候》,北京:社会科学文献出版社,2007 年。

77. 孙家红:《历尽劫灰望云阶:薛允升遗著〈秋审略例〉的散佚与重现》,(台湾)中国法制史学会、中研院历史语言研究所主编:《法制史研究》第二十四期,2013 年 12 月。

78. 陶安:《关于上海图书馆藏〈唐明律合刻〉手稿本》,《中国古代法律文献研究》第四辑,北京:法律出版社,2010 年。

79. 陶安,「上海図書館所蔵の薛允升『唐明律合刻』手稿本について」,

法史学研究会会报第 14 号，2010 年 3 月。

80. 王爱功、张松道主编：《河南省图书馆百年》，长春：吉林文史出版社，2009 年。

81. 王雁：《薛允升降职问题考辨》，《史林》2016 年第 2 期。

82. 王云红：《晚清豫派律学的再发现》，《寻根》2016 年 1 期。

83. 张莉：《民国时期河南省图书馆馆长——武玉润》，《河南图书馆学刊》第 22 卷 3 期，2002 年 5 月。

84. 张田田：《〈大清律例〉律目研究》，法律出版社，2017 年。

85. 张忠纬：《〈汉律辑存〉稿本跋》，《中国古代法律文献研究》第六辑，北京：社会科学文献出版社，2012 年 12 月。

86. 郑秦：《清代法律制度研究》，北京：中国政法大学出版社，2000 年。

后 记

　　诸多因缘际会，促成了本书的诞生。2015 年 10 月，笔者应邀赴法国里昂高等学术研究院（Collegium de Lyon）进行为期一年的访问研究，其间在好友巩涛（Jérôme Bourgon）教授鼓励乃至"蛊惑"下，着手重新整理晚清律学大家薛允升（1840–1901）的不朽名著《读例存疑》。①迄今五年多时间里，在一遍又一遍的阅读过程中，不仅个人对于清代律例继承演变的认识不断加深，薛允升作为一代律学宗师的人物形象也日渐凸显起来。

　　2019 年 3 月在美国图尔萨大学步德茂（Thomas M. Buoye）教授牵头组织下，笔者崀赴美国丹佛参加美国亚洲研究会（AAS）年会，并接受其建议根据此前对《读例存疑》一书的整理研究，特别撰写了关于清代律例条文继承演变的一篇 6 万余字长文，提交大会讨论，并最终成为本书第四章。在美国当地 3 月 21 日晚间举行的小组会议上，著名汉学家、法兰西荣休院士魏丕信（Pierre-Etienne Will）教授担任主席（Chair），步德茂教授、加利福尼亚州立大学朴兰诗（Nancy Park）教授和我先后作了主题发言，法国远东学院陆康（Luca Gabbiani）教授负责主持和评议。从现场反馈情况来看，该文提出的一些观点和数据分析引起同仁们的兴趣。自机场匆忙赶到会场、尚未晚饭的姜永琳教授则向笔者提出一个新的议题：清代律例条文之于明代的继承演变关系如何？

---

　　①　该书作为 2020 年度中国国家古籍整理出版专项经费资助项目，即将由天津古籍出版社出版。

由此催生了另外一部资料合集——《明清律合编》（又名《万历顺治二律集解合刊》）①的编纂，即以文本对勘形式详细分析清初对于明末成文法律的因袭与变革。一如前面那篇长文，其中有很多令人意想不到的发现。

利用会议间隙，笔者曾向魏丕信教授等人简单介绍了新近发现的若干册《读例存疑》遗稿，但当时并没有明确的写作计划，只是"独乐乐不如众乐乐"，想把最新的发现分享给大家。回国后，先是利用数月时间忙于回答姜永琳教授提出的问题——将目前所见几乎最晚且最完整的一部、明万历四十年（1612）高举刊刻的《大明律集解附例》，和清顺治三年（1646）完成的入关后第一部《大清律集解附例》进行逐字校勘，并仿照薛允升遗著《唐明律合编》，将两书汇成一体，以便读者可以清楚发现两部成文法律的微观差异，算是前述研究之延伸。迨全书编竣，已然八月末尾，随后着手将最近两年在北京、东京、上海三地发现的《读例存疑》稿本内容和保存情况向学界作一详细汇报。

自去年10月中旬正式动笔，迄旧历年底完成最后一篇文稿写作，前后共花费两个半月时间。在某些朋友看来，或许写作太速，有点不可思议，但其实相关问题思考与知识储备，至迟自2015年冬天重新整理《读例存疑》便埋下了遥远的前因。这两个多月时间，不过是将数年以来阅读思考所得集中倾泻出来而已。

然在正式下笔后，随着史料之反复咀嚼、日夜磋磨，从史料到史实，再到相关问题讨论，逐渐走到了连笔者都觉得有些意外的地步。例如原初计划只是写一篇二三万字长文，便可交代全部问题，但因大量图片和统计表格的交叉运用，文章篇幅一增再增，早已超出绝大多数学术刊物的容纳能力。既如此，索性就写一本小册子吧！再如，本书对于薛允升一生律学著作体系及各部著作成书、流散过程的全面梳理，对于沈

---

① 该书亦获得中国社会科学院创新工程资助，即将在社会科学文献出版社出版。

家本、郭昭、武玉润、段书云、许世英等人在薛允升著述成书和后续刊刻过程中各自贡献的全新揭示，对于晚清刑部陕豫两大律学流派的形成过程，及彼此之间学术竞争和互动关系的辩证讨论，皆是信笔为之，起初并没有充分预见。尤其对薛允升散佚稿本《定例汇编》的重新发现和沈家本《薛大司寇遗稿序》一文的再度审视，更有一种"蓦然回首，那人却在灯火阑珊处"的别样喜悦。经由上述考索，对于以薛允升、赵舒翘、沈家本等为代表的晚清律学家的研习创作活动，自认有了一番全新认知。兼以笔者若干年前对薛允升遗稿《秋审略例》的散佚与重现过程进行过详细探佚和考订，于是藉由薛允升著述遗稿来看晚清律学的主题在头脑中逐渐成型。

读者或许可以清楚感受到，在本书写作过程中，笔者将清代律学置于与现代法学同等重要——乃至更为崇高的专业位阶，薛允升则俨然成为清代律学乃至中国古代律学的一位集大成者，或曰律学宗师。不仅如此，书中不厌其烦地数次谈到，晚清修订法律大臣沈家本不仅曾经亲身参与薛允升的律学创作过程，更在薛逝世后主导了《读例存疑》一书的整理出版，并且在其受命修订法律过程中对于薛氏关于旧律的改革意见广收博取，多所借鉴。换句话说，薛允升不仅在研究清末法律改革前史过程中是绝对不容越过的律学大家，他更以精湛宏富的律学研究成果为晚清法律改革进行了相当扎实的知识储备。即此一点，薛允升足堪"晚清法律改革先行者"之称谓。

遗憾的是，由于百余年间社会变迁动荡，薛允升平生所积累之各种著述稿本风流云散，并未得到很好的传承留续。如今在北京、东京、上海、台北、京都等地发现的薛允升著述遗稿，虽然数量尚属可观，甚至时常有惊艳之感，但毕竟仅为劫后残余，欲窥薛氏律学著述之全豹已然不可能。但换个角度看，薛氏著述遗稿之残损、散佚与部分重现的过程，不仅昭示着薛允升生前身后的命运浮沉，更意味着传统律学在近代中国所经历的不可挽回的千古劫运。透过这一面历史的镜子，我们可以深切体会到中华传统法律文化的百年蜕变，以及在于当下中国的现实境遇。

兹事体大，本书所进行的关于薛允升及晚清律学的研究不过是一个开始，起例发凡而已，自觉距离充分揭示薛允升一生律学成就、总结其主要律学观点，以及全面厘清晚清律学之生成流变还很遥远。正如唐诗所云，"只在此山中，云深不知处"，大家都想入宝山寻觅名师或者宝藏，但因为山上烟雾太过浓密，以致我们只能看清脚下的几块砖石，和不远处隐隐约约的登山小径，但登顶的路途究竟有多遥远、有多曲折，目前尚属未知。故在本书完成后，曾有朋友建议在书中增加一个特别段落，以归纳总结薛允升的主要律学成就和律学思想特征，笔者最终还是选择放弃，因为内心无比清楚：遑论本书所研究揭示的这些有限新知，即便将目前所有关于清代律学的史料和研究成果一网打尽，也不足以实现上述目的，所以没有必要刻意为之。

在讨论某些具体问题时，笔者很有选择地对此前部分学者的优秀研究成果进行参考，并在充满敬意的基础上坦率提出若干批评，因为笔者深知正常的学术批评是促进学术良性发展的必备基石。以往无数经验告诉我们，作为国人优秀品质的谦逊一面，如果走到虚伪矫情的极端，不仅不能促进真正学术活动之开展，反倒为学术之害。前辈学者所积累凝成的朴实厚重的学术风气、所创作的无数优秀学术成果，和无私无畏、博大宏阔的学人品格，值得我们抱持永久的敬意。但从不同时代学术发展的使命来看，在前人基础上继续推进和不断超越——包括在人格独立平等基础上，对于此前学者研究成果进行科学的批评、适当的修正和努力的拓展，或许才是最好的致敬。

在本书形成前后，曾得到无数师友帮助，需要感谢的人很多。首先特别感谢挚友梅凌寒（Frédéric Constant）和学弟王旭两位教授，正是他们先后在《宝坻档案》和东京仁井田文库中的偶然发现和无私分享，使我有机会接触到薛允升《读例存疑》遗稿，并由此展开一系列研究讨论。更要感谢 2015 年冬天巩涛教授在里昂高师对笔者的一番"蛊惑"，和 2018 年夏季步德茂教授在北京南锣鼓巷的盛情邀约，以及 2019 年 3 月共同参与丹佛 AAS 年会讨论的其他几位师友：魏丕信教授、陆康教授和朴兰诗教授、姜永琳教授，还有现场聆听的其他学界同仁。

《礼记》云："独学而无友，则孤陋而寡闻。"在本书写作过程中，曾陆续将部分篇章寄呈几位师友请教。本研究室的同事高旭晨教授和相知相交十余载的张群教授，是全部书稿的最早一批读者，从他们那里获得的永远是支持和鼓励，以及相当专业的修改建议。本研究室的前辈杨一凡教授，几乎详阅了尚处单篇论文状态的每一篇文字，在给予极大肯定同时指出不少行文上的瑕疵。"一篇有创见的论证扎实的学术论文，胜过十本平庸之作"，这是他在读完本书第四章后所作的一句评语。数年以来，杨老师对后学晚辈爱护有加，为学之精勤、成果之丰赡，更时常令笔者仰慕与汗颜。

同样需要特别感谢的是：法兰西学院荣休院士魏丕信教授，原台湾政治大学法学院、现福州大学法学院黄源盛教授，和复旦大学法学院王志强教授。三位教授不仅全面审阅了拙稿，更于百忙之中慨允赐序。拙作虽然自问有一愚之得，但对于三位教授的不吝谬赞，战战兢兢，愧汗不已。

本书编辑刘骁军女史，在诸事纷纭之际，对拙稿特予青睐，尤其花费大量心力处理图片排版等繁琐问题，并于有限时间内高效完成，感佩之至。此外尚须感谢的师友还有很多，深铭五内，限于篇幅，恕不一一列举。

旧历年末，疫情突发，一月数惊。回想薛允升生于 1820 年，今年适逢其诞辰 200 周年纪念。而其年逾耄耋，遭遇庚子之乱，1900 年 8 月中旬联军入城后，携子仓皇出奔，家人留京者全部自尽；次年秋季，扈驾回銮，终因年老体衰，行至河南开封，溘然去世。其晚年遭逢之兵燹离乱，国仇家恨，与当下疫情相比，有过之而无不及。孟子所谓动心忍性，穷且益坚，养浩气，致良知，正当其时，吾辈又何敢自暴自弃，旷厥天职也。

是为记。

孙家红

庚子季秋于京西寄庐

图书在版编目（CIP）数据

散佚与重现：从薛允升遗稿看晚清律学 / 孙家红著
. -- 北京：社会科学文献出版社，2020.12
ISBN 978 - 7 - 5201 - 7700 - 9

Ⅰ.①散… Ⅱ.①孙 Ⅲ.①法律 - 研究 - 中国 - 清
后期 Ⅳ.①D929.52

中国版本图书馆 CIP 数据核字（2020）第 248791 号

散佚与重现

——从薛允升遗稿看晚清律学

著　　者 / 孙家红

出 版 人 / 王利民
组稿编辑 / 刘骁军
责任编辑 / 易　卉

出　　版 / 社会科学文献出版社（010）59367161
　　　　　　地址：北京市北三环中路甲 29 号院华龙大厦　邮编：100029
　　　　　　网址：www.ssap.com.cn
发　　行 / 市场营销中心（010）59367081　59367083
印　　装 / 天津千鹤文化传播有限公司

规　　格 / 开　本：787mm × 1092mm　1/16
　　　　　　印　张：21.75　字　数：299 千字
版　　次 / 2020 年 12 月第 1 版　2020 年 12 月第 1 次印刷
书　　号 / ISBN 978 - 7 - 5201 - 7700 - 9
定　　价 / 138.00 元

本书如有印装质量问题，请与读者服务中心（010 - 59367028）联系